国家出版基金项目
NATIONAL PUBLICATION FOUNDATION

中国旅游产业转型升级动态演进研究

魏　敏◎著

厦门大学出版社　国家一级出版社
XIAMEN UNIVERSITY PRESS　全国百佳图书出版单位

图书在版编目（CIP）数据

中国旅游产业转型升级动态演进研究 / 魏敏著. --
厦门：厦门大学出版社，2024.5
　（群贤经管）
　ISBN 978-7-5615-9222-9

　Ⅰ．①中… Ⅱ．①魏… Ⅲ．①旅游业-产业结构升级
-研究-中国 Ⅳ．①F592

中国国家版本馆CIP数据核字(2023)第228200号

责任编辑　施建岚
责任校对　英　瑛
美术编辑　李夏凌
技术编辑　朱　楷

出版发行　厦门大学出版社
社　　址　厦门市软件园二期望海路39号
邮政编码　361008
总　　机　0592-2181111　0592-2181406(传真)
营销中心　0592-2184458　0592-2181365
网　　址　http://www.xmupress.com
邮　　箱　xmup@xmupress.com
印　　刷　厦门集大印刷有限公司

开本　720 mm×1 000 mm　1/16
印张　20.25
字数　350 千字
版次　2024 年 5 月第 1 版
印次　2024 年 5 月第 1 次印刷
定价　96.00 元

厦门大学出版社　　厦门大学出版社
微信二维码　　　　微博二维码

前　言

党的二十大对产业发展理念的认识达到新高度，从国家全局发展战略层面进一步强调，要坚持以推动高质量发展为主题，把实施扩大内需战略同深化供给侧结构性改革有机结合起来，加快建设现代化经济体系，着力提高全要素生产率，着力提升产业供应链韧性。众所周知，旅游产业具有产业链条长、涵盖范围广的特点，既是经济增长极的重要抓手，又是发挥自身生态功能、实现人民对美好生活的向往的重要平台。2023 年中央经济工作会议指出，要以科技创新推动产业创新，特别是以颠覆性技术和前沿技术催生新产业、新模式、新动能，发展新质生产力。就旅游领域而言，推动旅游产业高质量发展，其重要条件就是通过新质生产力赋能旅游产业转型升级。旅游产业作为整个宏观经济的重要组成部分，其转型升级可以更大程度地提升旅游产业的宏观经济社会适应能力，更大限度地在产业发展的各个环节上实现旅游产品（服务）附加值的增加，将资源配置到价值较高的环节上。

然而，中国旅游产业转型升级有待进一步加强。当前，旅游企业开始注重品牌形象塑造，尽管一些旅游景区（点）在挖掘自身文化内涵、激发景观设计创意、深化旅游开发理念、丰富旅游产品层次方面开始起步，但是仍面临旅游产品重复性高、发展路径依赖水平低和服务水平低（"一高两低"）等问题，"门票经济"的严重依赖现象仍较难改善。中国目前正向全面建成小康社会方向前进，旅游消费已渗透到普通家庭，旅游产业逐步进入黄金发展阶段。但目前中国旅游市场的旅游产品(服务)质量参差不齐(伴随供给过剩的有效供给不足)与城乡居民日益增长的旅游需求(尤其是高层次的旅游体验需求)之间的矛盾长期存在,旅游产业转型升级迫在眉睫。本书通过梳理国内外旅游产业转型升级的相关文献,以成功案例为依据,结合我国旅游产业发展现状,在探讨旅游产业转型升级的内在机理和外在动力机制的定性研究基础上,从旅游产品品质升级、旅游产业效率提升、旅游产业结构优化、旅游基础设施健全、旅游产业环境协调、旅游社会贡献增加等六个方面构建旅游产业转型升级评价指标体系,采用 2004—2021 年的数据对我国 31 个省(自治区、直辖市)的旅游产业转型升级情况进行测度评价,并对典型区域(粤港澳大湾区中广东 9 市)的旅游产业转型升级(2017—2018 年)进行评价,在此基础上提出政策建议。本书为国家社科基金重点项目最终成果(批准号:18AGL013)。

　　本书的创新包括理论、实践、方法和研究成果四个方面。理论方面:我们在理论上对传统的旅游产业转型升级研究进行了尝试,以弥补传统研究中忽视指标独立性与全面性之间的矛盾、过多以静态评估来代替动态评估等方面的不足,利用动态指标对传统旅游产业转型升级的评价方法进行修正,建立一套较为系统的旅游产业转型升级动态指标体系,试图对旅游产业转型升级的理论研究进行进一步的丰富和发展。实践方面:认识旅游产业转型升级的动态演进规律,有助于优化旅游产业结构,提高旅游产品(服务)质量,促进产业转型升级,进而提高区域劳动生产率。本书较为客观、全方位地分析了我国旅游产业转型升级的演变规律,这对于优化全国旅游资源配置、大力发展区域旅游产业的特色和优势、减少区域旅游产业重复建设和恶性竞争等具有一定的实际意义。方法方面:针对旅游跨学科研究的复杂性和综合性,运用管理学、数理统计学、系统工程学及经济学的相关理论和方法,重点分析旅游产业转型升级动态演进规律,为旅游产业转型升级提供新的思路和研究方法。研究成果方面:本书期望从空间维度和时间维度提供对我国旅游产业转型升级进行新的认识(系统动态分析),将内在机理、动力机制、指标体系等内容有机融合,综合评价旅游产业转型升级的动态演进过程,揭示其演进规律,并以典型地区为例,对其进行实证研究,同时提出相应的政策建议,这对于优化我国地区旅游产业结构、实现旅游规模经济和竞争优势最大化等具有重要的意义。

本书的内容安排如下:第一章为导论,对全书进行整体性概括,简要阐述研究背景和研究意义,呈现本书主要研究内容和基本思路、研究方法以及研究创新与贡献等方面的内容。第二章为研究综述,对"产业转型升级"的内涵与测度及"旅游产业转型升级"的内涵、直接与间接测度方法、优化路径、内在机理、动力机制等相关研究进行梳理和文献述评,为本书的后续研究提供思路。第三章为理论基础,对中国旅游产业转型升级的理论基础,即产业转型升级理论、产业演化理论、产业融合理论、供求关系理论、竞合理论、创新理论以及保障理论等七大理论进行分析,进而构建本书的理论基础。第四章为中国旅游产业转型升级动态演进内在机理。在上述七大理论的基础上,结合布迪厄的场域理论,构建旅游场域分析框架,定性分析旅游产业转型升级动态演进内在机理。第五章为中国旅游产业转型升级动态演进动力机制。在内在机理探讨的基础上,一方面定性分析旅游产业转型升级的外在动力,探讨促进中国旅游产业转型升级进程中的内部和外在动力,了解其空间作用机理;另一方面,分析促进中国旅游产业转型升级进程中的前端动力机制(资源重构)、中端动力机制(市场机制)和后端动力机制(环境平台)的时序演进规律,为后续定量研究的指标体系构建奠定基础。第六章为中国旅游产业转型升级动态演进评价模型。在第四章和第五章定性分析的基础上,首先对中国旅游产业转型升级动态演进评价模型指标体系的构建原则、具体内容和测度方法以及数据来源进行介绍,然后选取中国31个省(自治区、直辖市)2004—2021年的数据建立面板模型,使用熵值法得到我国各省(自治区、直辖市)

旅游产业转型升级指数,并基于空间和时间双重视角对中国旅游产业转型升级水平评价的各子系统和综合水平的数据结果进行分析,最后根据数据处理结果提出研究发现。第七章为粤港澳大湾区旅游产业转型升级测度研究。在对中国旅游产业转型升级动态演进评价模型分析的基础上,将研究范围聚焦到典型区域,以粤港澳大湾区的广东9市为研究对象,针对2017—2018年的数据进行旅游产业转型升级动态演进对比评价。第八章为政策建议。在上述实证分析的基础上根据研究结果所显示的问题,就如何推动旅游产业转型升级提出针对性的对策建议,包括优化顶层设计、完善基础设施、促进产业融合、构建发展平台。第九章为结论。对本书的论证进行具体阐述与总结,指出其不足之处,并对后续研究进行展望。

目　录
CONTENTS

1 中国旅游产业转型升级的背景、现状与趋势

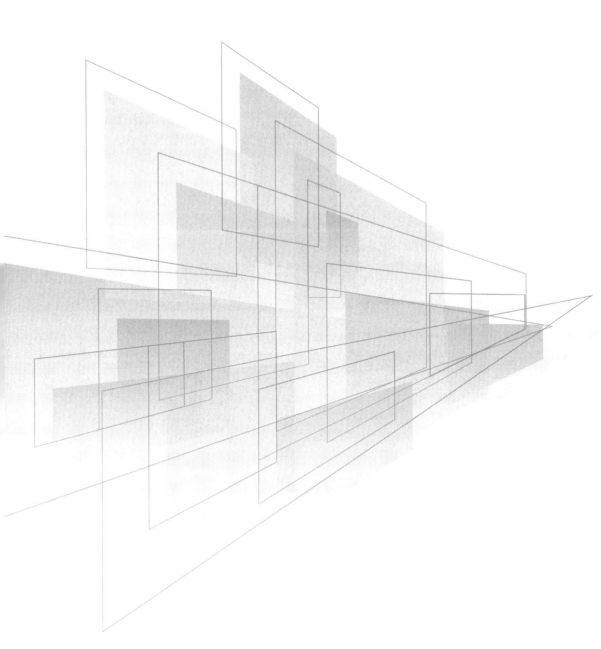

　　随着中国特色社会主义进入新时代，产业升级成为加快构建现代产业体系的有力支撑，是实现经济高质量发展的重要路径。 中国经济在经历了几年的快速增长后，面临着原材料和劳动力成本不断上涨、技术"后发优势"不断减弱、经济增速逐渐减缓等一系列问题。 针对我国发展过程中出现的新特点、新问题，党的二十大报告明确提出，"坚持以文塑旅、以旅彰文，推进文化和旅游深度融合发展"。 众所周知，旅游产业的转型升级过程也是对文化深度挖掘、有效传承和持续弘扬的过程，正因为吸纳了文化基因，旅游产业发展得以创新和转型升级。 2023 年中央经济工作会议提出"加快形成新质生产力，建设现代化产业体系"。 随着现代信息技术的发展，以新技术、新经济、新业态为代表的新质生产力广泛应用，旅游产业的业态不断更新迭代，旅游产业新一轮创业创新及其转型升级加快到来。 新质生产力赋能旅游产业转型升级，传统景区转变成复合型、多元化、矩阵式、综合类文旅体验场所。 科技文化体验占比大幅度提升，新质生产力不仅给游客带来焕然一新的沉浸式体验，也提高了旅游产业转型升级的效率，让旅游产业走上转型升级的"高速通道"。2024 年政府工作报告四次提及"旅游"关键词，明确积极培育智能家居、文娱旅游、体育赛事、国货"潮品"等新的消费增长点，提升外籍人员来华工作、学习、旅游便利度。 通过旅游产品的消费升级倒逼旅游产业强化创新引领和转型升级。 因此，以文化为"魂"、旅游为"本"、科技为"力"，把握信息化、数字化、智能化发展战略机遇，培育旅游产业新质生产力，延伸旅游产业链、拓展旅游生态圈，中国旅游产业转型升级未来可期。

　　旅游产业和经济增长之间具有非常密切的关系。 根据笔者的前期研究，在旅游产业发展初期，经济发展对其具有哺育作用。 当前我国经济发展进入新常态，处于经济增长方式转型与动力转换的重要关口，必须处理好人民日益增长的美好生活需要与生态环境再生产能力的关系。 作为国民经济战略性支柱产业，旅游业具有较强的产业关联性和带动性，助推中国经济绿色转型和高质量发展，既是其价值诉求，也是其现实使命。 由此可见，旅游产业作为经济新增长点，其发展对经济发展起着越来越重要的作用。 但与此同时，旅游产业在发展过程中，也存在着产业化程度较低、开发理念滞后、品牌影响力不够、旅游人才保障机制不健全等突出问题。 在此背景下，探索实现旅游产业转型升级的有效方法，是新形势下亟待解决的重要课题。 本书拟从研究背景着手，在对国内外研究进行综述的基础上，结合文案调查和实地调研所获取的资料信息，剖析旅游产业转型升级的内在机理和动力机制，构建中国旅游产业转型升级评价模型（时间序列），探讨其动态演进的规律及内涵问题，进而提出政策建议。

1.1　旅游产业转型升级的时代背景

2016 年 1 月 11 日，在国务院旅游工作部际联席会议上，时任国务院副总理汪洋强调"加快转变旅游发展方式，着力推进旅游供给侧改革"。 2017 年 10 月，党的十九大报告指出"中国特色社会主义进入新时代，我国社会主要矛盾已经转化为人民日益增长的美好生活需要和不平衡不充分的发展之间的矛盾"。 2020 年 4 月，习近平总书记在中央财经委第七次会议上首次提出构建新发展格局重要思想。 2022 年 10 月 16 日，党的二十大报告进一步指出，"加快构建以国内大循环为主体、国内国际双循环相互促进的新发展格局"，着力推动中国经济高质量发展。 就旅游产业而言，首先，需要充分发挥其高关联性特征，从供给侧发力推进其转型升级，使旅游产业向全社会、多领域、综合性方向发展，融入经济社会发展全局。 其次，旅游产业作为关联性非常强的产业，其转型升级直接或间接影响其他产业的结构优化与升级。 最后，旅游产业转型升级的重点是如何服务多种层次的消费群体（高、中、低）。 以前过于强调需求端的管理，刺激旅游消费和旅游产品（服务）附加值的提升，从旅游产品（服务）供求矛盾的角度解决问题（诸如伴随低端重复旅游产品供给过剩的高端旅游产品供不应求问题），即从确保旅游产业供求均衡的角度实现旅游产业结构调整与升级。 旅游产业供给侧结构性改革的主要内容则是在供求协同的基础上，围绕旅游产品（服务）转型升级和技术创新进行，旅游产业转型升级的重要内容之一就是技术创新。

1.1.1 政策颁布与实施背景

党的二十大报告明确指出，"坚持以文塑旅、以旅彰文，推进文化和旅游深度融合发展"。2023年中央经济工作会议强调，"要以科技创新推动产业创新，特别是以颠覆性技术和前沿技术催生新产业、新模式、新动能，发展新质生产力"。推动中华优秀传统文化创造性转化、创新性发展，要在技术创新的背景下，通过以文塑旅，助推旅游产业转型升级。随着国民经济的发展，产业结构发生了明显的变化。旅游产业转型升级的具体表现为优化旅游产业（服务）需求结构、协调区域旅游产业高水平的平衡发展、旅游产业结构升级。

我国经济除了增速改变之外，还出现了增长动力的变化，各个行业的投资收益率不再出现明显增幅，仅依靠投资已无法有效推动我国经济增长，旅游产业转型升级对国民经济的反哺作用日益凸显。2018年全国旅游工作会议指出："优质旅游是能够很好满足人民日益增长的旅游美好生活需要的旅游。"2019年以来，随着互联网和智慧旅游的发展，在线旅行商（online travel agent，OTA）可以发挥"互联网＋属性"，通过将互联网技术应用于更多的旅游消费场景（支付方式、线上线下交易、虚拟现实以及信息共享等），通过技术创新，使旅游产业和其他产业（如医疗、教育、文化、娱乐）进行跨界融合，将游客的旅游体验极大地延展和深化，促进旅游产业链的延伸和拓展，实现旅游产业转型升级。

《"十四五"旅游业发展规划》也进一步强调："加快新技术应用与技术创新。加快推动大数据、云计算、物联网、区块链及5G、北斗系统、虚拟现实、增强现实等新技术在旅游领域的应用普及，以科技创新提升旅游业发展水平。"然而近年来，我国经济的持续增长导致消耗的资源越来越多，资源浪费、环境污染事件频繁发生。为实现旅游产业可持续优质发展，迫切需要制定一系列政策规定以加强对环境的保护和管理，旅游产业也踏上了转型升级的发展道路。在旅游产业转型升级的各个环节，都应考虑通过科技创新、文化创意和附加值创造，对资源进行重复利用，以实现转型升级。

经济高质量发展已经成为我国新时期经济发展的一个重要特点（任保平，

2018)。 为了推动中国经济高质量发展，以及应对当前和今后相当一段时期内的重大问题，中国提出了新的发展理念，"产业升级"与"高质量发展"的内在要求高度一致（郭克莎，2019），高质量发展的内涵中包含了产业升级，顺利实现产业转型升级能够对高质量发展起到有力的推动作用。 作为一种休闲娱乐活动，旅游活动可以在满足人们不断增长的文化需求的同时，带动不同区域之间的生产要素流动和经济发展，对经济高质量发展有重要促进作用。 根据中国旅游研究院发布的《2023 中国旅游业发展报告》，随着旅游消费升级，中国旅游消费从早期观光型逐渐过渡到休闲型、度假型，消费者对高质量和深度旅游体验的需求迅速增长，休闲游需求得到逐步挖掘，个性化、体验性、定制旅游越来越成为年轻旅游者的旅游需求导向。 政府对旅游业的重视程度、区域旅游企业的参与程度、旅游者的多层次体验程度在近年来逐渐提高。 许多地区把旅游产业当作先导产业、主导产业和支柱产业等，区域旅游产业也因此得到了持续的发展，为旅游产业转型升级带来了强大的动力（王华 等，2021）。基于以上背景，需要加快形成旅游产业转型升级的动力机制，发挥产业关联效应和带动效应。

1.1.2 旅游产业发展背景

2019 年，中国旅游业总收入 6.63 万亿元（境内＋入境），达到 20 年来峰值，比上年同期增长 11.1%，超过当年 GDP 的增长速度（6.1%），对 GDP（国内生产总值）的综合贡献为 10.94 万亿元，占 GDP 总量的 11.05%。 此外，旅游产业除了拉动国民经济的增长，形成新的经济增长极，更能解决就业问题。2019 年，中国旅游业直接就业 2825 万人，旅游总就业人口（包括旅游产业推动的间接就业人口）7987 万人，占全国就业总人口的 10.31%。 然而，受新冠疫情影响，2020 年中国旅游业总收入 2.35 万亿元（境内＋入境），比上年同期下降 64.6%。 2021 年，通过文化和旅游部等国家政府部门积极争取纾困政策、指导地方用足用好政策、抓好项目建设、推动产业创新发展、加大金融支持促进产业高质量发展等措施，中国旅游业总收入 3.05 万亿元（境内＋入境），比上年同期增长 29.8%，旅游业复苏取得显著成效。 2000—2021 年全国旅游总收入和总人数趋势分别如图 1-1 和图 1-2 所示。

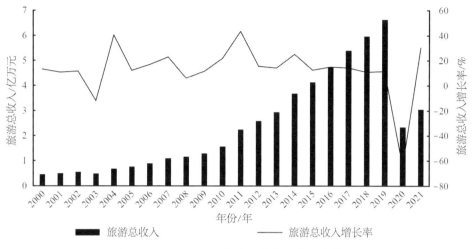

图 1-1　2000—2021 年全国旅游总收入趋势图

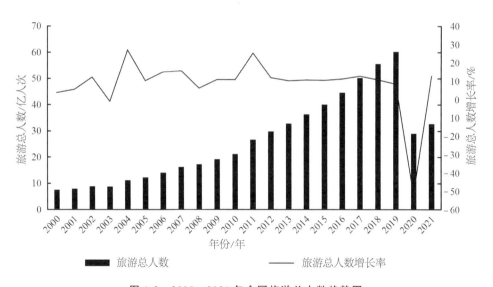

图 1-2　2000—2021 年全国旅游总人数趋势图

近年来，我国旅游系统坚定地贯彻落实党中央决策部署，大力推进供给侧结构性改革，使我国的旅游产品供给状况有了明显的改善，但是，我国的旅游产品供给依然存在着同质化严重、质量低下、供给结构不合理等问题。 在新的发展格局中，旅游业的发展将以满足国内需求为基础，用旅游需求来引导旅游业的供给，使旅游业的产业链变得更加顺畅，从而提高旅游业的供给与需求的匹配度，促进旅游业的供给侧结构性改革。经过改革开放 40 余年发展，新时代面临旅游产品结构性过剩和结构性短缺并存的局面，未来旅游业要加大供给侧结构性改革力度，以调整结构为重点，把发展重点从"量"转向"质"，以提升旅游产品质量和产业附加值为目标，推动旅游业的新一轮发展。旅游产业增值潜力是由内外多种因素综合影响的，在政府(供给侧结构性改革)和市场(资源配置)的双重影响下，旅游产业必然走向质量驱动型发展道路。此外，我国旅游产业的发展规模与产品品质受到旅游企业经济规模较小、实力较弱、集中度较低、经营绩效较差等的制约。而在行业间的内部融合，有利于实现旅游产品的创新和突破，"旅游＋"的逐步兴起也使得旅游产业的包容性得到了进一步的提高，从而使旅游业附加值能够在很长一段时间内保持稳定。中国改革开放 40 余年的实践表明，中国旅游业在外部因素(如政府和市场)和内部因素(如技术)的驱动下，从"量"驱动走向"质"驱动，最终将实现旅游业的增值和转型升级。本书根据前期研究成果，提出"旅游产业附加值＝旅游收入/旅游人次"，近似估算旅游产业附加值，如图 1-3 所示。

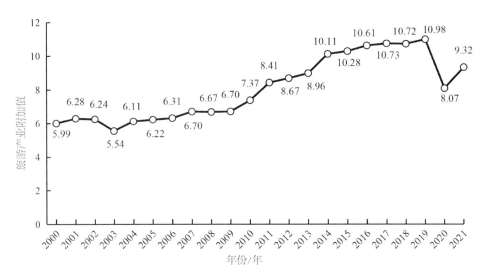

图 1-3　2000—2021 年旅游产业附加值

旅游业是"以人的移动为基础产生经济增量"的环境敏感型产业,新冠疫情带来的空间隔断无疑对旅游业造成了巨大的冲击,同时也暴露出了中国旅游业发展的短板:第一,旅游产品主要以观赏性旅游为代表,休闲旅游发展相对落后,附加值较低,在人们对旅游的消费需求日益提高的情况下,简单的观光旅游产品已无法满足人们对更高的旅游体验的需要;第二,我国旅游资源的整体使用效率较低,投入与产出不匹配(梁流涛 等,2012);第三,旅游收入结构不合理,如食、住、行等在旅游消费中所占比例过大,旅游景点的门票收入比例偏高等;第四,旅游业支持性基础建设有待完善,部分地区还存在着移动网络、交通、卫生设施不完善等问题。 因此,在10~30年的中长期经济周期内,经济增长的决定因素在一定程度上由生产要素禀赋转变为要素配置效率("全要素生产率"所内隐的技术、制度和文化因素)。 也就是说,就旅游产业经济体的长期增长而言,生产因素(供给侧)的作用将逐渐高于需求因素。因此,当前不能过于强调需求侧管理,在供给侧结构性改革的大背景下,旅游产业转型升级是其长期发展的首选模式。 2022年12月,中央经济工作会议提出,"加快构建新发展格局,着力推动高质量发展",而作为战略性支柱产业的旅游产业,其转型升级对中国经济高质量发展意义重大。 本书试图揭示旅游产业转型升级的动态演进规律,进而提出相关政策建议和政策保障,助力我国旅游产业质量提升和可持续发展。

1.2　旅游产业转型升级所面临的问题

我国旅游产业的发展在顶层设计方面的执行力度不够,同时,部分景区(点)旅游盈利主要靠门票和土地收益,综合型盈利链条尚未形成和拓展,"大地产小旅游"比较普遍,旅游产业发展的科学性和持续性不足。 我国旅游产业转型升级所面临的问题归纳起来主要体现在以下几个方面:一是基础设施薄弱,二是供求关系矛盾,三是旅游人才缺乏,四是旅游市场无序。

1.2.1 基础设施薄弱

根据中国旅游研究院发布的《2023中国旅游业发展报告》，我国国内旅游市场比较庞大并表现出良好的发展态势，然而，国内旅游服务配套设施（基础设施）的发展与旅游消费支出（旅游市场规模）的发展不匹配，旅游基础设施是民营经济不愿或无力投资的领域。国家层面投资也相对较少，很多地方基本上是采用"以旅游养旅游"的思路，门票经济依然是旅游收入的重要来源，旅游公共服务体系建设基本是"因陋就简"，因而旅游基础设施薄弱，影响旅游者的体验。在近几年大力推动全域旅游发展之后，旅游业的软硬件都有了很大的发展，但是仍然有很多有待改进之处，比如进一步完善旅游配套设施、加强行业诚信建设、端正服务人员的服务态度等。以旅游交通基础建设为例，还需要在沿线通信信号的覆盖范围、电动汽车充电桩的布局、自驾车营地的建设、汽车旅馆的建设、景区公交车与景区内索道的交通衔接等方面进行改进。此外，文化和旅游部、国家发展改革委等十部委于2020年11月联合印发的《关于深化"互联网＋旅游"推动旅游业高质量发展的意见》，也提出优化"互联网＋旅游"营商环境，加强5G网络等新型基础设施建设，以数字赋能推进旅游业高质量发展。因此，旅游基础设施问题是制约旅游产业转型升级的瓶颈。

1.2.2 供求关系不匹配

随着全域旅游的深入发展，居民消费水平不断提高，对旅游产品个性化、差异化的需求也在不断提高。现实来看，当前中国的很多旅游景区（点），尤其是相邻的无鲜明特色的小景区（点），由于缺乏差异性，彼此恶性竞争较为明显和激烈，景区（点）由于经营规模小导致游客单位消费成本高，旅游市场发展面临扩大规模、优化产业结构的尴尬局面。随着我国旅游产业逐渐从劳动密集型向资本和技术密集型转变，旅游产品开发也逐渐从资源驱动向创新驱动转变，这一转变客观要求旅游产业链条延伸，要求旅游集团从单一的"食、游"

向"食、住、行、游、购、娱"横向延伸，从满足单纯的观光游览需求向专业化、个性化和体验型需求延伸拓展，并结合当前移动互联网、大数据、云计算、人工智能等数字技术，进一步催生旅游业新业态，促进旅游业结构优化。

1.2.3 旅游人才缺乏

与快速发展的旅游产业相比，我国目前旅游从业人员中高素质人才总量还存在较大缺口，地方政府对高校旅游相关专业的建设和文化旅游重点实验室建设的投资力度不足，对旅游教育的支撑不足，导致旅游产业从业人员整体素质偏低。一些地区的旅游产品质量较低，从而对旅游新业态和新产品培育以及行业的标准化建设等造成了负面的影响，阻碍了旅游业转型升级的进程。具体来看，在旅游管理的本科教育中，只设立了旅游管理、酒店管理、会展经济与管理、旅游管理与服务教育 4 个专业。由于旅游管理专业受到多种因素制约，所以它的发展速度一直很慢，覆盖面较窄，对人才的培养造成了很大的制约。在许多地方，旅游专业人才的短缺，尤其是基层旅游管理部门人才的短缺，造成旅游业发展过程中各种问题层出不穷，产品缺少独到之处，盲目跟风、模仿和重复开发的现象屡见不鲜，从而造成了经济损失、资源破坏和游客满意度降低等。随着中国旅游业进入新时期，全域旅游正在兴起，乡村旅游作为一种重要的旅游产品种类，担负着统筹国家城乡发展、建设美丽乡村、保护乡村文化遗产、实施乡村振兴战略和解决好"三农"问题等重大任务，但目前我国乡村旅游发展面临着巨大的挑战，还没有形成有效的解决方案。

与此同时，旅游产业人才保障机制和开发机制与其他产业相比相对滞后，长期以来旅游行业薪酬待遇普遍较低。以旅游业人才数量最多的住宿和餐饮业为例，2021 年全国规模以上企业就业人员年平均工资为 88115 元，而住宿和餐饮业就业人员的年平均工资只有 51677 元，是全国年平均工资最低的三个行业之一, 仅为全国平均水平的59%。[①] 旅游行业的高端人才, 诸如创意、管理和设计等人才匮乏, 在一定程度上制约着旅游产业转型升级的进程。 此外, 旅游产业中部分行业缺乏长远的战略计划, 相关人才激励政策也尚需完善, 有些中小旅游企业的市场定位不明确, 缺乏战略眼光, 同时受市场经济利益驱动, 旅游业各种不正当竞争行为在旅游市场中普遍存在。

1.2.4 旅游市场无序

当前, 与蓬勃发展的旅游业相比, 我国旅游法制建设仍然较为滞后, 诸如"零负团费"、强迫购物、导游回扣、景点门票乱涨价等现象在我国旅游市场中依然存在, 在某些地方甚至较为普遍。 旅行社承包、挂靠现象普遍, 加剧了低价恶性竞争, 伴随而来的是旅游产品的低水平重复开发和低附加值经营。旅游商品(纪念品)购物点、旅游景区(点)的门票和旅游酒店的住宿费用虚高标价, 导游和旅游商品(纪念品)经营点相互勾结, 获取不当回扣, 这一现象在旅游产业发展中普遍存在, 既对城市的旅游形象和旅游产品质量造成了很大的影响, 使游客不能得到很好的旅游体验, 又不利于旅游经营者获得稳定的利润(高附加值的旅游产品)。

2023 年 4 月, 文化和旅游部办公厅发布《关于进一步规范旅游市场秩序的通知》, 要求各地按照 2023 年全国文化和旅游市场管理工作会议的部署, 开展旅游市场秩序的整治工作, 对高频违法经营行为进行重点打击, 坚决遏制"不合理低价游"的苗头, 遏制市场混乱蔓延的势头, 努力提高旅游服务的品质, 营造一个让旅客放心、安心和舒适的出游环境。 旅行社要严格落实"一团一报"制度, 与游客规范签订旅游合同, 选用合格供应商, 选择当地居民惯常消费场所。 组团社应负起保护游客安全的责任, 并委托旅行社为其提供服务。 在地接期间, 如有欺诈、逼购等情况, 将一并调查, 并追究各部门的责任。 同时, 还应进一步加强对旅游行业的管理, 以促进旅游行业的健康发

---

① 中华人民共和国国家统计局.2022.2021 年规模以上企业就业人员年平均工资情况[EB/OL]. (2022-05-21) [2023-05-05]. http://www.gov.cn/xinwen/2022-05/21/content_5691599.htm.

展。 旅行社和其他雇主要加强对导游人员的内部管理，对导游人员的工资要依法发放，不能收取不合理的押金和管理费。 各地要对旅游市场进行整治，重点打击不合理的低价游、导游强迫或变相强迫购物、兜售物品，以及无证经营旅行社业务等行为。 要对严重破坏市场秩序的违法违规行为进行查处，对典型案例进行曝光，对影响行业形象的旅游企业和从业人员进行曝光。 一系列规范约束措施，为扎实开展旅游市场整治提供了制度保障。

1.3 旅游产业转型升级的意义

旅游业的健康发展对于国民经济的发展有着重要的意义，但是，旅游业在产品、效率、结构和设施等方面所存在的问题，已经成为我国旅游业高质量快速发展的主要障碍。 为了解决旅游业发展过程中遇到的各种难题，迫切要求对旅游业进行升级。 在社会经济发展到一定阶段后，旅游产业转型升级也是必然的选择。 旅游产业转型升级是一个综合性、复杂性的概念，这就需要提高旅游产品的质量、提高旅游运营效率、优化旅游产业结构等。 为了更成功地进行旅游产业转型升级，对旅游产业升级进行研究是非常必要的。 但是，学界对于旅游业转型升级的研究却很少，当前的研究多是对旅游业的概念界定、背景分析、对策建议等方面的定性分析，而对于旅游业发展的量化研究则比较少，且仅有的量化研究也都是针对旅游业结构的优化。 例如，利用单一指标的评估方法以及偏离-份额分析方法来分析一个地区旅游业的结构优化。然而，旅游产业升级是一个综合性的概念，它不仅仅指旅游产业结构的优化，还涉及旅游产品品质升级、旅游产业效率提升、旅游基础设施健全、旅游产业环境协调、旅游的社会贡献增加等多个方面，目前仍然缺乏对旅游产业升级进行全面分析的研究。

旅游业的发展应采取分区域发展的方式。 对于那些具备良好发展条件的地区，应给予一定的资金、政策和制度上的支持；而对于分散、随机的旅游市场，可以探索树立典型，通过增长极带动周边旅游产业的转型升级，可以在某种程度上缓解地区旅游企业之间的恶性竞争，也可以避免垂直整合的非高效性和管理的复杂性。本书重点研究旅游产业转型升级的内涵及其两个表现形式，即连接形式与延伸形式。连接形式是指将一定地域空间范围内不同的旅游产业部门借助某种合作机制串联起来；延伸形式则是将一条既已存在的产业(链)尽可能地向上下游拓深以及旁侧关联延展。

1.3.1 理论意义

本书研究在理论上试图修正和弥补传统的仅仅从需求角度探讨旅游产业转型升级研究的缺陷，因为传统研究忽略了供给侧结构性改革对旅游产业结构转型升级的主要作用，而过多地用静态评价替代动态评价。我国供给侧结构性改革的相关理论与西方供给学派的经济学理论既有关联也有差异。两者的共同点是：在供给层面的管理与改革都是要减税、降成本、削减束缚经济活动的规章制度和推进市场化。但二者存在一定的差异：西方国家(美国)供给管理重在扩大生产，而现阶段中国则是产能过剩。因此，中国面临的问题更为复杂——既要管理和调整工业总量，又要进行工业结构调整。中国的供给侧结构性改革的最大不同在于它强调了"结构调整"，并有选择地采纳了供给侧结构性改革相关理论，从而实现了"结构性"的转型。

本书在供给侧结构性改革的背景下，引入宏观(区域)和微观(企业)的双重维度，修正传统的从某一方面或几个方面片面研究中国旅游产业转型升级，并探讨市场、创新和政策等驱动因素，构建相对全面系统、静态与动态相结合的评价体系(通过6个维度构建中国旅游产业转型升级的动态演进指标体系，并建立评价模型)，研究中国旅游产业转型升级的动态演进规律，试图丰富和发展旅游产业转型升级理论。

1.3.2 实践意义

在新的时代背景下，要想提升旅游产品(服务)的供给质量与效率，就必须加强对旅游投资的引导，最大程度避免旅游产业盲目扩张形成投资泡沫和低效甚至无效供给(旅游产能过剩)。 旅游产业的转型升级能够对一批与旅游消费需求升级方向相适应的旅游资源(产品)进行有效的引导和投资,为新时期旅游产业发展培育新增长点和新亮点。 可见,本书试图对旅游产业转型升级进行较为系统、全面的分析,发挥区域产业发展的特色和优势,从而推动区域旅游资源在环境平台下,利用市场机制进行最优配置与协调发展,避免因产业发展而导致的重复建设与恶性竞争等问题。

在旅游产业发展的实践中,单纯的需求结构研究意义有限,因为不能被有效满足的需求其实只是潜在需求,即无效需求。 就更广泛的产业经济而言,如果中国的生产能力无法很好地满足市场,那么其生产能力只是一种没有意义的供给,对于中国工业经济的发展没有任何实际意义。 近几年,在中国经济高速发展、城乡居民收入不断提高的同时,恩格尔系数也在不断降低,对旅游产品(服务)的需求也在不断上升。 这一现象已经得到证实,并且还会延续,也就是说,在很长一段时间内,游客的需求不会成为一个主要的问题。 然而,在巨大的市场需求面前,旅游业是否能够为市场提供高质量的产品(服务)即高质量的供给,已成为其转型升级过程中亟待解决的关键问题。 长期以来,在旅游业界,人们往往将带薪假期的顺利实施与否视为一个是否阻碍旅游业发展的"瓶颈"。 然而,即使带薪休假制度对城市居民的旅游产品(服务)消费具有一定的促进作用,在国内旅游产品不能满足居民旅游需求的情况下,"带薪假期"模式将导致居民产生更多的出境旅游需求。 旅游产业的供求矛盾问题依然难以从根本上得到解决,中国旅游产业转型升级迫在眉睫。

本书提出的旅游产业转型升级不仅从扩大内需角度看待旅游产业的经济增长问题,还从供给角度思考旅游产业的结构调整与升级问题。 在整个旅游产业发展过程中,通过综合旅游产品(服务)市场需求与供给两个方面促进旅游产业发展,实现与自然、社会各相关群体之间的良好互动,促进短期利益与长远发展相结合,从而推动旅游业的转型升级。

1.4 旅游产业转型升级的研究思路与内容

"十四五"乃至更长时期内，我国经济的高质量发展将处于一个更加突出的地位，对中国经济的稳定和健康发展起着举足轻重的作用。推动供给侧结构性改革，提高经济发展的质量与效率，提高各个领域的全要素生产率，是当前我国经济发展面临的重大挑战。从供给的角度来看，要实现结构优化，促进有效供给。旅游产业结构的调整和升级，能够起到相互联系、相互影响、相互带动的作用，从而推动整体产业经济的发展。旅游产业结构的转型和升级，能够通过技术进步的因素，对生产要素的利用方式产生影响，从而使旅游经济的发展方式由粗放式发展转为集约式发展。其中，旅游产业结构的变化和它的合理化演变的过程主要表现为：资源的配置逐渐从失衡走向有序，从产能过剩到市场出清，最后达到输入—输出动态平衡的过程。

1.4.1 研究思路

中国旅游产业转型升级的动态演进过程表现为生产要素向劳动生产率较高的部门转移，导致劳动生产率较高的部门的份额不断提升，并促进不同旅游部门劳动生产率共同提高。2022年1月，《"十四五"旅游业发展规划》对当前旅游产业转型发展进行了科学判断：进入新发展阶段，旅游业面临高质量发展的新要求，人民群众旅游消费需求将从低层次向高品质和多样化转变。在日益加剧的国际发展竞争与国内增长动能转变的背景下，中国目前已不再追求高速增长，更多的是寻求一种可持续、高质量的新型增长动能，这就要求我们进行产业结构的创新调整。然而，由于我国旅游产业低水平重复建设现象较为严重，中国整体产业转型发展水平与发达国家相比仍有较大的差距。

本书基于供求协同的发展思路与视角，致力于旅游产品（服务）的市场出清，认为在"十三五"时期中国旅游产业结构变迁与演进过程中，可以从区域和企业两个层面推动旅游业及与之相关联的产业中每一个环节的可持续发展，让旅游业与自然、环境及社会中的各有关群体形成良好的互动关系，使其既能实现短期的利益又能实现长远的发展，从而推动地区的整体产业转型升级（朱卫平 等，2011）。基于以上分析，本书的研究重点就是在国内外学者研究的基础上，探讨旅游产业转型升级的内在机理，分析其动力机制，并在这些定性分析的基础上，构建指标体系，对中国旅游产业转型升级进行定量测度（面板数据）。由于旅游产业转型升级概念内涵丰富，因此，本书在探讨旅游产业转型升级内在机理和动力机制的基础上，从升级旅游产品品质、提升旅游产业效率、优化旅游产业结构、健全旅游基础设施、协调旅游产业环境、增加旅游社会贡献6个方面来构建旅游产业转型升级的评价指标体系，采用2004—2021年的数据对我国31个省（区、市）的旅游产业转型升级情况进行测度评价，对典型区域（粤港澳大湾区中广东9市）的旅游产业转型升级进行评价，分析其时空演进规律与特征，并在此基础上提出政策建议。

为达到旅游规模经济、优化旅游资源，防止地区性旅游业的重复建设与恶性竞争，本书主要从定量分析的角度出发，与定性分析相结合，构建空间和时间两个维度上的指标体系（包括静态和动态分析），利用数理统计方法来定量地描述旅游产业的转型升级，并通过中国旅游产业经济指标的历史统计数据对旅游产业转型升级及其政策取向进行评价，同时为我国旅游产业转型升级提供一种新思路。

1.4.2 研究内容

本书试图从宏观（区域角度）和微观（企业角度）两个层面，通过时间维度和空间维度，探讨旅游产业转型升级动力机制，以此为基础构建指标体系，进而对其动态演进规律进行评价，并提出政策建议。从区域角度看，政府完善基础设施，制定各种产业政策、法律规范，提供环境平台；从企业角度看，主要是提供有效满足人们需要的旅游产品（服务）。本书主要协调三个方面的关系：旅游企业与旅游者之间的相互影响；旅游企业之间的联盟（行业平台建设、自主创新等）；旅游企业与政府的关系（政策反应程度、环境优化与政策保障）。 旅游产业转型升级，可以通过其关联效应和带动效应，实现整个区域相关产业的转型升级。

本书的技术路线图如图 1-4 所示。

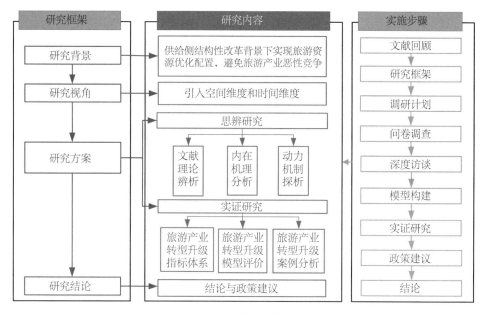

图 1-4　本书的技术路线图

1.5　旅游产业转型升级的研究方法

基于旅游产业结构基础理论研究有待完善、旅游产业结构调整与升级研究有待系统化的背景，本书首先拟构建旅游产业转型升级的理论框架，以期界定旅游产业结构变迁的规律与趋势，进而分析旅游产业结构的组成要素，尤其是旅游产业结构与旅游产业组织结构、旅游产业区域空间分布结构之间的联系，明确旅游产业结构优化的驱动力，明确旅游产业结构优化的理论基础。 在旅游产业转型升级的动态演进过程中，通过采用理论分析和实证研究相结合的思路，来探讨我国旅游产业转型升级问题。 本书具体研究方法如下。

1.5.1 文案调查与实地调研相结合

文案调查法又称资料查阅寻找法、间接调查法、资料分析法或室内研究法。它是围绕某种目的对公开发表的各种信息、情报进行收集、整理、分析研究的一种调查方法。本书的实地调研包括粤港澳大湾区旅游产业转型升级的调研，实地走访了广州、深圳和中山等地，了解当地旅游产业转型升级的数据和企业案例。

通过以上方法，探讨基于供求协同视角的旅游产业结构调整与升级的相关理论问题与宏观经济政策，具体如下：供给侧结构性改革如何影响旅游产品（服务）的生产经营行为、产业结构调整与转型、产品（服务）升级等；影响旅游产业结构调整与升级的关键因素有哪些；如何协调资源、市场和环境三者的关系，以便于实现产业与企业转型升级目标；旅游产业结构调整与升级评价模型由哪些因素（指标体系）构成等，为后续进行理论分析的变量设定与计算实验的数据选择做重要支撑。

1.5.2 管理理论与管理实践相结合

利用产业链管理、创新管理（知识管理）、信息管理以及决策理论等方面的国内外研究，结合旅游产业结构调整与升级评价的指标体系构建、优化模型、随机过程、计算实验，以及旅游产业结构调整与升级的动力机制设计等研究工具和方法，对中国旅游产业转型升级进行定量研究。具体如下：讨论供求协同的内涵与机理，分析供给侧结构性改革如何影响旅游产业赖以生存的资源、市场和环境；并以典型区域（粤港澳大湾区）旅游产业结构动态演变和产品升级为实例，建立旅游产业结构调整与升级评价模型，揭示典型地区旅游产业结构调整与升级过程中资源、市场和环境三大要素的冲突、协调以及相互作用。最后，在模型评价和修正的基础上，总结中国旅游产业转型升级动态演进规律并提出政策建议。

1.5.3 管理学和经济学相结合

采用系统工程(产业链管理和技术经济学等)和经济学(区域经济学、产业经济学和制度经济学等)相结合的分析方法，研究旅游产业转型升级问题，研究创新、成员布局、制度变迁和交易成本对产业结构优化的影响。 回顾并分析中国旅游产业结构调整与升级政策评价和制度的变迁过程，从中找出所存在的主要问题。 之后探讨中国旅游产业结构调整与升级模式与资源、市场和环境三大要素的关系。

1.5.4 多学科交叉研究方法的融合

基于中国旅游产业结构转型升级的特殊性和所面临的实际问题，通过借鉴国外尤其是市场经济较为发达的国家旅游产业结构调整与升级的经验，在定性分析的基础上，通过"设计调查方案—收集、整理调查数据—建立评价模型"对中国旅游产业结构调整与升级的实现机制进行定量分析。 一是在调查中国旅游业转型升级问题时，着重运用了常规统计学和高级统计学等的研究方法。常规统计分析方法包括 Malmquist 指数法和熵权法等，主要对旅游产业转型升级的现状进行分析；高级统计分析方法有旅游产业转型升级指标体系构建、PROMETHEE 和 GAIA 法[①]等多标准决策方法，主要对旅游产业转型升级的影响因素、形成机制等进行分析。 二是运用社会调查法进行社会学研究，如通过文献研究(权威部门发布的统计数据)、专家咨询、访谈等方法收集所需要的基础数据。 采用个案分析法和比较分析法等，对旅游产业结构调整过程中的风险性和脆弱性进行分析，并探讨由此引起的产业结构调整的阻碍因素，进而提出相关解决方案。 三是旅游产业转型升级的政策管制和管理体制的评估中重点采用运筹学科的前沿方法。 比如，在探讨中国旅游转产业型升级内在

---

① 偏好顺序结构评估法 PROMETHEE(preference ranking organization method for enrichment evaluations)；交互式援助几何分析方法 GAIA(geometrical analysis for interactive assistance)。

机理时，应用复制动态（replicator dynamic，RD）微分方程，并借助演化博弈理论，阐释旅游场域中的利益主体在长期反复的动态博弈过程中所采取的策略行为，并分析其调整和变化，进一步对旅游产业转型升级的动态发展趋势与演进规律进行分析。

本书在对旅游产业的相关理论进行研究的基础上，构建中国旅游产业转型升级动态演进模式，在实证部分，首先对中国旅游产业转型升级的演进情况进行评价，然后探讨其转型升级的内在机理和动力机制问题。其次，利用时间序列数据，建立计量经济学模型，并对中国旅游业升级进行评估与分析，探讨其演进规律及相关问题。在此基础上，通过对典型区域构建截面数据模型探讨粤港澳大湾区中广东9市的旅游产业转型升级的影响作用，从而使理论和实践相结合，突出理论对实践的指导作用。最后，通过对典型地区数据的研究，结合全国旅游产业转型升级动态演进规律，提出相关政策建议，试图得出一般规律并进行推广。

1.6　本书的创新所在

本书在分析、总结国内外相关研究的基础上，在供给侧结构性改革的背景下，考虑到企业和区域双重维度，探讨资源、市场和环境三大要素，构建旅游产业结构转型升级模型，并提出政策建议。在国家供给侧结构性改革的新形势下，旅游产业转型升级需要充分考虑区域创新要素的影响，实现区域资源（旅游资源和其他相关资源）的共享和优化配置。在经济全球化的大背景下，新兴经济体与发达国家的经济联系日益紧密，尽管在制度、发展水平、资源禀赋等方面存在着巨大的差距，但其经济增长与波动趋势却表现出了很高的同步性。旅游产业转型升级和经济发展方式转变，不仅与其自身的制度特征和发展阶段有关，还受到技术创新和经济周期变化的影响。随着智能网络、智慧旅游和"旅游＋"等产业发展战略的实施，通信、交通等旅游基础设施将全面完善，实现旅游产业结构重大调整和优化升级，并带动其他相关产业的结构调整与升级。

本书的创新体现在理论、实践、方法和研究成果四个方面。

理论方面：传统的研究忽视了指标独立性与全面性之间的矛盾，过度地使用静态评价来代替动态评价，本书的理论研究尝试对传统的旅游产业转型升级指标体系构建研究进行弥补引入空间和时间双重维度，并利用动态指标来对传统的旅游产业转型升级评价方法进行修正。在此基础上，建立了一套较为全面深入的、动静结合的评估指标体系，以期对旅游产业转型升级的相关理论研究有所补充与发展。

实践方面：对旅游业转型升级动力的研究，有助于旅游业结构的有效优化，提高旅游产品(服务)质量，通过加快产业转型升级提高区域劳动生产率。因此，本书在分析旅游产业转型升级内在机理和动力机制的基础上，构建中国旅游产业转型升级的评价指标体系，对旅游产业转型升级演进规律进行相对客观、全面和系统的分析，并以典型区域(粤港澳大湾区中广东9市)旅游产业转型升级为案例，深度剖析其旅游产业转型升级的特征，试图从具体事物中得出一般规律。因此，本书对培养地区旅游产业的特色与优势、推动旅游资源的优化配置、提升旅游产业的附加值、缓解地区间的重复建设与恶性竞争等问题，都有一定的实际意义。

方法方面：考虑到旅游业交叉学科的复杂性与综合性，本书将管理学、数理统计、系统工程与经济学等有关理论与方法相结合，建立中国旅游业转型升级动态演化的评估指标体系。该指标体系由6个子指标系统和24个具体指标组成，对我国的旅游产业转型升级水平展开全面的度量，并着重分析旅游产业转型升级的动态演变规律；此外，以广东9市为例，结合区域特征构建区域旅游产业转型升级水平的指标体系，使用PROMETHEE和GAIA法这两种多标准决策方法测度粤港澳大湾区旅游产业转型升级，并探析粤港澳大湾区的旅游产业转型升级特征，并探寻一般规律。

研究成果方面：本书期望从空间维度和时间维度对我国旅游产业转型升级提供新认识(系统动态分析)，这对于优化我国区域旅游产业结构、实现旅游规模经济和竞争优势最大化等具有重要的意义。本书以粤港澳大湾区这一特定地区，探索旅游产业转型升级评估的新途径，并力图总结出具有普适性的规律，为我国乃至世界范围内的旅游产业转型升级评估提供理论依据与方法论依据。

2 旅游产业转型升级的研究综述

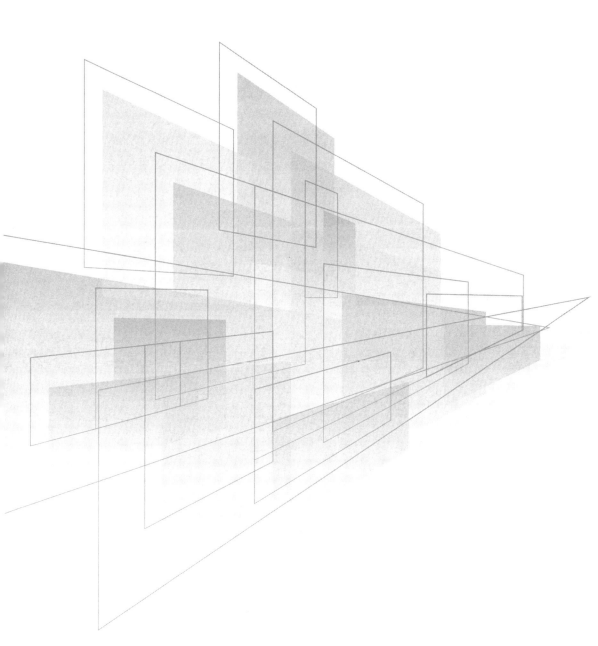

改革开放 40 多年来，旅游产业已成为我国的战略性支柱产业，具有综合性强、关联度高、产业链长、覆盖面广、拉动作用大以及绿色发展等特点。现实来看，旅游产业在我国经济中占据着越来越大的市场规模和越来越重要的地位，因而，旅游产业被认为是增加外汇、扩大内需、促进就业、提高收入、维系区域经济平衡及推动经济增长的重要推力。旅游产业的发展对经济发展的反哺作用日益明显，旅游产业的转型升级在我国区域产业转型升级、转变经济发展方式、优化经济结构等方面发挥着重要作用。国内外旅游产业转型升级的相关研究，总结起来主要有以下几个方面：产业转型升级的概念与测度、旅游产业转型升级的内涵与概念、旅游产业转型升级的测度、旅游产业转型升级的优化路径、旅游产业转型升级的内在机理以及动力机制等。

2.1 产业转型升级的概念与测度

2.1.1 产业转型升级的概念

国内外学者对产业转型升级这个问题进行了较长时间的研究，但是对于产业转型升级的理解并不一致。在国际上，从全球价值链视角来看，我国产业结构从"低技术、低附加值"向"高附加值"转变。产业转型升级的最初研究可以追溯至 20 世纪 90 年代，Gerrifi(1999a)从全球商品链的视角出发，把国际贸易与产业升级相结合，对亚洲服装行业从组装向原始设备制造(original equipment manufacturing, OEM)、自主品牌制造(own brand manufacturing, OBM)出口角色提升的路径及组织条件进行了系统分析，认为产业转型升级是指企业通过提高自身能力，向更有利润、更具技术和资本含量的经济活动转变的过程。Porter(2002)提出，当一国的资本和技术禀赋优于劳动力和土地等资源禀赋时，生产要素的比较优势通常会带动资本和技术密集型产业的发展，从而推动其产业发展。

关于产业转型升级的观点，国际上较为一致的有四种：一是产品的升级。企业能够升级更加成熟的生产线，这一点可以从每一种产品的附加价值中得到确定（Humphrey et al.，2002）。二是对制造过程进行升级，企业可以提高生产过程的效率，将投入更有效地转化为产出，从而提升产品质量。三是供应链内部的升级。例如，企业可以从价值链内部进行功能的转变，从生产转向设计或营销（功能升级），也可以向前升级为成品营销或向后升级为产品研发等，再向价值链的两端移动。四是产业链间的升级。企业将已有的能力运用于新的价值链，从落后产业向新兴产业转变。

2.1.2 产业转型升级的测度

基于以上我国对产业升级的认识，对产业升级的量化也受此影响，主要集中在对产业结构升级的量化。高燕（2006）利用 More 值法和产业结构超前系数法，对我国工业结构的变动幅度及变动趋势进行了测算；徐德云（2008）在产业结构升级就是国民经济中三个主要行业的升级这一观点的基础上，将产业结构升级的特点定义为：主导行业从第一产业升级到第二产业，再升级到第三产业的过程。所以若产业转型升级用指标 R 表示，则可用下述方程进行描述：

$$R = \sum_{i=1}^{3} y_1 \times 1 + y_2 \times 2 + y_3 \times 3 (1 \leqslant R \leqslant 3) \tag{2-1}$$

其中，y_i 为第 i 产业的收入比重，指标 R 为产业结构升级程度。从数值大小来看，R 值越高代表产业转型升级程度越高。

由于价值链分析产业升级的方法开始就是为制造业的产业转型升级而设计的（Tejada et al.，2011），对于产业转型升级量化方法这一内容，既有文献更多关注于对制造业的测度研究。一些学者认为，尽管制造业产业转型升级是一个包括许多内容的复杂过程，但是其最终体现在了制造业生产效率的提升上，因此将全要素生产率（TFP）作为产业升级的测度指标。此外，在制造业产业转型升级的测度方面，比较早使用了指标体系法，从规模、结构、效率和环境四个维度选择了指标，对制造业产业升级水平进行了测度（任碧云 等，2019）。赵晓男等（2019）在对我国产业结构转型升级与科学技术创新进行研究时，在推动产业结构优化的途径上，建议从提升产品供应与生产要素需求两个角度入手，此外还应增加对教育和科学研究的投资，提高科学技术的生产力。任碧云和贾贺敬(2019)在关于制造业转型升级的研究中，发现与劳动密集型和技术密集型行业相比，资本密集型行业具有更好的转型升级效果，因此，对于制造业的产业转型升级路径，应该鼓励发展金融服务实体经济、提高制造业全要素生产率、深化市场化改革等。 邓向荣和曹红(2016)针对当前国内工业发展中存在的问题，提出了以下几点看法：一是调整创新思维，由零散创新向系统创新转变；二是健全行业准入和退出制度，淘汰落后行业，同时引进先进行业；三是以发展高端装备制造业为切入点，以提高我国工业的竞争力为目标；四是在产品创新和产业转型升级的推动下，服务业得到了快速发展。 上述学者的研究为"旅游产业转型升级测度体系"提供了指标依据。

2.2 旅游产业转型升级的内涵与概念

2.2.1 旅游产业转型升级的内涵

关于产业升级的概念，学者们存在并不完全一致的看法。 关于旅游产业升级的内涵，也有很多种说法，不少学者先后在这个领域展开了研究，并从不同的角度对其进行了定义，因此，旅游产业升级的内涵是在不断完善和丰富着的。 旅游产业转型升级是 2008 年全国旅游工作会议从顶层设计视角提出的一个具有中国特色的组合性概念，并对"转型升级"的含义进一步诠释为"提升旅游产业素质，提升旅游发展质量和效益，提升旅游市场竞争力"，具体指出"要转变旅游产业的发展方式、发展模式和发展形态，实现我国旅游产业由粗放型向集约型发展转变，由注重规模扩张向扩大规模和提升效益并重转变，由经济功能向兼顾经济、社会、文化、环境等多种功能转变"。 这时候中国学者对旅游产业转型升级的定义尚未达成共识。

国外虽无"旅游业转型升级"的概念，但却有"旅游业升级""旅游业结构优化"等具有类似内涵的概念。 谢春山等(2010)认为，彻底改变原有的发展方式与模式，是产业转型，而产业升级是在基本维持原来的发展方式和模式的同时，进行结构的优化和要素的升级。 因此，虽然转型与升级的最终目的相同，但是具体途径和手段存在差异。 此外，学者们根据产业经济学中产业升级的普遍含义，以及旅游行业自身的特点，对"转型升级"的含义进行了更加深刻的探讨，但与此同时，也出现了一些问题，如旅游产业升级与旅游产业转型升级之间的概念混乱，以及在旅游产业结构升级上的偏重。 比如，在旅游行业的结构升级上，一些学者把旅游行业的结构优化升级理解为：不断的技术进步、产品革新，从而达到提高生产效率、提高产业的技术层次，使产业由低技术水平、低附加值向高附加值转变(黄蔚艳，2009)。

随后，麻学锋(2009)在价值链和系统观下定义了旅游产业转型升级，提出：旅游产业转型升级是指旅游产业由低水平到高水平的转变过程，既包括旅游产业产出总量的增加，也包括旅游产业结构的高度化。 旅游产业结构的高度化，就是在合理的前提下，通过科学技术的进步和社会的分工，让产业结构朝着对资源进行深加工、产出更高附加值的方向发展，这样就可以持续地提升旅游生产因素的整体利用效率，进而提升旅游业的经济效益。 王兆峰等(2011)更加详细地解释了旅游产业结构转型升级的含义，并从产业和游客两个方面进行了分析：一方面，从产业发展的角度来看，湖南旅游产业的结构升级表现为旅游产业由粗放式发展到集约式发展，由政府主导发展到政府与市场相结合；另一方面，从游客的视角来看，旅游业从低端发展到高端，从单一产品发展到多样化产品。

实际上，旅游业的转型升级与旅游产品(供给和消费)始终是相联系的，谢春山等(2010)对旅游产业转型升级的概念进行了界定，在此基础上，识别转型与升级之间的关联与差异，阐明旅游产业升级是旅游产业转型和旅游产业升级两个过程的有机融合，这不仅是指旅游产业发展模式的转变，也是指产业结构的优化和产业要素的升级(附加值的提升)。 所谓"转型"，就是完全改变过去的发展方式和模式，寻找新的道路。 而所谓"升级"，就是在维持原来的发展方式和模式的前提下，进行结构的优化和要素的升级。 对旅游产品概念的界定也是众说纷纭(崔素莹，2019)，本书中旅游产品(服务)指的是指游客在旅游活动中对其进行消费的一种商品或服务。 随着人均可支配收入的增加以及体验经济时代的到来，人们对旅游产品的升级提出了更高的需求，其中一个发展的方向就是旅游产品体验化，旅游产品体验化可以为旅游产品提供高的经济附加值(吴文智 等，2003)。 消费层次的持续提升，促进了旅游产品供给的升级，也就是将旅行社、旅游饭店和旅游景区都纳入其中(刘佳 等，2013)，还包括提高旅游服务人员的素质，人力资本对旅游产业的升级起到了很大的影响作用(Zhou，2018)。

2.2.2 旅游产业转型升级的概念

随着对旅游产业转型升级的研究不断深化，人们对其内涵的认识也在不断提高，旅游产业转型升级概念可界定为：第一，旅游业的升级，就是要优化旅游业的结构，使旅游业从粗放式发展到集约式发展，从重视规模的扩张到重视经济效益的提高，从重视经济职能到重视综合职能。 第二，应该对旅游业的组织方式和发展模式进行持续的优化，以提升旅游业的整体质量，提升旅游业的经济效益，进而提升旅游业的市场竞争力。 也就是说，旅游产业的升级要以旅游方式的转变为重点，以旅游产业的结构优化为基本条件，以推动旅游产业的集约型发展为中心、提升旅游发展的质量、实现生态旅游、提高旅游产业的效益和综合竞争力为目的，顺应"休闲泛化"和"休闲旅游"的潮流，开发休闲度假旅游产品，积极培育和发展旅游新产品、新业态(也就是高附加值的旅游产品)，实现速度、质量和效益的协调发展。

2.3 旅游产业转型升级的测度

旅游产业转型升级的测度主要包括直接测度和间接测度，本书拟对这两种测度方法的研究分别进行梳理。

2.3.1 旅游产业转型升级的直接测度

对旅游产业转型升级的研究，主要包括以下内容：概念界定及评价准则、理论基础、背景、内容特征、动因、途径和对策建议等。目前，关于旅游产业升级的量化研究还比较缺乏，相对不成熟。当前，在旅游产业升级测度方面的研究方法主要有：指数评价法、偏离-份额分析法、多维度评估指标体系法。

指数评价法主要包括产业集中度指数（方叶林 等，2016）、区位熵（孟铁鑫，2015；方叶林 等，2016）、产业结构变化指数（潘景胜 等，1998；陈太政 等，2013）、多样化指数（张精惠 等，2011）等。孟铁鑫（2015）利用区位熵与偏离-份额分析法研究福建省旅游业的专业化与合理化。杨新军等（2005）运用偏离-份额分析法分析陕西省旅游业行业的结构效应与竞争力效应。张精惠和甘巧林（2011）使用多样化指数和区位熵以及动态偏离-份额分析法定量分析广州国际旅游业的产业结构。师萍（1999）从合理化和高级化两个方面来评价旅游产业结构，并针对此两个方面建立了评价准则和模型，评价指标包括产业协调、经济效益、内部结构三个方面，对旅游产业结构展开多个维度的第一次评价。刘春济等（2014）对旅游产业结构分别从合理化和高度化角度构建两个变量进行旅游产业结构优化的研究，并通过因子分析、路径分析、计量回归等方法从需求、供给、旅游产业组织结构和系统环境四个方面研究旅游产业结构合理化和高度化的影响因素。陈太政等（2013）参照 Fischer-Clark 的产业层次划分方法，将旅游业的六个部分划分为三个层次，并在此基础上构建出旅游产业结构高级化指数，进而对产业结构高级化与经济增长之间的关系进行探讨。张佑印等（2012）运用区位熵、产业集中度指数、产业结构变化指数、产业结构变化方向四个理论模型，得出以下结论：旅游产业的区位熵表现出了明显的东高西低现象，其中以旅行社的最为显著。从行业集中度指标来看，行业集中度指标变化不大，整体上有下降的趋势，行业之间的差距趋于均衡；产业结构变化指数的整体变化也是比较小的，这表明我国旅游产业的结构已经达到了一个相对较稳定和适宜的水平；从产业结构变化方向来看，旅游景点与旅游机构的发展呈上升之势，而星级酒店的发展呈下滑之势。

偏离-份额分析法(shift-share analysis)将区域经济增长分解为区域经济增长份额、结构偏离分量、竞争力偏离分量,从而对区域经济的结构优势和竞争优势进行评估。 偏离-份额分析法作为区域经济研究的一种方法,很早就被引进到了旅游产业经济的研究中,潘景胜和王淼(1998)、杨新军等(2005)、张精惠和甘巧林(2011)、孟铁鑫(2015)以及方叶林等(2016)运用这一方法对我国入境旅游业的产业结构进行定量的分析,对我国区域旅游产业结构进行研究,包括对中国上海、广州入境旅游业,福建省、陕西省入境旅游业,以及西班牙旅客的数量进行定量分析。 潘景胜和王淼(1998)采用结构定量分析法,如偏离-份额分析法、结构变动指数、专业化指数等,分析上海国际旅游业的产业结构效益。 结果表明:在上海旅游业中,餐饮与娱乐行业的发展最好,其结构效益与竞争优势明显,而酒店与消费品行业的结构效益则相对较差;2010—2020年,上海国际旅游业的结构变动指标有所增加,表明这期间的经济结构调整已走上正轨;上海国际旅游业的专业化程度有所降低,呈现出多元化、平衡性的趋势。 方叶林等(2016)以中国大陆入境旅游业为研究对象,结合2000—2012年的统计资料,分析大陆入境旅游业产业结构的时空演变规律,揭示大陆入境旅游业产业结构演变规律。

多维度评估指标体系法在旅游业转型升级中的应用仍缺乏,张广海和冯英梅(2013)从旅游业的合理、高度化和效益水平三个方面,构建旅游业总收入的年增长率和区位熵等 8 个指标来评估旅游业的结构水平,并利用均方差法来确定评估指标的权重、加权平均法来量化旅游业的结构水平。 刘佳和杜亚楠(2013)从旅游产业结构的变动率、规模度、集中度、合理化和高度化五个角度出发,构建出旅游产业结构水平的三个层次指标体系,运用变异系数法来确定指标权重,并对其进行加权求和,从而获得旅游产业结构水平指数。

2.3.2 旅游产业转型升级的间接测度

当前学术界对旅游产业转型升级的测度比较多偏向于旅游产业结构的升级。 然而,根据对旅游产业转型升级内涵的分析,旅游产业涉及的产品、效率、结构、设施、环境、社会贡献等都与旅游产业升级有着密切的联系,所以需要对旅游产业转型升级展开更全面的理解。所以，很多旅游产业研究方向间接地为旅游产业转型升级提供了可以借鉴的方法指导，如旅游产业产品品质提升、旅游产业基础设施更完备、旅游产业运行效率提升、旅游产业发展环境更加友好、旅游产业发展对区域发展贡献增加等，在此基础上，梳理并分析间接测度旅游产业转型升级的指标。

(1)旅游产业效率的相关研究

国内外学者对旅游业的效率问题给予了高度重视，而数据包络分析(data envelopment analysis，DEA)是其中最为流行的一种方法。Corne(2015)以法国为例，运用 DEA 方法，对中等价位、经济型和预算型三种类型的酒店的技术效能进行分类，提出提升技术效能的途径，以期提升旅游产业在法国经济发展中的作用。Chaabouni(2019)利用两阶段双导向 DEA 来测量旅游产业的效率，与传统 DEA 所获得的效率相比，该方法是一种修正估计偏差后的方法，具有更强的现实意义。Gabarda-Mallorquí 等(2017)选择西班牙布拉瓦海滨罗列特海滨宾馆为研究对象，通过对宾馆用水效率的研究，识别宾馆用水效率提升的关键影响因子，通过建立广义线性混杂模型对宾馆用水效率进行定量研究，得到规模经济对宾馆用水效率的影响规律。陶卓民等(2010)利用 DEA 方法，对中国旅游产业的技术效率、规模效率和全要素生产率进行了实证研究。任毅等(2017)运用 DEA 中的 DEA-BCC 模型和 Malmquist 指数法，从综合技术效率、纯技术效率、规模效率和全要素生产率四个方面，对我国旅游上市公司的运营效率展开分析，认为我国旅游公司的运营效率仍有很大的提升空间。梁楠楠和王贤梅(2018)运用 DEA 方法，对中国各个地区[①]的旅游产业效率进行了研究，结果表明，中国东部和西部地区在旅游产业效率上存在着明显的差距。查建平等(2019)在此基础上，利用 SBM-DEA 模型，对我国景区、酒店、旅行社等三大类型的旅游企业的旅游效率进行了分析。

对旅游产业效率的测定还有一种经常使用的简便方法就是用劳动生产率和

---

① 东部地区包括北京、天津、河北、辽宁、上海、江苏、浙江、福建、山东、广东、海南(11个)；中部地区包括山西、吉林、黑龙江、河南、湖北、湖南、安徽、江西(8个)；西部地区包括内蒙古、重庆、四川、广西、贵州、云南、陕西、甘肃、青海、宁夏、新疆、西藏(12个)。

资产生产率测定，董锁成等（2009）提出在对旅游产业竞争力进行测度的时候，可以用旅游产业全员劳动生产率和旅行社百万元固定资产创营业收入与旅游酒店百万元固定资产创营业收入来度量旅游产业的运营效率。

（2）旅游产业绿色协调发展的相关研究

"绿色旅游""生态旅游""旅游业的可持续发展"等概念，是指旅游业在促进生态环境保护的同时，更好地促进旅游业的可持续发展。在越来越关注环境问题的基础上，近年来学者和社会各界开始关注关于旅游环境协调问题的研究，并认为在对旅游产业发展的效益等方面进行评价时，需要将环保投资作为一项输入指标（Song et al.，2019），刘佳和宋秋月（2018）将旅游业的"绿色"程度作为衡量其是否实现了资源与环境的节约与保护，并在此基础上，选择了不同的输入与输出指标，构建了旅游业的绿色创新效率指标体系，并对其进行了实证研究。King 和 Stewart（1996）研究发现飞机、汽车等其他运输方式产生的大量二氧化碳气体，是造成旅游业发展的重要原因。刘佳和赵金金（2012）对青岛市旅游产业各部门碳足迹进行量化，为制定低碳旅游提供数据支持并为相关政策建议的提出奠定了理论基础。董锁成等（2009）拟以重点景点为切入点，以噪声、二氧化硫等为主要指标，定量评价其对旅游环境的影响。

（3）旅游产业发展对区域发展贡献的相关研究

Chou（2013）使用面板因果关系研究方法以 10 个转型国家为研究对象，对国家之间的依赖性和国别特征进行控制，对旅游产业发展是否会对转型期国家的经济增长产生影响进行研究，结果发现由于各国旅游业在其国民经济中的比重（Oh，2005）、对外开放程度和经济发展阶段（Kim et al.，2006）等具有异质性，尽管旅游增长假说适用于大多数国家，但也有三个国家的研究表明，这一理论并不存在明显的相关性。Kim 等（2006）以游客人数为替代变量，探讨旅游规模扩大与经济发展的双向因果关系。汪德根和陈田（2011）在衡量我国东海岸旅游业的竞争力时，从经济与社会就业角度考虑旅游业的发展。Habibi 等（2018）以伊朗各省份为例，将人均 GDP 的增长分解为旅游业等部门带动的经济增长，并以此为基础，分析了旅游业对各省份经济增长的影响。

(4)旅游基础设施的相关研究

朱俊杰等(2001)认为旅游基础设施包括当地居民与旅游者共同拥有的各种公共服务设施,可划分为公共服务设施与现代社会生活中的基本公共服务设施两类。区域旅游业的进一步发展离不开基础设施的支持,因此,在区域旅游业的发展过程中,必须加强基础设施的建设。具体从交通和通信两个角度出发,以交通线路网密度和通信设施数量为依据,对旅游基础设施的完备程度进行了评价。金鹏和周娟(2016)认为,信息化可以促进旅游营销,提升旅游企业交易效率,促进游客消费行为升级,从而推动旅游产业发展。Khadaroo和Seetanah(2008)利用重力模型研究交通基础设施对国际旅游业发展的影响时,发现旅游业实质上是一种国际性的贸易,而交通基础设施对于欧美等国的高层次旅游者具有十分重要的意义。Seetanah等(2011)提出,基础设施是一个旅游目的地吸引力的潜在决定因素,它具体包括了水电、安全卫生、网络通信和公共交通等方面。而且,大部分来自发达国家的游客都喜欢使用高质量的现代交通基础设施,数据结果也显示,基础设施对旅游产业的发展具有非常重要的作用,对于旅游产业的高端化发展具有非常重要的意义。

2.4 旅游产业转型升级的优化路径

对于旅游产业升级的优化路径,学者们根据自己的研究侧重点和在研究过程中发现的旅游产业升级中存在的问题,从不同的角度提出了自己的建议。

在当前和未来很长一段时间内,我国经济的发展推动力主要依靠的是国内消费,而在产业转型升级的大背景下,每个行业都需要进行全方位的深度变革,持续优化升级。其中推动第三产业的高质量发展和优化升级对我国成功进行产业升级发挥着决定性作用,释放国内对服务业消费的巨大的高质量需求对我国经济的持续增长起着重要作用。旅游产业是一种生产性服务业和生活性服务业的综合体,它所占比重的增加是第三产业内部结构升级优化的重要标志,伴随着中国人均可支配收入的提高和人们的消费水平的提高,近年来旅游已经成了人们消费的主要组成部分,而旅游业又是服务业的一个重要组成部分。

通过对中国和国外乡村旅游发展的对比分析,有的学者(吴必虎 等,2007)从产品、营销与市场三个方面提出乡村旅游升级的建议:一是产品的升级,从农家乐、采摘园向休闲度假和康体娱乐升级;二是营销的升级,营销要细化和深化;三是市场的升级,乡村旅游市场需进行分级和拓展。 有的学者(黄蔚艳,2009)在对我国区域旅游产业发展现状进行分析的基础上,站在一定的高度提出旅游产业升级的战略性优化路径:一是由传统的旅游业发展到现代化的旅游业;二是由单一的生活性服务向生活性和生产性一体化服务的提升和优化;三是从工业划分到工业融合的延伸和优化。

此后,学者们进行了更加周密、全面的研究。 谢春山等(2010)从产业、市场、企业、产品和人才这五个方面,对旅游产业的转型升级提出了要求。在旅游产业层面上,不仅要注重各个要素的质量提升,还要注重整个产业整体结构的协调。 在旅游市场方面,在适应国内外旅游需求的同时,要实施与之相适应的旅游营销战略;在企业层次上,通过改善旅游产品的提供质量,从而提高企业的经济效益;在产品层次上,以游客需求为基础,以旅游文化为基础,以科技进步为基础,以品质提升为基础,以产品类型细分为基础。 在旅游人才上,要塑造知识型、技能型和服务型的旅游专业人才。 王兆峰(2011)认为,要实现旅游业的升级,需要通过观念、制度和技术的创新来实现。 在观念上,要树立旅游精品意识并加大宣传力度,树立全局意识并加强统筹规划,要建立集体观念并运用产业集群来发挥自己的优势;加强对旅游资源的保护,促进旅游业和工业的发展。 可以从制度上引导旅游者进行旅游消费,协调与旅游相关的各个利益主体之间的关系,推动政策对旅游发展的支持,通过旅游来促进各种文化的融合发展。 在技术创新上,利用现代科学技术来整合资源基础,以旅游供给与需求为基础,以文化创意为基础,来发展多元化的旅游产品。 旅游产业升级的思路包括:政府在政策、提质、基础设施等方面的支持,旅游产业自身在产品、客源等方面的壮大,同时还要与当地的经济、形象等相互协调。

产业集群和产业融合是产业升级的重要途径之一,因此,旅游产业也开始

中国旅游产业转型升级动态演进研究

对旅游产业集群和旅游产业融合的产业升级方式进行分析，并以成本—效益机制和核心旅游品牌的影响溢出效应为基础。刘少和与桂拉旦(2014)则发现产业集群是旅游产业实现产业结构优化、产业转型升级的一个重要途径。刘春济等(2014)从合理化和高度化两个方面构建了旅游产业结构优化的两个变量。马巧慧和代雷(2016)从跨越式和产业融合的视角，分析了辽宁省旅游业的转型升级路径，提出了通过跨越式的发展，构建区域性的旅游业，以"旅游＋互联网""旅游＋文化""旅游＋新城镇建设"为其内部发展动力的观点。

而产业结构高度化指的是产业结构高级化的程度，它对高附加值产品和高技术含量产品的占比进行了度量，它是产业结构中较高附加值的高层产业取代较低附加值的底层产业、低加工产业向高加工产业转变的过程(马洪福 等，2017)。从高速发展到高质量发展，是中国经济在新时期的一个显著特点。产业结构升级实质上是生产效率的提高(黄群慧 等，2015)，而旅游业增值的提高是由供给侧结构性改革和市场资源配置两个因素决定的(魏敏 等，2019)，因此，要想实现产业结构的高级化，就必须充分考虑到旅游业的供需双方的互动。

旅游产业的转型升级过程需要重视高质量发展的要求，即旅游产业的转型升级是不断淘汰旧的、不合理的、不科学的、不节能环保的生产经营模式，走向可持续发展的道路。具体而言，旅游产业的优化路径(产业转型)包括两个方面(见图 2-1)：第一，旅游产业结构的合理化程度提高，即产业结构与就业结构的耦合度提升，建立供给侧人才体系以匹配产业发展。而旅游产业结构合理化的提高，反过来也有助于旅游生产经营活动与自身的要素资源禀赋的结合，形成良性循环。第二，旅游产业结构不断实现高级化。实现旅游产业的产品(服务)从低附加值向高附加值的过渡，具体而言，通过资源的优化配置，提升旅游产业的效率，增加旅游产出的增加值，提高旅游产业关联(上下游产业或旁侧产业)辐射效应，并不断提高旅游产业在价值链中的高端地位。从旅游产业转型升级的内涵可以看出，旅游产业的转型升级指的是对旅游产业结构的进一步优化，具体包含了产业结构的合理化和高级化两个方面，这将使旅游产业在发展过程中的经济效率得到提高，促进旅游产业的附加值提升、转型升级以及可持续发展。

36

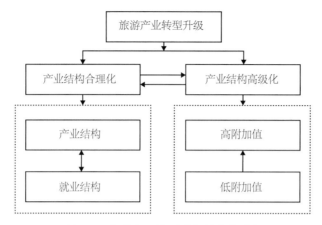

图 2-1 旅游产业转型升级的优化路径

2.5 旅游产业转型升级的内在机理

2.5.1 旅游产业的供需平衡

在市场机制发挥决定作用的情境中，旅游产业的发展需要重视旅游市场的发展走势，关注旅游需求方的选择和决策变化。此外，旅游产业与旅游"六要素"等构成了旅游经济发展的供给主体(马耀峰 等，2014；于洪雁 等，2017)，旅游产业的转型升级更多的是供给侧方面的主动行为。供给侧结构性改革是当前产业经济发展的重点策略指导。而旅游产业的供给侧结构性改革更多的是建立在旅游结构的调整、旅游供给质量的提高和公共旅游供给短板的弥补上。

旅游供给方与旅游需求方的互动产生旅游活动，并促进旅游业的进一步发展。魏遐和吴必虎(2000)以国庆假日为研究区间，分析了国内旅游市场供需关系之间的矛盾，强调从供需视角去采取相应的对策。 Leiper(1990)构建了需求与供给在内的旅游系统模型，学者们开始从供给与需求的关系视角阐释旅游现象(Cooper et al.，1998)，提出供需匹配关系是旅游系统功能得以实现的基础，旅游系统的良性循环需要重视供需之间的匹配程度。结合经济改革趋势,于洪雁和刘继生(2017)在供给侧结构性改革的背景下分析了旅游供给与需求之间的耦合度。 尽管目前对旅游供需关系的分析已有一定的成果,但是更多的是以研究子产业旅游供给与细分需求之间的关系(刘军胜 等,2017)。 研究的视角主要集中在交通、住宿业、景区、信息等方面与旅游需求之间的关系(吴冰 等,2013;杨敏 等,2012)。 所以,目前关于供需关系的研究大多是从局部出发,就某一个旅游发展要素的供需关系进行分析,这表明旅游产业发展的探讨需要关注旅游供给与需求之间的关系,然而,对于旅游产业发展中的供需关系,目前还没有一个全面的、对立统一的、动态平衡的研究视角。 而现实中,旅游产业转型升级的实现正是基于旅游供给与需求之间的平衡关系。

2.5.2 旅游场域

布迪厄的场域理论由"场域"、"资本"和"惯习"三大概念及其关系组成。 场域是一个相对自主的社会空间,伴随着社会经济的迅速发展,在高度分化的社会里,具有相对自主性的社会小世界组成了社会世界,而这些小世界是具有自身逻辑和必然性的客观关系的空间。 从关系的角度进行思考,场域是在各种位置之间存在的客观关系网络,是一个客观关系构成的系统(宋秋 等,2015)。 由于不同类型的权力(资本),这些位置被客观界定,因此,场域也是一个充满竞争的空间。 在场域中活跃着各种的力量(旅游市场中的利益主体)进行追逐自身经济利益的同时,在动态博弈中加速旅游产业的转型升级。布迪厄将资本分为经济资本、文化资本和社会资本三种形态,资本是一个重要的领域,拥有它的人利用它所获得的利益包括经济利益、符号利益、社会利益等。 惯习的指引使得不同的"力量"在场域中进行活动,争夺资本。 惯习确定一种立场,即建构和理解了具有特定"逻辑"的实践活动的方法,是一个"不断变化的自然系统",它在旅游场中存在个人的身体里(宋秋 等,2015),推动某个特定区域的旅游产业转型升级。

越来越多的学者将布迪厄的场域理论用于旅游研究中,产生了对旅游场域的研究。 旅游场域是以旅游现象为中心所形成的客观关系网络,场域中的不同社会要素占据不同的位置(郭文 等,2013)。 行动者、资本、惯习等存在于旅游场域中，在旅游场域中，行动者主要是旅游消费者和旅游生产经营活动有关的利益相关者，包括旅游投资者、旅游从业者、政府(旅游公共物品的提供者)等旅游供给方和旅游者，他们是旅游场域中实际掌握资本的主体；也包括旅游者，虽然他们本身不是掌握资本的主体，但是他们的偏好对掌握资本的主体的行为产生很大的影响。可见，资本是旅游场域运作的重要中介，被行动者用于位置的竞争(Çakmak et al.，2018；Larsen et al.，2019)。而资本，主要是包括经济资本、文化资本和社会资本。而惯习主要是行动者们在场域中所约定俗成的行为规范，比如旅游者拥有自身的文化素养和思考方式，不同主体依据自身惯习进行资本的争夺和转换，惯习会在开始接触的时候发生碰撞，随后产生新的稳定状态，推动旅游场域的再发展，进而成为区域旅游产业转型升级的内在的重要的推动力量。

现有研究更多的是将地方文化归于旅游场域中用以分析旅游发展中的社会文化的发展变迁与重构(郭文 等，2013)，以及关于知识场域(intellectual field)的研究。Tribe(2006)考察了理论化的旅游世界其知识标准与现象世界之间的一致性程度，对知识力场进行概念化分析并论证了知识力场的中介作用。Pappalepore 等(2014)探讨了布迪厄的场域概念，并将文化资本运用到当代城市语境中，分析了创意群体在旅游业发展中扮演的角色。但是在更广泛的社会学框架下的旅游产业的分析目前较为缺乏，对于旅游产业发展中资本、惯习和场域之间的逻辑梳理，特别是旅游个体之间的力量博弈关系，也缺乏深入的研究。旅游场域中活动的主体所发挥的作用是场域得以形成并且不断发展的决定性因素，我们在探讨旅游场域中的产业转型升级需要关注场域中活动的主体以及它们的惯习所带来的互动。

国内外相关研究已经认识到了单独从供给或是需求出发，不能整体地体现旅游发展本身的特征。本书拟探讨旅游产业转型升级的具体作用机理，即内在机理，从整体观出发探讨旅游产业的转型升级及其在动态发展中的走势和发展演进规律。供求关系的分析是本书定量研究的主要脉络，为了更好地分析旅游产业在转型升级中供给方和需求方的具体策略行为，本书引入物理学的"场域"概念，结合布迪厄的场域理论，从供给与需求两个方面"力量"的动态演化博弈出发，剖析旅游产业转型升级演进过程中，供给与需求两个方面所引发的市场要素(旅游业的资本)迁移与状态改变,揭示旅游产业转型升级演进的内在机制。

2.6 旅游产业转型升级的动力机制

2.6.1 旅游产业转型升级的驱动因素

旅游产业转型升级的动力机制主要分为两大类:外部影响因素和内部影响因素(杨佳利,2017)。

外部影响因素主要是探讨政府对旅游产业升级的影响,如 Bunja(2003)等认为政府作为旅游业发展中的重要利益相关者,对旅游产业升级具有举足轻重的作用;此外,信息技术也是影响旅游产业升级的重要外部因素,如 Horster 和 Gottschalk(2012)认为信息技术有利于旅游产业实现结构优化。 内部因素主要是指旅游产业本身可控制、可改变的因素,比如旅游服务、旅游地形象、旅游形式等。 杨琴和王兆峰(2009)以湖南省旅游产业结构和技术创新为切入点,基于产业结构和技术创新的相互作用机制,建立了旅游产业结构优化的理论模型,并对其进行实证分析。

麻学锋(2009)将旅游产业升级的驱动因素分为两种,一种是内生驱动力,另一种是外生驱动力,其中外生驱动力主要对需求的总量增长和结构变化产生影响,内生驱动力则包括了资源、区域、经济以及其他因素。 王兆峰(2011)认为旅游产业转型升级的核心动力是技术创新,技术创新通过影响旅游生产要素的投入、游客的需求结构和劳动者素质,从而推动旅游产业的转型升级。杨主泉(2011)从生态效益的视角,构建了生态旅游产业转型升级的驱动模型,认为外部动力机制包含政府驱动和信息驱动两方面,内部动力机制包含利润驱动、竞争驱动和产业链驱动。 王云龙(2012)认为外部影响因素包含政策体制和需求条件,内部因素则指管理水平。 另外,科技进步、技术创新和产业融合也是促进我国旅游业发展的主要因素。 Tan 等(2017)认为外部环境影响旅游产业绩效，进而间接影响旅游产业转型升级。 田里等(2017)在内外部因素划分上有所不同，他认为外部动因包括经济战略、产业政策、国际贸易等；内部动因包括技术进步、需求变化、供给变化等。 由此可见，影响因素大体相同，只是在归类上存在差异。 除了采用内外部分析逻辑全面探究旅游产业转型升级影响因素之外，部分学者聚焦于研究某一维度对旅游产业转型升级的影响。

2.6.2 旅游产业转型升级的发展动力

那么，如何构建旅游产业转型升级的动力机制以实现其高质量发展? Bunja(2003)等认为政府作为旅游业发展中的重要利益相关者，对旅游产业转型升级具有举足轻重的作用；此外，信息技术也是影响旅游产业升级的重要外部因素，如 Horster 和 Gottschalk(2012)认为信息技术有利于旅游产业实现结构优化。 内部因素主要是指旅游产业本身可控制、可改变的因素，比如旅游服务、旅游地形象、旅游形式等。 Aratuo 和 Etienne(2019)认为经济增长绩效与旅游产业六大要素发展具有格兰杰因果关系。 王兆峰和刘庆芳(2019)探析旅游生态效率与旅游经济之间的互动响应关系，期望为长江经济带旅游业提质增效提供理论依据。 本书在回顾国内外相关研究的基础上，探讨中国旅游产业高质量发展动力机理的时序演进规律。 首先，构建其理论基础；其次，分析促进中国旅游产业优质发展进程中的前端动力机制(资源重构)、中端动力机制(市场机制)和后端动力机制(环境平台)的时序演进规律；最后本书将上述理论分析结合实地调研，提出相关政策建议。

2.7 旅游产业转型升级研究现状文献计量

文献计量学(bibliometrics)是 1969 年由 Alan Pritchard 提出，为考察当前的某一知识或研究领域和未来潜在的研究方向提供了科学有效的手段。 在文献计量研究中，通常使用的辅助工具有 VOSviewer、Bibexcel、CiteSpace 等。其中，CiteSpace 是基于引文对学术领域的发展新趋势以及研究动态进行系统分析的科学计量和可视化分析软件，除了可以在时间轴中构建不同时期的文献计量网络图，还能够通过可视化术语和中间性中心识别时间模式、知识转折点以及根本性变化。基于以上分析，本部分选择 CiteSpace 作为主要的文献计量学分析工具，对旅游产业转型升级研究现状进行分析，同时也为本书的后文分析提供研究方向和基础。

2.7.1 基于 Web of Science 数据库的研究热点和前沿聚类分析

以"tourism"并含"industry upgrading"为主题、文献类型为"article"进行英文文献检索，为避免遗漏，通过扩大检索范围，同时扩选"industry upgrade""industrial upgrade""industrial upgrading"主题词，截至 2023 年 6 月 20 日，在 Elsevier、SAGE Journals、Taylor&Francis Online 和 EBSCOHOS 等数据库中共找到文献 279 篇，其中大部分是关于旅游产业转型升级的影响因素以及可持续发展与旅游产业等文献。通过 Web of Science 数据库具有的文献分析功能，可以发现：①国外关于旅游业转型升级的相关研究起步较早，自 1994 年开始发表文献，但发展进程缓慢，从发表年度来看，发文数量从 2014 年后开始快速增长（见图 2-2），在 2022 年发文数量最多（47 篇）；②从学科分类来看（见图 2-3），研究领域集中在环境科学（environmental sciences，17.92%）、管理学（management，14.70%）、休闲旅游（hospitality leisure sport tourism，13.98%）、社会科学跨学科（social sciences interdisciplinary，13.98%）、环境研究（environmental studies，12.90%）、经济学（economics，11.11%）、商科（business，10.04%）、教育研究（educational research，8.24%）、计算机科学信息系统（computer science information systems，7.17%）、绿色可持续科技（green sustainable science technology，6.09%）等多个学科；③从关键词分布来看（见图 2-4），"旅游业转型升级"相关文献的前十关键词主要集中在影响机制（impact）、旅游（tourism）、旅游产业（tourism industry）、乡村旅游（rural tourism)、产业(industry)、可持续发展(sustainable development)、管理学(management)、城镇化(urbanization)等，表明现有"旅游业转型升级"研究成果已经较为成熟。　④结合突现词图谱(见图 2-5)，反映了不同时间段旅游产业转型升级研究的前沿和热点，突现度(strength)是某个关键词在特定时间出现的频度。　例如，全球价值链(global value chain)是 2000—2012 年的研究前沿，数字媒体(digital media)是 2008—2011 年的研究前沿。　产业转型(industrial transformation)、可持续发展(sustainable development)、耦合协调(coupling coordination)等是近三年的研究热点。

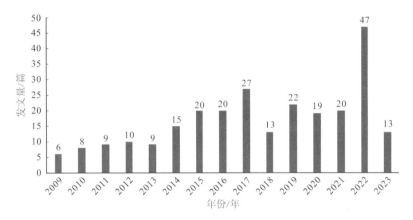

图 2-2　国外旅游产业转型升级主题有关研究发文数量总体趋势

图 2-3　国外旅游产业转型升级主题有关研究的学科分布

数据来源：由 Web of Science 导出，一般只显示前 10 名以内的类别，并非所有类别。

industry
rural tourism commodity chain
performance system
impact competitiveness economic growth
sustainable development growth urbanization
tourism perspective city consumption management
tourism industry cruise tourism efficiency
coupling coordination
china
behavior model

CiteSpace

图 2-4　国外旅游产业转型升级主题有关研究关键词共现词谱

注：字体大小不一代表出现的频率不同，字体越大代表出现频率越高。

关键词	年份	强度	起始	截至	1994—2023
global value chain	2008	1.57	2008	2011	
globalization	2008	1.57	2008	2011	
commodity chain	2008	1.4	2008	2011	
jilin province	2013	1.24	2013	2014	
development strategy	2014	1.76	2014	2019	
cultural tourism	2010	1.47	2014	2016	
rural tourism	2010	3.16	2016	2017	
CO_2 emission	2017	1.29	2017	2021	
all-for-one tourism	2017	1.23	2017	2018	
industry	2008	1.31	2018	2019	
tourism	2019	5.07	2019	2023	
management	2019	2.25	2019	2023	
tourism industry	2013	1.56	2019	2020	
impact	1998	3.47	2020	2023	
coupling coordination	2020	2.13	2020	2023	
model	2021	3.53	2021	2023	
performance	2021	1.88	2021	2023	
industrial transformation	2021	1.88	2021	2023	
sustainable development	2008	1.45	2021	2023	
area	2021	1.41	2021	2023	

图 2-5　国外旅游产业转型升级主题有关研究突现词（前 20）图谱

如表 2-1 所示，通过提取和分析所有字符串信息，得出了 1994—2022 年已发表文献中引用频次较高的文献，并列示频次最高的 10 篇文献。

表 2-1　旅游产业转型升级方面国外高被引论文（前 10）基本情况

序号	篇名	作者	刊名	发表时间	被引次数
1	Innovative Practices in the Spanish Hotel Industry	Mar Vila，Cathy Enz，Gerard Costa	*Cornell Hospitality Quarterly*	2011 年 12 月	146
2	A Multi-level Approach to the Study of Production Chains in the Tourism Sector	Isidoro Romero，Pilar Tejada	*Tourism Management*	2011 年 4 月	132
3	Exploring the 'Celtic Tiger' Phenomenon：Causes and Consequences of Ireland's Economic Miracle	Proinnsias Breathnach	*European Urban and Regional Studies*	1998 年 10 月	123
4	Factors that Influence the Tourism Industry's Carbon Emissions：a Tourism Area Life Cycle Model Perspective	Chengcai Tang，Linsheng Zhong，Pin Ng	*Energy Policy*	2017 年 10 月	115
5	Impact of High-speed Rail on Population Mobility and Urbanisation：A Case Study on Yangtze River Delta Urban Agglomeration，China	Feng Wang，Xianjin Wei，Juan Liu，et al.	*Transportation Research Part A：Policy and Practice*	2019 年 9 月	105
6	Rural Tourism Development in China：Principles，Models and the Future	Ling-en Wang，Sheng-kui Cheng，Lin-sheng Zhong，et al.	*Journal of Mountain Science*	2013 年 1 月	79
7	Sustainability and Energy Use in Small Scale Greek Hotels：Energy Saving Strategies and Environmental Policies	Katerina Parpair	*Procedia Environmental Sciences*	2017 年 3 月	51

续表

序号	篇名	作者	刊名	发表时间	被引次数
8	You Got a Free Upgrade? What about Me? The Consequences of Unearned Preferential Treatment.	Jeong-Yeol Park, SooCheong (Shawn) Jang	*Tourism Management*	2015 年 10 月	30
9	Visual Discrimination and Large Area Mapping of Posidonia Oceanica Using a Lightweight AUV	Francisco Bonin-Font, Antoni Burguera, Jose-Luis Lisani	*IEEE Access*	2017 年 10 月	28
10	The Influence of Big Data and Informatization on Tourism Industry	Hongwei Yin, Ye Zhu	2017 International Conference on Behavioral, Economic, Socio-cultural Computing (BESC)	2017 年 10 月	10

注：被引次数统计截至 2023 年 6 月 20 日。

①排名第一的文献是 Mar Vila、Cathy Enz 和 Gerard Costa(2011)在 *Cornell Hospitality Quarterly* 上发表的论文 "Innovative Practices in the Spanish Hotel Industry"。该文章以西班牙酒店业为例，构建了一个包含四种创新类型(即产品创新、流程创新、增强的市场知识和管理创新)的框架，提出了适合酒店业的创新路径。

②排名第二的文献是 Isidoro Romero 和 Pilar Tejada (2011)在 *Tourism Management* 发表的论文 "A Multi-level Approach to the Study of Production Chains in the Tourism Sector"。该文章提出了一种多层次的方法来分析两种特色旅游活动——酒店和旅行社行业——参与的生产链。从宏观经济的角度，使用投入产出技术从安达卢西亚(西班牙)的区域投入产出表中识别出最重要的旅游生产链。从微观经济学的角度，基于全球价值链(GVC)的概念采取不同的方法。此外还介绍了参与旅游全球价值链的结构和主要主体，并提出了中小企业在安达卢西亚酒店和旅行社行业中的作用。

③排名第三的文献是 Proinnsias Breathnach(1998)发表在 *European Urban and Regional Studies* 上的 "Exploring the 'Celtic Tiger' phenomenon：Causes and Consequences of Ireland's Economic Miracle"。该文章探究了爱尔兰

在 20 世纪 90 年代保持经济持续高速增长的贡献因素,其中宏观经济稳定、欧盟资助以及旅游业和本土工业的迅速扩张是其中关键的影响因素。 然而,这种经济增长并没有被居民平等分享,随之而来的是技术就业者与从事非技术性工作之间日益加剧的社会两极分化,这种社会分化可能威胁到适度的国家工资协议体系,从而引致不平等的劳资关系和较高的通货膨胀水平。

④排名第四的文献是 Tang、Zhong 和 Pin Ng(2017)发表在 *Energy Policy* 上的 "Factors that Influence the Tourism Industry's Carbon Emissions: a Tourism Area Life Cycle Model Perspective"。 该文章基于旅游生命周期假说,以武陵源风景名胜区为研究对象,构建了旅游业能源消耗碳排放的因子分解模型,系统分析了旅游产业全生命周期各阶段的碳排放。 文章指出,游客规模效应和能源强度成为影响碳排放增长的重要正向因素,而能源结构和产出规模对碳排放增长的影响则成为负向影响因素。

⑤排名第五的文献是 Wang、Wei 和 Liu 等(2019)发表在 *Transportation Research Part A: Policy and Practice* 上的 "Impact of High-speed Rail on Population Mobility and Urbanisation: A Case Study on Yangtze River Delta Urban Agglomeration, China"。 该文章基于中国高铁网络最密集的长三角城市群 26 个城市 2005—2016 年的面板数据,研究了高铁服务对人口流动的影响,以及从人口和产业结构角度对城镇化的影响。 从产业结构看,高铁提高了第三产业增加值比重,促进了产业结构升级,进而提升了城镇化质量。

⑥排名第六的文献是 Wang、Cheng 和 Zhong 等(2013)在 *Journal of Mountain Science* 上发表的论文 "Rural Tourism Development in China: Principles, Models and the Future"。 该文章根据文献分析、国家统计数据和新闻报道分析了中国乡村旅游业的内涵、原则、发展模式,并在分析经验和问题的基础上,从乡村旅游资源、产品、市场和推广的角度总结出中国乡村旅游未来发展的五条路径。

⑦排名第七的文献是 Katerina Parpair(2017)在 *Procedia Environmental Sciences* 上发表的论文 "Sustainability and Energy Use in Small Scale Greek Hotels: Energy Saving Strategies and Environmental Policies"。 该文章首先介绍了全球旅游事实和国际案例研究,提出了酒店设计中为减少能源消耗而采

用的可持续战略，并以希腊的成功旅游业为案例，强调了更多地使用可再生能源技术（RET）并结合可持续设计的必要性。 这项研究的目的是说明在进行能源审计之后，每个酒店决策者都可以决定采取一系列行动，推出可持续的旅游产品是节省资金并提供有吸引力的重要渠道。

⑧排名第八的文献是 Park 和 Jang（2015）发表在 *Tourism Management* 上的"You Got a Free Upgrade? What about Me? The Consequences of Unearned Preferential Treatment"。 该文章旨在关注未获得意外升级的个人（如航空服务以及其他旅游和酒店业服务），了解意外升级对潜在旅行者的嫉妒和不公平感的影响。 通过使用场景方法，该文章发现了为另一位旅客提供高价值的升级（例如从经济舱升至头等舱）的行为很大程度上增加了参与者的嫉妒心，即具有高社会比较取向的参与者比具有低社会比较取向的个体有更高水平的嫉妒和感知不公平。

⑨排名第九的文献是 Bonin-Font、Burguera 和 Lisani（2017）发表在 *IEEE Access* 的"Visual Discrimination and Large Area Mapping of Posidonia Oceanica Using a Lightweight AUV"。 该文章提出应用机器人和计算机视觉技术来升级当前的控制和量化方法，使用配备底部摄像头的自主水下航行器提供的图像构建大规模覆盖图，以保护地中海等地方生态型系统，从而减少对旅游业和渔业的负面影响。

⑩排名第十的文献是 Yin 和 Zhu（2017）在 2017 International Conference on Behavioral，Economic，Socio-cultural Computing（BESC）会议上发表的论文"The Influence of Big Data and Informatization on Tourism Industry"。 该文章指出，尽管旅游业发展迅速，但传统旅游业已不能满足中国人民日益增长的物质文化需求，而大数据和信息化在旅游业中的运用，为旅游业转型升级提供了重要渠道。

2.7.2 基于中国知网（CNKI）数据库的研究热点和前沿聚类分析

通过中国知网（CNKI）数据库检索出的相关资料进行文献计量分析，以反映国内学者在"旅游产业转型升级"研究领域的发文情况。 首先,以"旅游"和"产业升级"(精准匹配)为条件进行检索,同时限定出版来源类别为"核心期刊"和"CSSCI"进行筛选(截至2023年6月20日),得到相关的文献428篇。 利用CNKI的检索功能、VOS和CiteSpace对"旅游产业转型升级"相关文献进行分析,可以发现:①从发表年度来看(见图2-6),国内关于旅游业转型升级的相关研究起步较早,自1998年开始发表文献,但发展进程缓慢,发文数量从2008年后开始快速增长,在2011年和2016年均发表24篇文献。②从关键词分布来看(见图2-7),"旅游产业转型升级"相关文献的前十关键词主要集中在数字经济、旅游业、乡村振兴、乡村旅游、文旅产业、文旅融合、智能旅游、数字化等,表明现有相关研究成果已经较为成熟。 ③结合突现词图谱(见图2-8),反映了不同时间段数字经济研究的前沿和热点,突现度(strength)是某个关键词在特定时间出现的频度。 例如,全域旅游是2017—2019年的研究前沿,大数据和人工智能分别是2017—2018年和2019—2020年的研究前沿。 文化产业、智能制造和体育产业是近三年的研究热点。 同时也不难发现,国内有关旅游业转型升级的主要研究方向于2016年才形成,并在近年来主要集中于数字化以及文旅产业两个方面,因此,这也是未来旅游产业转型升级需要重点关注的要点问题。

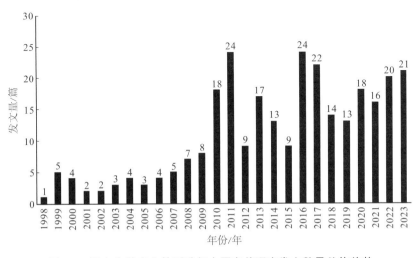

图 2-6 国内旅游产业转型升级主题有关研究发文数量总体趋势

CiteSpace, v. 6.1.R6 (64-bit) Basic
March 21, 2024 at 3:47:00 PM CST
WoS: /Users/ziyixiong/Desktop/paper/中国旅游产业转型升级动态演进研究/中文 旅游升级/data
Timespan: 1900-2023 (Slice Length=1)
Selection Criteria: g-index (k=25), LRF=3.0, L/N=10, LBY=5, e=1.0
Network: N=275, E=538 (Density=0.0143)
Largest CC: 151 (54%)
Nodes Labeled: 1.0%
Pruning: None

全域旅游　乡村振兴　**数字经济**

旅游业　数字旅游　数字赋能　发展　　数字乡村

数字技术　旅游经济　融合发展　文化旅游

旅游产业　大数据　体育产业　共同富裕　数字化

智慧旅游　**文旅产业**　产业融合

智能制造　**乡村旅游**

CiteSpace

图 2-7　国内旅游产业转型升级有关研究关键词共现词谱

注：字体大小不一代表出现的频率不同，字体越大代表出现频率越高。

关键词	年份	强度	起始	截至	2011—2023
数字经济	2011	1.25	2011	2016	
全域旅游	2017	3.43	2017	2019	
影响	2017	1.23	2017	2018	
大数据	2017	0.99	2017	2018	
人工智能	2019	0.61	2019	2020	
优化策略	2019	0.57	2019	2021	
智慧旅游	2017	2.57	2020	2021	
文化产业	2020	1.41	2020	2021	
智能制造	2017	1.07	2020	2021	
体育产业	2021	0.61	2021	2023	

图 2-8　国内旅游产业转型升级有关研究突现词（前 10）图谱

如表 2-2 所示，通过提取和分析所有字符串信息，得出了 1998—2022 年已发表文献中引用频次较高的文献，并列示频次最高的 10 篇文献。

表2-2　旅游产业转型升级方面国内高被引论文(前10)基本情况

序号	篇名	作者	刊名	发表时间	被引次数
1	《浙江省特色小镇创建及其规划设计特点剖析》	赵佩佩、丁元	《规划师》	2016年12月	447
2	《中国乡村旅游发展产业升级问题》	吴必虎、伍佳	《旅游科学》	2007年6月	246
3	《旅游产业融合与旅游产业结构演化关系研究——以西安旅游产业为例》	李锋、陈太政、辛欣	《旅游学刊》	2013年1月	200
4	《从产业融合视角认识乡村旅游的优化升级》	杨阿莉	《旅游学刊》	2011年4月	120
5	《农旅融合促进农村产业结构优化升级的机理与实证分析——以全国休闲农业与乡村旅游示范县为例》	钟漪萍、唐林仁、胡平波	《中国农村经济》	2020年7月	90
6	《"互联网＋"背景下文化创意乡村旅游产业发展及升级对策研究——以贵州省为例》	罗光华	《中国农业资源与区划》	2016年11月	83
7	《乡村振兴背景下乡村旅游产业升级路径研究》	屈学书、矫丽会	《经济问题》	2020年11月	80
8	《体育旅游助力乡村振兴战略的价值及实现路径》	方汪凡、王家宏	《体育文化导刊》	2019年4月	78
9	《冬奥战略目标下我国滑雪产业升级的驱动因子与创新路径》	阚军常、王飞	《体育科学》	2016年6月	77
10	《面向高质量发展的文化和旅游深度融合:内涵、动因与机制》	侯兵、杨君、余凤龙	《商业经济与管理》	2020年10月	75

①排名第一的文献是赵佩佩和丁元(2016)在《规划师》发表的论文《浙江省特色小镇创建及其规划设计特点剖析》。该文章以浙江省为推动区域创新发展和产业升级发展的一项战略举措——特色小镇建设为背景,为中国旅游产业转型升级提供了经典案例。

②排名第二的文献是吴必虎和伍佳(2007)在《旅游科学》发表的期刊论文

《中国乡村旅游发展产业升级问题》。该文章通过对国内外乡村旅游发展情况的综述和总结，在分析国内乡村旅游发展形式和国外部分发达地区经验的基础上，从产品、营销和市场拓展三个角度针对我国目前乡村旅游产业的发展现状提出了升级建议和设想。

③排名第三的文献是李锋、陈太政和辛欣（2013）发表于《旅游学刊》的《旅游产业融合与旅游产业结构演化关系研究——以西安旅游产业为例》。该文章结合旅游产业融合对旅游产业结构升级的动力机制，通过构建旅游产业融合创新系统度量指标和旅游产业结构演化度量指标，运用协同动力模型研究了西安旅游产业融合与旅游产业结构演化之间的关系。

④排名第四的文献是杨阿莉（2011）发表在《旅游学刊》的《从产业融合视角认识乡村旅游的优化升级》。该文章对以产业融合与城乡互动为根本属性的乡村旅游业的优化升级提供了创新思路。

⑤排名第五的文献是钟漪萍、唐林仁和胡平波（2020）发表在《中国农村经济》的《农旅融合促进农村产业结构优化升级的机理与实证分析——以全国休闲农业与乡村旅游示范县为例》。该文章在构建农旅融合促进农村产业结构优化升级理论模型的基础上，使用2010—2017年地级市面板数据，以全国休闲农业与乡村旅游示范县为例，通过实证检验了既有研究关注较少的农旅融合对农村产业结构优化升级的影响及其作用机制。

⑥排名第六的文献是罗光华（2016）在《中国农业资源与区划》发表的期刊论文《"互联网＋"背景下文化创意乡村旅游产业发展及升级对策研究——以贵州省为例》。该文章介绍并分析了贵州省的乡村文化创意旅游产业的发展状况，结果表明，贵州省在发展乡村文化创意旅游的同时还存在文化创新速度慢、产业模式落后等问题，并进一步就如何促进贵州省文化创意乡村旅游产业在"互联网＋"时代背景下稳步提升提出具体实现路径。

⑦排名第七的文献是屈学书和矫丽会（2020）在《经济问题》发表的期刊论文《乡村振兴背景下乡村旅游产业升级路径研究》。该文章基于乡村振兴背景，分析了我国乡村旅游产业的现状与问题，并基于创新的内在推动力、市场需求和旅游供给的主动力以及产业集群和产业融合的有效方式深入探讨了乡村旅游产业转型升级的实现路径。

⑧排名第八的文献是方汪凡和王家宏(2019)发表在《体育文化导刊》的《体育旅游助力乡村振兴战略的价值及实现路径》。 该文章通过使用文献搜集、实地调查等方法，探讨了体育旅游产业助力乡村振兴战略的价值和实现路径。

⑨排名第九的文献是阚军常和王飞(2016)发表在《体育科学》的《冬奥战略目标下我国滑雪产业升级的驱动因子与创新路径》。 该文章以2022年中国成功申办冬季奥运会为背景，使用文献资料调研、实地调查、专家访谈和归因分析等研究方法，对滑雪产业的驱动因子进行判断，研究了在冬奥战略目标下我国滑雪产业进行产业升级创新路径。

⑩排名第十的文献是侯兵、杨君和余凤龙(2020)于《商业经济与管理》发表的期刊论文《面向高质量发展的文化和旅游深度融合：内涵、动因与机制》。 该文章基于高质量发展内涵以及我国文旅融合发展现状，总结了当前我国文化和旅游产业融合发展取得的成效和存在的问题，并基于渗透交叉、充足促进、创新驱动和多元协同机制提出了面向高质量发展的文旅深度融合促进机制。

2.8 研究评价

由于旅游产业转型升级的概念具有多维性和复杂性，到现在为止，它还没有被明确地定义，这就造成了对旅游产业转型升级的分析不能用简单的旅游总收入、旅游总人次等单一的指标来进行度量，从而造成了对旅游产业转型升级问题的量化研究精度很难保证，因此，对旅游产业转型升级的研究大多还停留在定性的研究，或者是以某一方面或某几个方面为基础的讨论和研究。 其研究主要包括了对旅游产业转型升级的概念界定与背景分析，旅游产业转型升级的理论基础、内在机理、基本特征、动力机制、指标体系分析，旅游产业转型升级的途径与政策建议等。

此外，旅游产业转型升级是一种规范性价值判断的范畴，对其内涵的界定，也是一个不断发展的、仁者见仁智者见智的过程。 在对旅游产业转升

中国旅游产业转型升级动态演进研究

级内涵的研究中，各个学者的关注重点各不相同。 对旅游产业升级进行的直接研究不够系统，没有将品质升级、效率提升、结构优化、设施健全、环境协调、贡献增加等六个方面进行综合考虑(见图 2-9)，但许多有关旅游的研究对此提供了参考，如旅游产业运行效率、旅游产品品质、旅游基础设施、旅游绿色发展、旅游产业发展对区域贡献的研究等，这些间接研究都将为本书奠定基础、提供支撑。 因此，对旅游产业升级测度的文献综述分别从直接研究和间接研究两个角度进行。 现有的关于旅游业效率的研究，主要采用了数据包络分析法，以及通过简单计算得出劳动力效率、资本效率的方法；关于产品升级的研究则注重旅游企业向高附加值、高体验的方向发展；旅游产业结构优化方面的研究主要是从旅游消费结构、客源市场结构或旅游收入构成结构等某一个单一视角展开；关于旅游基础建设的相关研究则重点对交通、网络等方面的影响进行研究；旅游产业环境协调方面的测度有"缩小"和"放大"两种方式，"缩小"是指用国民经济总体的环境相关数据通过换算缩小到代表旅游产业的环境数据指标上，"放大"是指用旅游景区的环境相关数据换算放大到能代表整个旅游产业的环境数据指标上；关于旅游业的发展对地区的贡献研究主要是从经济和就业两个角度来进行的。

图 2-9　中国旅游产业转型升级评价指标体系的六大维度

但是已有文献也有一些不足之处。 首先，旅游产业升级的相关研究基础较弱，部分指数的建立缺乏理论依据与实证支持。 例如，旅游业的升级可以用旅游业规模的表征变量——旅游业的总收益来衡量，许多地区的旅游业的增长，都是由于旅游业的投资增加，但这是以资源消耗和环境破坏为代价的，并不能使旅游业的发展达到"提质增效"的目的。 张广海和冯英梅（2013）使用区位熵指数来对某一区域的结构合理性进行度量，区位熵被称为专门化率，往往用于衡量某一部门（产业）在某一区域所占比重与更大区域的同一部门（产业）比重的比值，它反映的是该部门（产业）在该区域的专业化程度，也就是它的地位。 如果一个区域旅游产业区位熵指数较高，说明了旅游业在该区域的专业化程度高，属于比较优势产业，但是并不能得出该区域旅游产业的结构较合理的结论。 以旅游总收入占第三产业的比例来衡量旅游产业结构高度化，是将旅游产业与第三产业的整体进行对比，不是对旅游产业的结构进行度量，而是指旅游产业对第三产业总产值的贡献度。

在旅游产业的升级方面，学者们从旅游产业发展的背景出发，通过对相关问题的剖析，对民众、产业、政府分别提出了不同的建议：民众应树立保护环境的意识；政府应采取相应措施，鼓励技术创新，促进旅游产业的升级；旅游产业应进一步完善市场营销，不断更新产品，以适应游客多元化的产品需求，例如从观光旅游向休闲度假、康体娱乐、生态旅游、探险旅游、科技旅游等方向发展；在人才培养方面，应培养具有知识、技能和服务意识的旅游专业人员。 此外，着重探讨产业融合（文旅融合或文创融合）与产业集群这两种重要的旅游产业升级途径。

从旅游产业转型升级的内涵与理念来看，旅游产业转型升级主要表现在六个方面：旅游产品品质升级、旅游产业结构优化、旅游产业效率提升、旅游基础设施健全、旅游产业环境协调、旅游社会贡献增加。 旅游产业转型升级的量化研究受到"结构思路"与"价值链思维"的双重影响（陈羽 等，2009），在对旅游产业转型升级的量化研究中，也有学者表现出了对其结构的关注，通常采用的研究方法是指数评估法、偏离-份额分析法、指标体系法等。

关于综合旅游产业升级概念的研究，尽管学者们的侧重点各有不同，但是对于旅游产业升级含义的理解已经日益成熟。 本书在国内外学者研究的基础上，将继续完善旅游产业转型升级的内容。 一是厘清国内外相关研究，构建本书的理论基础，涵盖产业转型升级理论、产业演化理论、产业融合理论、供求关系理论、竞合理论、创新理论以及保障理论；二是借助于布迪厄场域概念，运用动态演化模型分析中国旅游产业转型升级动态演进的内在机理；三是从空间和时序两个角度分析中国旅游产业转型升级动态演进的动力机制；四是在上述定性分析的基础上，将旅游产业转型升级的体系总结为旅游产品品质升级、产业效率提升、产业结构优化、基础设施健全、产业环境协调、社会贡献增加六个维度的特征，进而构建中国旅游产业转型升级动态演进的评价模型；五是以粤港澳大湾区为案例，探讨区域旅游产业转型升级动态演进的规律；六是在实证分析的基础上提出政策建议并进行总结与展望。

3 中国旅游产业转型升级动态演进理论基础

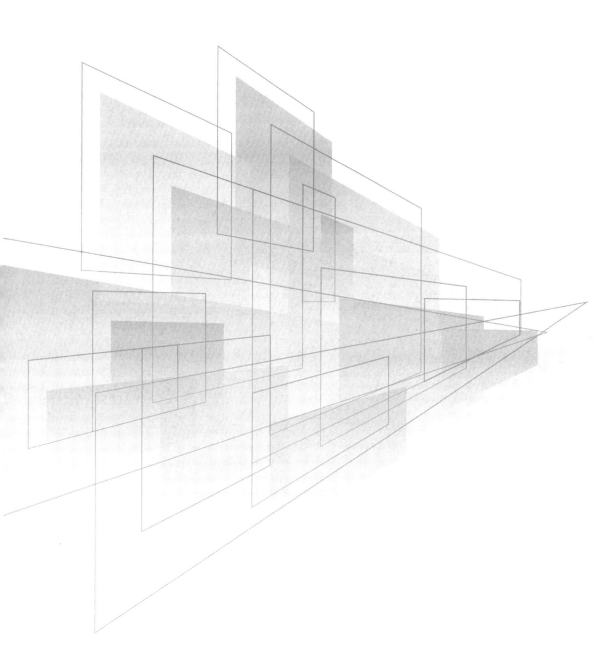

　　早在 20 世纪 80 年代，随着社会经济的不断发展，越来越多的人开始认识到工业发展所带来的环境问题。旅游产业作为"无烟的工厂"，具有较强的经济带动作用，且环境污染较小。当前，在新常态背景下，"十四五"时期中国经济运行总体平稳，经济结构持续优化，新旧增长模式的转换，供给侧结构性改革成为产业创新驱动发展战略的突破口。供给侧结构性改革，指的是用去产能、去库存的办法，对传统的工业发展方式进行变革；用降成本的办法，培养新的经济增长点，发展更高层次的产业结构；用补短板、去杠杆的办法，对市场主体的行为进行规范，对经济风险进行控制，最后，实现产业的转型升级，以满足消费者日益增长的需要。2021 年中央经济工作会议公报提出，我国经济发展面临需求收缩、供给冲击、预期转弱三重压力。新冠疫情冲击下，百年变局加速演进，外部环境更趋复杂严峻和不确定，必须坚持高质量发展，推动经济实现质的稳步提升和量的合理增长。2022 年中央经济工作会议公报继续提出"要加快构建新发展格局，着力推动高质量发展"，"把实施扩大内需战略同深化供给侧结构性改革有机结合起来"，"推动经济运行整体好转，实现质的有效提升和量的合理增长"。面对当前世界百年未有之大变局加速演进、全球经济复苏乏力、新冠疫情影响深远等多重因素叠加，需要考虑的是不同产业具有很强的差异性，应通过旅游目的地之间的网络化合作模式，发挥旅游产业的区域关联和带动效应，以期最大限度满足国内外旅游市场需要，使旅游产业在经济衰退中通过"增长极"的作用带动区域经济复苏和增长。

　　旅游产业转型升级模式可以更高程度地提升旅游产业的宏观经济社会的适应能力，更大限度地把旅游产品(服务)附加值的增加实现在产业发展的各个环节上，将资源配置到价值较高的环节上进行生产，并借助环境平台的作用，实现旅游产业转型升级。根据本书中的前期研究，对中国旅游业转型升级的动态演化理论进行了归纳，主要有：产业转型升级理论、产业演进理论、产业融合理论、供求关系理论、竞合理论、创新理论以及保障理论。

3.1 产业转型升级理论

"转型升级"这一概念最初是在产业结构理论中提出的，进而演绎出了产业结构优化升级是产业结构高度化和合理化的有机统一（杨晗 等，2012）。

3.1.1 产业转型升级理论研究进展

传统产业理论将区域产业转型升级和区域间产业转移视为"两位一体"关系，经济发展水平较高的地区，通过向欠发达地区转移产能，是经济发展水平较高的地区实现产业转型升级的重要途径。 在 20 世纪 90 年代后期，Gereffi (1999b)深刻地认识到了升级的含义，提出了"升级"是指一种经济组织在不断地向更高的利润水平转变的过程，并由此衍生出了产业经济学中的"升级"概念，表明产业经济通过组织变迁，实现附加值不断提升的演进过程。 成英文和张辉(2013)提出客观对象"A"，在内外条件和因素的作用下转换成为"B"，其形态、结构、性质与功能等方面都随之发生变化，那么称之为"转型"；而当客观对象"A"通过吸纳有益成分实现价值提升，进而转变为"A＋"，其功能、作用和等级等方面得到提升和强化，那么称之为"升级"。 因此，产业转型升级就是指产业向更有利于经济、社会和生态三者协调发展的方向变迁且效率更高。 而对产业转型升级的理解往往可以从微观和宏观两个层面展开，在微观层面上，产业升级指的是单一企业(单一经济单位)为了提高产品附加值，在企业结构优化、管理模式科学化、组织方式高效化、产业链延伸和扩大高级化等方面进行的改革创新与提升(厂商的生产函数改变)；在宏观层面上，产业升级指的是将一个产业(区域)整体作为研究对象的升级，可以从经济增长方式、产业结构优化、产业转移、产业集群等方面展开分析(马巧慧 等，2016)。

徐振斌(2004)将产业转型定义为一个国家或一个地区在某一历史时期，按照国际形势、本国发展水平等因素，采取相应的产业、财政、金融等措施，对其已有的产业结构进行全方位的调整与优化。从宏观角度来看，产业转型是指在一个国家或者一个地区国民经济的主要组成中，产业结构、产业规模、产业组织、产业技术装备等都会有明显变化的状态或者过程，它实际上是资本、劳动力和技术等要素在各产业中的再分配。从微观角度来看，产业转型是传统产业中的资本和劳动力等生产要素向新兴产业的转移，是一种产业内部资源在不同产业之间进行重新分配的过程。技术进步能够促进工业生产要素质量的提升，促进工业生产要素在不同行业的再分配，从而促进工业生产结构的转变。产业升级理论着重于产业提升的层次，而产业转型理论着重于产业转换模式(结构的优化)。

旅游产业结构指的是旅游产业在各个地区的分布情况，以及组成旅游产业的各个行业部门、旅游产品(服务)类型、旅游企业面临的目标市场、旅游企业的各种经济成分和经济活动的各个环节的构成以及它们之间的相互比例关系。而旅游产业的转型升级，首先是要将原来的发展方式和模式完全转变过来，其次是要在基本上维持原来的发展方式和模式的前提下，对其进行结构的优化，并提高其生产要素的质量。以旅游学和经济学理论为基础，对旅游产业结构优化的内部和外部影响因素进行了研究，具体内容包括了以下几个方面：旅游产业经济外部系统因素及旅游产业内部系统因素。旅游产业外部经济系统因素主要包括旅游产业政策因素、旅游产业区位条件因素、旅游产业科技进步因素、旅游产业发展环境因素、旅游产业区域经济发展水平因素，都是影响旅游产业结构优化的重要因素；旅游产业内部系统因素主要包括旅游人力资源因素、旅游资源禀赋因素、旅游需求总量、旅游需求结构以及旅游投资总额，都会从内部影响旅游产业结构优化。旅游产业的转型升级，不仅要重视整个产业结构内部各组成要素之间的配合与协调，还要对构成整个产业结构(旅游产业产品结构和理性问题)的各组成要素进行关注，通过对"食、住、行、游、购、娱"六个要素进行合理的配置，以纵横贯通、相互影响、包容发展的方式，来实现旅游产业的转型升级。旅游产业内部的行业层次结构分布如图3-1所示。

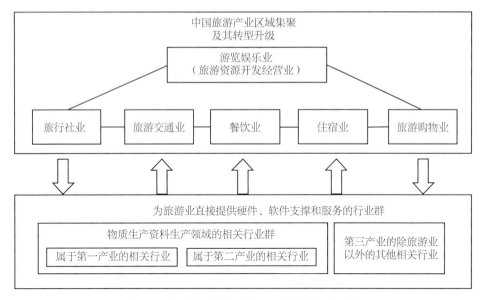

图 3-1 旅游产业内部的行业层次结构分布图

经济增长方式的升级，就是从低效的生产力向高效的生产力转型，从劳动密集型向知识密集型、资本密集型和技术密集型转型，从粗放式增长向集约式增长转型；产业结构升级就是由原来的低端产业结构升级到现在的高端产业结构；产业转移是指在工业生产环节上的转移，也就是对产业功能进行升级。与产业价值链微笑曲线相关理论结合，对产业专门化进行理解，可知产业专门化指的是从产业价值链中间部分的制造、组装等低附加值环节向两端的研发、销售环节等高附加值环节转移。产业集群的升级是指一个地区的工业发展进程，它把集群的特点和作用作为其追求的目标（谢春山 等，2010），以产业集群为整体的一种升级。产业升级的实质是产品增值，即提高生产效率、改善产品质量、协调产业结构等，从而促进产品增值。一个产业转型升级的基本原因是它的比较优势发生了变化，它的比较优势决定了其产业转型升级的路径选择（张其仔，2008）。所以，要想将劳动密集型产业进行转型升级，进而转变为资本密集型产业，那么就必须要将该地区的生产要素优势转变过来，形成一个资本或技术密集型的旅游产业（借助于信息技术、增加文创研发）。比较优势的变化会受到国内外市场状况、政府支持奖励、自然资源禀赋等多种因素的影响，因此，为了让一个行业朝着正确的方向发展，就必须在产业升级的同时，对其进行培育和干预。

产业升级理论和实践表明，产业的提升可以从微观企业层面、中观产业构架层面以及宏观产业集群层面进行探讨。 企业要素的升级代表着企业的改革创新，包括生产经营和组织管理两大部分。 而对产业结构进行优化升级，则是指产业的发展水平从低水平向高水平转变，从而实现产品附加值的提升，从低生产率向高生产率转变，从而实现生产经营效率的提升，从劳动密集型向资本和技术密集型转变，实现企业资本人力比提升。 产业集群的升级代表的是一个在宏观层次上的产业发展过程，并将集群特征、集群作用设定为区域产业发展所追求的目标(谢春山 等，2010)。

3.1.2 旅游产业转型升级

旅游产业作为关联性很强的产业，其转型升级已经成为经济高质量发展的重要方面。 目前，在国家层面，在实施供给侧结构性改革的同时，有必要从多角度对旅游产业的转型升级进行探讨和分析，注重旅游产业的高质量发展路径，突破旅游产业转型升级动态演进的瓶颈，而不能仅仅从扩大内需角度讨论旅游产业发展问题。

将产业升级聚焦于旅游这一特定产业，从产业和产品等不同方面对旅游产业转型升级进行分析。 从产业的角度看，产业方面具体包括了结构、效率、功能等内容，旅游产业结构由低级不协调转为协调而高级，旅游产业增长方式由粗放型转为集约型，旅游产业功能由经济功能转为经济、环境、教育等综合功能。 从产品的角度来看，旅游消费者的需求不断升级，要求不断提高，同时还伴随着旅游供给者的技术进步，旅游供给和需求双方相互影响，使旅游产品从单一的低端观光性产品转变为多样的高端体验性产品。 由此可知，旅游产业的提升和产业结构的提升是两个完全不同的概念，两者之间是"包含"关系。

本书中的旅游产业转型升级动态演化研究，是从产业升级的一般理论开始的，也就是从宏观层面对产业进行理解，从旅游产业升级的宏观表现选择指标，构建指标体系，例如旅游产业的运行效率、产业结构等；此外，与旅游产业的特点相结合,从旅游产业和旅游产品这两个不同的角度,构建旅游产业转型升级的指标,对产业转型升级水平进行更全面、更综合的度量,比如升级产品品质、健全基础设施等。

刘春济等(2014)从市场角度分析,认为旅游产业结构变迁对旅游经济增长影响力的大小具有时段性特征,旅游产业结构合理化是推动旅游经济增长的基础性动力。 马波和徐福英(2012)提出中国旅游业只有转型才能升级,转型是旅游产业发展演进的本质,而升级则是本质的外在表现形式。 马巧慧和代雷(2016)认为转型的目的是升级,转型到符合时代背景的优化的产业结构,最终实现产业升级。 产业转型是升级的起点,产业结构优化是产业升级的基础途径。 田里等(2017)从资源角度出发,认为应在旅游资源集中的区域进行统一管理,实现旅游产业转型升级。 Tsui 等(2018)根据实证研究的结果认为创新可以影响旅游产业结构优化(即转型升级)。 谢朝武等(2022)结合现实背景,对新冠疫情下旅游业高质量发展的现实困境和旅游业恢复力与旅游业高质量发展的关系结构进行了分析,为如何适应外部环境变化和风险因素的干扰,进一步释放旅游产业活力,推动中国旅游产业高质量发展提出了实现路径。 姜红(2022)基于中国"碳达峰与碳中和"目标的不断推进的现实背景,提出旅游产业作为经济结构优化、产业结构调整的重要驱动,其结构升级是"双碳"目标实现的必由之路,并进一步总结了"双碳"目标驱动下旅游产业结构升级的技术路径。 乔向杰(2022)对新时代发展背景下智慧旅游功能和作用进行重新定位,分析了如何通过智慧旅游更好赋能旅游需求与供给的协同演化与升级,最后对之后旅游赋能旅游产业转型升级的未来方向与远景进行拓展。 王庆生和贺子轩(2020)以吉林省吉林市为例,通过建立入境旅游收入 SARIMA 模型分析新冠疫情对我国旅游收入造成的重大影响,提出我国未来一段时期应当专注于国内旅游产业的提质;并从地方政府、旅游企业、新基建三个方面探讨了如何激发国内旅游发展新动能,以期对后疫情时代全国旅游业的转型升级提供参考和借鉴。

3.2　产业演进理论

演进(evolution)，学者们也常称它为"演化"或"演变"，意为某一事物在一定时期内发生变化，形成一种新的形式(苏振，2011)。产业演进指的是产业在发展的过程中，其内容和结构持续改变，它是一个产业持续进行自我更新的内在过程。

3.2.1　产业演进理论研究进展

产业演进理论是现代产业组织学的一个重要分支，它的主要研究成果包括：Gort 和 Klepper(1982)首先提出的 G-K 模型，Klepper 和 Graddy(1990)从不同的角度对 G-K 模型展开了深入的研究，提出了产业生命周期理论，Klepper(1999)从创新效率的角度提出了寡头进化理论等。虽然学者们从多个视角、多个途径来探讨产业演变，并将其划分为不同的发展阶段，但是他们的核心观点却是相同的，那就是产业是一个演化体系，它的发展是有阶段性的，并且会经历不同的发展阶段。一般认为，产业演进可划分为形成期、成长期、成熟期和衰退期。

科尔尼把产业演化曲线看作是产业演化理论的核心，将产业演化曲线分为创业、规模、集聚、平衡、联盟等四个阶段，各个行业都应遵循演化曲线的规则进行演化，而在不同的演化阶段，企业间的兼并也存在差异。以下是各个阶段的特点：一是初创阶段，其中包含了全新行业、从合并行业中分离出来的行业、已解除管制或已实行私有化的行业等。在创业初期市场较为分散或者规模较小的情况下，为了能够在产业中占据一席之地，开始出现了一批兼并者，同时也产生了企业之间的兼并，这种兼并主要是横向兼并。二是规模化阶段，在此阶段，企业数目最多，行业龙头崛起，为争夺有限的市场占有率，行业龙头开始主导行业的整合，企业通过吞并其他竞争者，不断扩张其影响力，并形成一系列的"兼并"。 三是集聚阶段，在主动整合之后，企业的重心由速度转移到了质量，成功者找到了自己最具竞争优势的区域，为了更大的市场份额而关闭了自己的非核心业务和次级业务，虽然三分之二的利润都是通过兼并和收购实现的，但是兼并和收购的次数已经不多了，大规模的兼并和收购都是在这一阶段出现的。 四是平衡和联盟阶段，该阶段行业已经完全融合，少数企业占据主导地位，企业成长已经非常艰难，大规模的收购不再是行业的主要特点，而是通过收购处于初级阶段且成长迅速的公司，从而进入新的行业，所以，处于该阶段的企业必须善于对处于初级阶段的下属公司进行有效的管理。

产业的演变主要体现在以下几个方面：产业规模在扩大，产品质量在提高，产业空间范围在扩大，产业结构在不断地合理化和高级化。 所以，产业进化实际上就是一个产业在发展的过程中，所呈现出来的结构和内容不断变化和升级的过程，也是一个产业不断自我更新、自我发展、自我否定与突破的过程。 产业演进是动态的，其结果不仅体现在数量上提高了经济规模和总量（量的增加），更重要的是在质量上提高了经济效益和素质，实现经济高质量增长（质的改进）。 产业演进理论具有时间和空间两大维度：在时间上，产业演进表现为产业结构的不断从无序性向合理化、从低级化向高级化动态演进的过程；在空间上，产业演进表现为空间上的横向扩张（关联产业的旁侧效应），例如产业发展为了降低边际成本，通过资本集中、资本积累以及新技术应用（创新创意）等方式，达到产业总体规模的持续扩大，并在区域内进行了集中和扩展，从而实现区域产业布局优化与产业梯度推移。 由此可见，产业动态演进的过程也是资源配置结构转换的过程，体现出产业发展的规模连续性增长与产业结构形态非连续性变化的对立统一。

产业演进包含产业转型升级的内容，但也存在区别，"转型升级"为"演进"增加了一个指向，尤其是向更高层次和更合理的方向发展。 传统的产业经济学假设产业、企业的生产运作已经达到均衡，然后从静态均衡的角度来对产业达到均衡时的状态进行研究，这种思维方式有以下两个缺陷：首先，对均衡的假定与现实脱节，在真实世界中，均衡只是一个暂时性的，更多时候，行业和企业都处在一种从不平衡到平衡的非均衡的变化过程中。 其次，因为已经假定了行业是一个均衡态，基于这个均衡的研究只停留在一个静态的问题上，并不能为行业演化中的精准、有效的调整起到一定的引导作用（毛伟，2011）。产业是一种复杂的经济体系，产业的运作受到多种因素的影响，包括供给约束因素、需求变动因素、科学技术因素、国家政策因素、国际环境因素等。当每个因素发生变化的时候，产业就必须做出相应的调整和适应，而这些因素之间的变化以及它们之间的相互关系，都会促使产业朝着特定的方向发展。产业演化分析可以从其演化、动态变化的角度对产业的发展过程进行研究，而以动态视角为基础的产业演化理论能够更加准确、全面地对产业动态发展规律进行解释。产业演变的研究是基于对产业动态发展规律的探讨，从而对制定产业发展政策起到一定的指导作用（谢雄标 等，2009）。

3.2.2 旅游产业演进

产业演进是不断进行的，在多种因素的驱动下，旅游产业也在持续地演进着。从广义上来说，旅游产业转型升级就是一个动态的演化过程（王兆峰 等，2008）。Butler 最早从产业演化的角度对旅游业进行了研究，他在《苏格兰高地旅游业演进》中探讨了苏格兰高原地区受其他因素（如社会、经济、技术）影响的旅游观光产业的演化过程（Butler，1985）。自此，关于各个旅游目的地的开发，旅游产业的发展演化的研究开始变得活跃起来，主要是对旅游产业演化的背景的剖析，以及对旅游产业演化的影响因素的总结，并以此为依据对旅游产业的演变规律进行分析。Cánoves 等（2004）、Getz（2008）、Connell（2012）等分别分析了西班牙乡村旅游、活动旅游、电影旅游等的演变规律；Sanz-Ibáñez 和 Clavé（2016）以西班牙加泰罗尼亚 Costa Daurada Central 为例，通过实证检验，揭示地方利益相关者与国际中介组织对目的地空间结构演化的作用机制。

在旅游产业演进过程中，要考虑到旅游的特殊性，需要充分注重生态性、绿色性、循环性、低碳性四项基本属性特征（王淑新 等，2016）。旅游产业演进推动其内部运行机制与系统的根本变革，真正实现旅游产业生态化的动态演进方向。因此，旅游产业演进需要基于旅游企业、旅游者与政府机构等三方力量博弈，形成"三位一体"的支撑体系，结合旅游企业有效供给、旅游者理性需求以及政府机构相关机制体制的顶层设计，并发挥政府的引导、规范作用。

近年来，人们意识到旅游产业是"无烟的工业"，借助于生态经济、绿色经济和低碳经济的发展理念，旅游产业演进往往需要适应新常态经济形势，引领新常态绿色发展模式，进而从客观上促进旅游产业自身的转型升级。根据日本和美国的旅游产业演进的成功案例，笔者发现旅游公共政策也是推动旅游产业演进的重要基础和前提。旅游公共政策的制定，即旅游产业发展机制体制的顶层设计，是旅游产业演化发展的保障，推动旅游经济的发展和旅游产业转型升级。

进入 21 世纪，随着城市群的发展，中国涌现出长三角、珠三角、环渤海、"一带一路"沿线城市和粤港澳大湾区等城市群，旅游产业的区域集群发展呈现出不同的分工协作、竞争合作及创新创意的现象，城市群内旅游企业数量和质量不断变化。旅游产业区域集聚决定产业演化各阶段特征存在差异性，而游客数量和素质、旅游公共服务体系(基础设施)以及旅游的社会参与度的动态性决定了旅游目的地不同阶段所体现的不同特征。因此，在某种程度上，以旅游目的地为中心的旅游产业区域集聚，推动了旅游产业的动态演化(产业链更加延长、分工体系更加完整、竞合特征更加突出、创新体制更加完善)，但区域旅游产业生命周期也会影响旅游目的地生命周期的演进(OTA 取代传统旅行社的部分功能)，所以两者是对立统一的。旅游产业区域集聚起步必须建立在旅游目的地已开始逐步成熟的基础上，并根据市场需求、旅游产品(服务)生命周期的变化而实现旅游产业演进。

当前，中国旅游产业发展过程中存在一些不均衡、矛盾的问题，例如，供给不足与供给过剩同时存在的矛盾现象。由于旅游产业结构不合理，供给与需求不平衡，供给结构不能与需求结构的变化相适应，结构不合理阻碍了旅游产业的进一步发展。所以，在未来相当长的一段时期里，旅游产业发展的主要任务就是调整旅游产业结构使之合理化和高级化，运用演化经济学的思想，从演化的角度来研究旅游产业的演变规律。

3.3 产业融合理论

罗森伯格在对美国机器设备演化历史的研究中首先提出了"工业一体化"这一概念（Rosenberg，1963），引起了工业界和学术界的广泛关注。

3.3.1 产业融合理论研究进展

由于数字技术革命的发生，计算机产业内部出现产业融合现象。 随后，产业融合又延伸到了学术界。 Negroponte 在 20 世纪 80 年代，通过对计算机产业、广播产业和印刷产业的系统综合研究，构建出了技术融合模型。 最后，他发现，各产业间的交叉融合处是创新多发生、产业增长快的地方。 此后，在对产业融合研究不断深化的过程中，学界将产业融合的想象延伸到了更广阔的领域，将产业融合的概念界定为，原本相互独立的产业之间，原来的固定边界逐渐变得模糊不清，甚至消失，或者是两个或多个产业的企业之间，出现了大量的业务交叉、战略联盟和并购重组。 在现代社会，"产业融合"已成为一种明显的经济发展特点，并伴随着科学技术的不断发展，成了一种新的发展方向。 技术进步、商业模式创新、管制放松和需求演变是产业融合的主要动力，技术进步和商业模式创新在产业融合的进程中相互关联但又起到不同的作用，商业模式创新并不只是指技术上的创新，有时候在管理、开发、运营模式上的突破会比技术创新所带来的影响更大（Chesbrough，2007）。 Hacklin（2007）将新技术应用作为产业融合最主要的内生性驱动力，通过对已有技术的渐进式应用，发现在新兴市场中，逐步应用已有技术能够驱动产业融合取得突破。

政府对某一产业的规制放松、市场准入门槛的放宽，为其引入新产品和新业务提供了便利，而消费者需求的变化则是产生该现象的根源。 产业融合的结果，就是让原来的产业中企业之间的竞争合作关系发生了变化。 这是因为，同属于一个产业的企业之间会存在着竞争的关系。但是，不在同一个产业中的企业，严格意义上来讲，并不存在竞争关系。在技术变革或放松管制后，非同一产业中的企业之间会相互介入，产生融合和新的竞争与合作，这就导致了原有产业界限的模糊化，甚至会重新划出产业界限。产业融合也是一个渐进的过程，仅技术融合并不一定就代表着产业的融合，产业融合是以市场融合为基础的，通常情况下，要经历三个阶段，即技术的融合、产品与业务的融合、市场的融合，最后才能完成产业融合的全过程。马建（2006）认为，产业融合能够促进产业的转型升级，它的机理就是行业内部的企业之间的业务融合所产生的一种仿效和扩散的过程，如首先是一个实力较强的公司，然后通过对其他公司的仿效，让这个行业中的大部分公司最后都完成了产业的融合，从而完成了产业的转型升级，从而转变这个行业的经济发展方式和提升发展水平。

3.3.2 旅游产业融合

产业融合是当前我国经济发展的一个突出特点，也是今后工业发展的一个重要方向。从 20 世纪七八十年代开始，我国产业融合的趋势日益明显，既有行业间的固定界限越来越模糊，乃至完全消失，也有许多行业间的业务交叉、战略联盟、兼并重组等。学术界关于产业融合的探讨，最初是从数字技术的出现所引起的信息产业间的相互渗透开始的，之后，产业融合被扩展到了金融、物流、农业甚至旅游业等方面。旅游业是一种涉及食、宿、行、游、购、娱等多个领域的高复合产业，与服务业、金融业、房地产业、邮电通信业等产业密切相关。

产业融合理论指出，在进行产业融合的过程中，各行业的内部因素在功能上、范围上都会互相渗透，而且还会有一定的产业关联性。伴随着文旅部的整合，以及相关的政策文件的发布，文化和旅游在产业的培养和发展等多个领域出现了融合的趋势。目前，已经出现了一系列新的产品、新的业态和新的服务，而文旅融合就是其中一种。同时，随着城镇化的快速发展和对传统文化的高度重视，传统村落所具备的社区聚落、文化遗产和旅游资源等多维属性日益凸显，成为推动文旅融合发展的典型。要明确文化与旅游业的融合，就是由资源变为产品，由产品变为产业，最终实现相互促进，优势互补，互利共赢的过程。旅游的发展离不开各行业的支持与配合，而各行业之间又存在着很强的关联，可以促进各行业的发展。融合化可以实现旅游业和其他相关行业的最优组合，在共生中增强整个产业体系的功能。由于旅游一体化单位在形式上是一种渗透性的，它能够与各个行业进行广泛的融合，从而构成一个新型的旅游产业系统。王颖（2008）认为，随着全球经济一体化和新科技的快速发展，旅游业所依托的大量载体使得其边界变得模糊不清，同时也使得旅游业形成了一个以服务业为中心的巨大的产业集群，并呈现出与其他现代服务业相融合的趋向；并以上海为案例，从空间、组织、产品、智能四个层面，分析了融合发展的新增长点，并指出了新的旅游业态的涌现。李太光和张文建（2009）认为，对于旅游业而言，其产业整合的方向有三条：一是，"泛休闲化"，即旅游地与未来的休闲产业相结合，从而达到产业结构的转变；二是"广服务化"，即将旅游与现代服务业相结合，使旅游在内涵上得到扩展；三是"准模块化"，即现代旅游产业应吸取并创新先进的制造方式与过程，以达到提高工业生产效率的目的。

作为一种新的经济现象，产业融合已经在旅游实践中得到了广泛的应用，它已经成为实现旅游业转型升级的重要推动力，并对旅游产业的发展产生了深远的影响，具体表现为：（1）不断地出现新的旅游业态，比如工业旅游、会展旅游、医疗旅游、教育旅游等；（2）新的工业职能逐步显露，例如，观光胜地与电影和文化基地相结合，利用观光业来实现养老和医疗等方式的转变和提升；（3）新的企业组织形式在不断演化，例如，将旅行社（企业）的组织、咨询、管理和会展策划等功能融为一体；（4）以健康旅游业为代表的新兴产业集群正逐渐形成。旅游业通过其相关的产业理论和实践，不断地充实和完善着旅游业融合的理论体系和内涵。

我国的产业融合大致可以分为两个阶段：科技融合（供应端的融合）和市场端的融合（需求端的融合）。从科技与技术的视角来看，当科技与知识的集成程度越高时，偶发的协同演化所产生的外溢效应就越大。这一现象不但存在于基础学科中，也存在于应用学科中，并最终形成了科技融合。技术融合还包括将已有的技术与新的技术相结合，使其具备了新的功能和更高的效率，从而产生了一种潜在的规模经济效益，即"融合"和"技术捆绑"。 在此背景下，新的技术模式将取代传统的技术模式，进而打破现有的产业价值链，使产业边界变得模糊不清，即产业融合。 产业融合的理论与实证研究发现技术融合是推动产业融合的主要因素。 随着科技的发展，产业间的融合也在不断发展。 例如，不断加剧的市场竞争，推动了旅游企业不断地进行技术创新，尤其是纵向差异化。 因此，从某种意义上来说，如果旅游企业通过提供具有技术先进特征的产品(即垂直分化)超过了消费者的需求，那么消费者在相应的市场中购买旅游产品的可能性就会降低，这表明消费者对市场的需求已经达到了饱和。 为解决这一问题，旅行社采取了横向分异的策略，特别是在自己的产品中加入了其他行业的新产品，以适应新的市场需求。 从另一个角度来说，就是旅游业的发展拓展了该产业的边界，为旅游产业和其他产业的发展带来了客观需求。 同时，当整合型产品被引入旅游业的时候，旅游业也需要学习其他产业的新功能和新特性。 所以，为了获得其他行业所需的知识和能力，旅游企业经常会在产业和组织之间进行并购、结成联盟、合资、兼并和特许经营等。 这种不同行业之间的互动关系，可以看作是一种产业整合。 同时，随着游客对多元化旅游产品的偏爱，相关企业进行战略性的产品开发，促进了市场的整合。 例如，消费者对休闲、保健、娱乐等多功能的健康旅游产品有偏好，这让旅游业与中药、林业等产业快速融合。 所以，若要发展及创造多元化的旅游产品，必须加强旅游业与其他行业之间的互动。

旅游产业所具有的独特特点以及目前所处的时代背景，推动了旅游产业朝着跨界融合的方向发展，一些学者还将旅游产业视为一种无边界的产业，它与食、宿、行、游、购、娱等多个行业都有密切的关系，同时还与服务业、金融业、房地产业、邮电通信业等产业存在着密切的关系。"旅游＋"的内涵越来越丰富，"智能旅游""研学旅游""疗养旅游""农业旅游""工业旅游""奖励旅游""运动旅游"等在全国范围内得到了广泛的推广(马巧慧 等，2016)，这是旅游产业与相关产业融合发展的表现。

文化、体育、旅游的融合是近年来旅游业发展的新趋势，也是旅游业升级的新动力(尹宏 等，2019)。 旅游业的融合是旅游业发展的一种策略，它可以通过吸收其他行业的力量来提高旅游业的服务水平,从而为国家旅游业的发展注入新的活力(李峰 等,2013)。 旅游业融合是推动旅游业转型升级的关键,也是推动旅游业转型升级的关键途径。 在技术生命周期越来越短、技术饱和度越来越高的背景下,旅游企业在加速技术创新的同时,还需要与其他市场的产品和服务特性相结合,扩大产品和服务的覆盖面,促进行业间的相互融合(宋红娟,2023)。 如旅游与体育融合的体育旅游、旅游与农业融合的农业旅游、旅游与文化融合的文化旅游等。

旅游产业转型升级在很大程度上表现为产业高级化和优化,是产业结构调整的目标。 旅游产业转型升级是一个从低级向高级,由简单向复杂发展,实现产业结构不断优化的动态演进过程,即产业结构的合理化和高级化;与此同时,这个过程还体现在了旅游行业之间和旅游行业与其他相关行业的优势地位的连续转换,从而达到了产业结构的高级化。 随着近年来经济的不断发展,对资源的消耗也在不断增加,资源浪费和环境污染的事件时有发生。 为了使旅游业走上可持续发展之路,必须有一套完善的政策规范,用来加强对生态环境的保护与管理。 为了消除旅游产能"过剩"现象,在旅游产业转型升级的每一个环节中,都将节约和重复使用资源、降低对环境造成不利影响作为目标,这种方法在旅游产业转型升级中得到了越来越多的运用,是未来产业链管理的发展趋势,受到政府、企业和学术界的高度重视。 因此,本书通过构建基于人民日益增长的美好生活需要和不平衡不充分的发展之间的矛盾的"十四五"时期中国旅游产业转型升级模式(资源优势、市场机制、环境平台),分析旅游产业的要素投入以及人力资本、节能减排等关键指标之间的关系,建立创新促进经济发展方式转变的模型:产业链延伸——经济增长模型;产业链管理——能耗模型;产业链创新——污染物排放模型,形成中国旅游产业结构调整新模式。 这样就能在旅游产业和有关企业之间建立起共享市场利益、专业化分工协作的共生关系,最终实现中国旅游产业转型升级。

3.4　供求关系理论

在市场经济活动中，供求关系是相互联系、相互影响的。供给从生产者开始，对销售行为进行了阐述，而需求则从消费者开始，对购买行为进行了阐述，市场需求与市场供给之间是对立统一的，这也是分析旅游产业与旅游经济的一个有用的工具。而按照 Gunn 旅游功能体系的理念，一个旅游系统是由一个需求板块和一个供给板块组成的。只有在市场的供给和需求存在的情况下，旅游业才能保持其原有的发展轨迹；只有在市场的供给大于需求的情况下，才能引导旅游业的发展。

3.4.1 供求关系

供求关系是经济学的概念，用于探讨一定时间和空间(市场)内社会提供的全部产品(劳务)与社会需要的这些产品(劳务)之间的关系。这种关系既包括产品(劳务)质的适应性(有效供给)，又包括产品(劳务)量的平衡性(市场出清)。整个社会的再生产过程，实际上包括两个方面：一方面，社会总产品(劳务)在生产和交易的各个环节以及各个组成部分在价值上如何补偿(通过有效供给和市场出清来实现)；另一方面，在实物上通过市场交易实现产品替换的问题(市场均衡)。因此，在整个社会再生产过程中，市场中各个利益主体之间既互相供给产品(劳务)，又相互提出产品(劳务)的需求，构成了互为条件、互相制约、共赢共享的供求关系。可见，良好的供求关系是社会经济优质发展(产业转型升级)的必要前提。

早在 20 世纪 80 年代，人们逐渐意识到产业发展对环境的影响主要来自产品的生产和经营。当前，在新常态背景下，"十四五"时期中国经济下行压力明显，新旧增长模式的转换，供给侧结构性改革成为产业创新驱动发展战略的突破口。供给侧结构性改革就是通过"去产能"和"去库存"来改造传统的产业发展方式,通过"降成本"和发展更高级的产业结构模式,用"补短板""去杠杆"的办法,来规范市场主体的行为,并对经济风险进行控制,最终完成产业的转型,让供应能够满足消费者日益增长的需求。2015年中央经济工作会议公报中提出的供给侧结构性改革问题,长期来看对产业转型升级是有益的。当前需要考虑的是在短期推行时,不同产业具有很强的差异性,有些产业的供给侧结构性改革可能会抑制消费需求,也可能会抑制投资需求。因此,供给侧结构性改革要有轻重缓急之分,要审时度势,对那些短期能增加消费需求或投资需求的产业或行业,应该作为试点优先推行。

3.4.2 供求关系与旅游产业转型升级

在对供需关系与旅游产业转型升级的研究中,学者们结合旅游行业及其产品的特点,对技术创新和信息技术应用对旅游需求、旅游产业环境、旅游业供给、旅游企业经营、旅游供应链管理等方面产生的影响进行了讨论。与此同时,学者们从需求结构、旅游组织结构、空间布局结构、旅游就业结构等方面展开了有关研究,课题的覆盖面很广,这也为进一步丰富本书的研究内容提供了理论依据。旅游产业结构的变化,是由多种经济和非经济因素共同作用而产生的,其中主要有:旅游需求的变化,劳动力、资金、技术、自然资源等供给要素的变化,产业管理水平的变化,政策与制度的变化,产业经营环境的变化,科技进步的驱动等。同时,也有一些学者从创新视角、系统自组织视角、旅游生产要素与旅游企业策略演化视角、"食、住、行、游、购、娱"六要素视角,来阐释旅游产业结构优化与升级的动力机理。

除此之外,也有一些学者将旅游产业与其他相关产业进行融合来推动旅游产业的结构调整和升级。其中,利益驱动、技术拉动、政策推动、企业竞合促动等构成了这些因素。他们还建议,为了推动旅游产业结构的转型升级,政府必须建立起旅游产业大融合的发展理念。旅游产业集聚已成为促进区域旅游产业升级与优化的一种重要方式,其驱动机理与技术创新、产业经营与产业发展环境密切相关。

当前,我国旅游产业正处在黄金发展期、产业转型期、战略性提升期和矛盾突显期。旅游业的转型升级是指在外部需求与企业经营环境的双重作用下，当地政府根据市场需求，不断优化与提高旅游供给。作为综合性的服务产业，游客需求的变化也会导致产业结构的演进。旅游业的发展要从满足游客的需要出发，而旅游产品也要从游客的需要出发进行设计和开发。从产品开发角度来看，旅游业的结构演化是旅游业从低端到高端，从单一产品到多样化和差别化产品的演变过程。根据旅游业的特点以及王兆峰（2011）的以消费者为线索的现代旅游产业转型与结构优化升级的演进模式，笔者得出了以中国旅游产品供需为线索的旅游产业演进图（见图 3-2）。

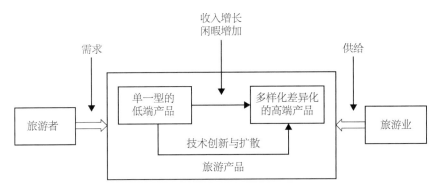

图 3-2 　以中国旅游产品供需为线索的旅游产业演进图

3.4.3 供求协同与旅游产业转型升级

旅游资源的供需匹配是发展旅游资源的前提。随着全域旅游的深入发展，人们的消费水平也在不断提高，人们的个性化、差异化的需求也在不断增多。在新的发展时期，旅游活动的个性化特征日益突出。在此基础上，应通过开发新的旅游业态、新的产品，加大对景区的服务力度，进一步提高景区的服务水平。推动旅游业的转型升级朝着高质量的方向发展，应该把满足人民对美好生活的需要作为根本的起点，不断地发展新的旅游形式，对旅游内容进行创新，提升旅游的供给水平，以满足游客多样化的消费需求。由于旅游市场的不断扩大，过量的、重复的低端旅游产品（服务）供给已经无法满足人们的高质量的出游需求，在旅游业中引入供给侧结构性改革，必然会带来新的发展机遇。因此，供求协同理论在旅游产业转型升级模式中可以更大程度地提升旅游产业在宏观经济社会的适应能力，具体如下。

一是从产业结构、产品结构与游客需求结构之间的错位入手，进行旅游产业的升级。当前，我国旅游产业结构、产品结构与旅游需求结构之间存在着不匹配的现象，景区及旅游吸引物、住宿餐饮及相关旅游接待、线上线下旅行社与旅行服务、娱乐及旅游演艺、旅游购物、旅游交通体系等各行业内部的现有结构，在内容、等级、时间和空间分布等方面，都与现实和潜在的旅游需求不太匹配。

二是以提高质量、提高效率为目标，改变发展方式，以提高旅游业的发展水平。根据诺贝尔经济学家索洛的观点，经济增长可以分为两种来源，一种是要素的增加，另一种是效率的提升。前者包括劳动力、资本等，后者包括技术进步、知识积累、政策制度优化、企业经营管理等。从劳动力投入的角度来看，随着经济增长，人口红利逐步消退，旅游产业劳动力供应不足，劳动用工短缺、用人成本上升、高技能人才短缺等趋势越来越明显。从资金投入方面看，旅游业的投资近年来迅速增加，对旅游业的发展起到了很好的促进作用。因此，本书拟从旅游产业政策优化、旅游企业自身能力提升以及企业组织、产品(服务)等供给端多个层面的资源整合与创新，探讨如何推动旅游产业转型升级。

三是以改善我国旅游业发展中存在的问题为重点，加快我国旅游业的发展。当前，我国旅游公共服务系统存在着严重的"缺位"问题已成为我国旅游业发展的瓶颈。在本书中，旅游公共服务体系包含了公共设施、公共产品和公共政策等内容，其中涵盖了游客服务中心、集散中心、咨询中心、旅游厕所、交通基础设施以及相关服务设施(Wi-Fi)等内容。在此基础上，本书引入供需协同理论，揭示旅游业的联动—拉动作用，并对中国旅游业转型升级进行全面评估。

供求协调与旅游产业转型升级的互动模式如图 3-3 所示。

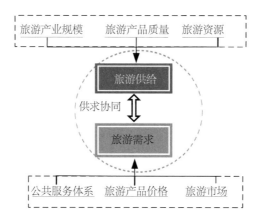

图 3-3　供求协同与旅游产业转型升级互动模式

3.5　竞合理论

企业的经营活动在市场必须通过竞争取胜,当然,也存在合作关系,竞合理论是一种企业在市场中合作竞争对立统一的新理念。竞合理论强调合作的重要性,是共享共赢的理念,在实践上有效克服了传统企业的发展战略中过于强调竞争的弊端,为企业战略管理理论研究和实践运营注入了新思想和新活力。

3.5.1　企业层面的竞争与合作

运用博弈论与信息经济学等方法设计出的企业竞争性合作的发展战略,在某种意义上,突出了战略制定的主体性、互动性与系统性。同时,还运用了大量的沙盘推演方法,对博弈策略进行了分析,为企业战略管理的研究提供了一种新的分析工具。从战略管理理论的角度来看,在企业层面上的竞争与合作,其核心逻辑是共享共赢,反映了企业在其生产经营过程中所采取的战略,并以利益主体的博弈理念分析企业之间各种商业互动关系(利益权衡与博弈),包括商业活动所有参与者的竞争关系、合作关系以及企业之间建立起公平合理的共享共赢的战略伙伴关系。

企业层面的竞争与合作比较容易发生在互补性企业之间,如研发型企业与生产型企业是具有互补性的企业,这两类企业的合作关系将强于竞争关系。研发型企业为生产型企业的技术创新提供必要的知识,生产型企业告知研发型企业其在生产经营的实践中的新技术需求或新产品的优势与发展趋势,并向研发型企业提供关于客户需求、市场机遇与挑战的信息。 由此可见,研发型企业与生产型企业在职能上存在相互依赖的关系,合作对于它们创新绩效具有重要意义,将产生积极的促进作用,主要原因体现如下:一方面,从资源(知识)整合的视角考虑,两类企业合作有利于建立起更有效的资源(知识)整合和应用机制,促进异质性资源(知识)的相互融合与充分利用,从而使得企业从产品研发、生产制造、推向市场以及售后服务等全过程都能够及时地把握市场动向,提高新产品开发的效率(知识的转化效率),因此,这种竞合关系能够有效降低企业创新时所面临的风险(不确定性),从而提高新产品的创新绩效;另一方面,从团队合作的心理安全考虑,研发型企业与生产型企业合作有利于团队内信息的分享和转化,促进生产要素的自由流动,并且加强合作团队成员之间的交流互动,通过对认知分歧和责任的理解,可以有效激发团队工作的积极性和创造性。 因此,根据竞合理论,研发型企业与生产型企业的合作可以高效率提高研发与营销能力,进而促进两类企业的创新绩效。

然而,当几个企业生产同一类产品(服务)时,在初始阶段,其竞争关系可能会强于合作关系。 现实中,为了避免恶性竞争,理性的企业也会在多方利益主体博弈中寻找合作。 在合作博弈的氛围中,参与博弈的各方的收益(损失)的加总大于零,进而区别于企业恶性竞争下的零和博弈,甚至负和博弈。在合作博弈过程中,参与博弈的利益主体存在"双赢"或"多赢"的可能性,在利益的驱使下走向合作。 利益主体间的适当竞争在某种程度上有利于提高博弈各方的积极性,对学习型企业而言,其他利益主体内的合作竞争情况也会或多或少影响该利益主体的竞争合作内容和程度;在合作博弈中,各利益主体(企业)把其他利益群体的活动视为正外部条件,比如,主题公园的各项活动的经营商，它们一方面可以通过聚集在一定的区域内吸引人气，另一方面也面临消费者前来选择产品(服务)时出现替代品。新型企业由于在生产经营中涉及很多方面，事实上并没有明确的界线划分，其经营管理活动的过程，包括企业生产活动、运行系统以及产品销售等方面，企业都会与顾客、供应商、合作伙伴以及竞争对手相互影响、相互作用，并形成一个有机体。因此，在竞合关系氛围中，企业往往需要走出孤立的圈子，融入相互联合的场域中，进而获取竞争优势。在实践中，企业的恶性竞争以至于两败俱伤，充分说明了一个只有竞争而没有合作的失败案例，而通过竞合关系使得企业了解对方的企业文化和共识点，基于共识点进行动态博弈，进而寻求双方合作共赢(正和博弈)就是一个竞合的成功案例。

由此可见，竞合理论具有独特的逻辑方式：价值链的设计—确定参与博弈活动的利益主体—分析各利益主体的竞争合作关系—实施PARTS战略来优化博弈—分析和比较各种博弈结果并进行评价—确定企业合作竞争战略—扩大企业商机并实现共享共赢。

3.5.2 旅游企业层面的竞争与合作

竞合理论的逻辑思维同样适合分析企业层面的竞合关系。亚当·斯密、马克思等学者的劳动分工与合作收益理论是旅游业发展的理论依据，也是旅游业发展的必然趋势。随着收入水平的提高，跨区域旅游交流空间将进一步扩大，旅游产业合作基础更为扎实以及拓展空间更为广阔，具有旅游资源禀赋的区域，继续发挥资源优势，开发其特色产品，进行资源整合和深度开发；旅游资源相对不足的区域，需强化与其他地区的旅游产业的合作，重新安排不具有比较优势的产业链(旅游＋)，建立与市场多层次需求相适应的格局，并发挥后发优势，弯道超车。旅游企业是根据旅游者对旅游产品(服务)的需求来进行响应，进而对市场供给进行调节，以保证旅游产品(服务)能够满足游客的需求和预期。在新的时代背景下，旅游企业的转型和创新已成为旅游行业发展的一个重大课题，如何以创新来促进旅游企业的转型升级，已引起了国内外学者的广泛关注。

可见，微观层面的旅游产业转型升级主要动机是通过旅游企业内部整合，借助于内部生产(供给侧结构性改革背景下的企业层面调整)，并在供求协同的基础上获得新的市场效率的过程，表现为旅游企业生产绩效的提升。

中国旅游产业转型升级的竞合机制主要分为以下三个方面：一是强化区域旅游企业之间的合作竞争(旅游产品质量提升、旅游客源对接等)和资源(信息、技术、创意等)的合作，进而提高旅游产品(服务)质量；二是在区域网络中实现旅游产业的共享，主要指的是将旅游景区(景点)与旅行社(OTA)、酒店等组成一个巨大的网络体系，组成一个旅游企业竞合网络，从而更有效地为旅游者提供优质的旅游产品(服务)；三是通过区域一体化市场，将其他行业与旅游业进行有机结合，借助城市群的商业模式(商业环境)，使旅游业与其他行业、地区形成一系列竞争与合作关系。波特曾经提出，产业竞争力是国家竞争力的核心，竞争环境和创新是其提升的关键所在。产业竞争力的提升主要通过产业结构的优化和转型来实现，同时，产业竞争力的提升和产业间的融合发展在大趋势上是具有一致性特征(见图3-4)。

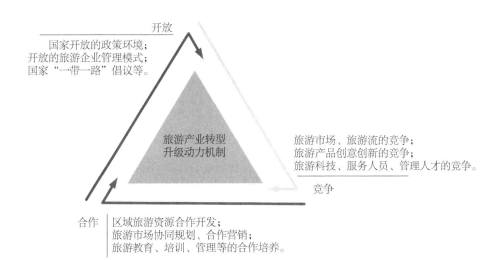

图 3-4 基于竞合理论的旅游产业转型升级动力模式

3.6　创新理论

熊彼特的技术创新理论，从创新的视角对区域产业集聚（包括集聚的规律和演化）进行了一般性的探讨。"创新"这一经济学理论起源于 1912 年美国哈佛大学的熊彼特教授所著的《经济发展理论》。熊彼特在这本书中提出了一个观点，即创新是一种新的生产因素与生产环境的"新结合"，它是一种新的生产系统。因此，熊彼特所提出的独具特色的创新理论为后续经济管理领域的研究奠定了基础，也丰富了经济思想发展史并被广泛引用。熊彼特创新理论可以解释生产函数的转变，或者说是生产要素和生产条件相互作用，形成经济内生增长，实践中由于引入生产体系使其技术体系发生变革，可以使得企业家获得超额利润（高附加值）。同时，创新也是旅游转型升级的重要活力。面对旅游产业发展格局、发展结构与发展模式的大调整和大变革，需要对旅游产业的发展进行创新运作，创新既可以从体制机制入手，在顶层设计方面进行，也可以在旅游企业具体的经营模式中进行，坚持公司化、市场化运作。

3.6.1 创新理论发展沿袭

从世界经济发展史来看，资本主义经济在发展的过程中，从旧的均衡转变为新的均衡，其驱动因素就是创新（产业革命），也正是创新产生了经济增长极，从而促进了经济的持续增长。实践中，由创新波动引起繁荣和衰退交替出现（经济周期与经济波动）的"纯模式"，在此基础上"第二次浪潮"的概念被人们所认可，即创新浪潮的后续反应，其特点是需求、物价和投资膨胀，投机行为急剧增加，并导致失误和过度投资。由此阐明"纯模式"与资本主义社会的经济循环，即繁荣、衰退、萧条、复苏，以及它们之间的相互关系。此外，因为在经济发展的过程中，会出现各种各样的创新活动，而每一种创新活动对经济的影响程度都不一样，其发生的时间长度也会有很大的差别，因此，由创新产生了多种经济周期并存的现象。

根据熊彼特关于创新的论述，最值得注意的是创新是生产过程中内生的，可看作生产函数的内生变量，随后也被 2018 年诺贝尔经济学奖获得者罗默所证实，罗默探讨了纠正新古典经济增长模型局限性的一些可能途径，用内生的技术（创新）来解释经济的增长。实际上，在经济活动中产生的创新并不是由外部强加而来的，它是在经济活动的内部自发产生的（内生）。因此，在经济活动中，创新具有本源驱动作用。20 世纪 60 年代，伴随着新科技革命的蓬勃发展，伴随着一波又一波的创新浪潮，美国经济学家罗斯托提出了"经济增长的六个阶段"学说，使"技术创新"在公司的生产运营中占据越来越重要的位置。但是，伴随着企业技术创新的快速发展，市场竞争的激烈，企业对知识的依赖程度也在不断提高。此时，创新需要更大的突破，逐渐演变为高知识积累群体的专业人员才能胜任，其结果是：一方面，创新研究从生产中分离出来，更加专业化；另一方面，也造成了创新与应用间壁垒现象（可能导致理论与实践的脱节）的形成。

根据上文分析，创新首先出现在科研领域，然后再通过试验逐步被应用领域所接受和采用，这也是第二次世界大战之后为大家所熟知的一种创新的发生和传播方式。在创新传播方面，自 20 世纪 60 年代以来，由罗杰斯所创立的"创新传播"已成为这一领域的共识。罗杰斯提出，创新传播受到创新自身特征、传播渠道、时间和社会体系等多种因素的影响，并对多种因素对创新传播的影响进行了深度剖析。21 世纪，在信息技术（IT 技术和 AI 技术）的驱动下，知识社会的形成以及它对创新的影响获得了更深的共识。科学界对技术创新的认识也有了更深层次的反思。创新被看作是各个创新主体、创新要素在交互作用下产生的一种复杂的现象，它是创新生态下技术进步与应用创新的创新双螺旋结构共同演化的结果。关注价值实现、关注用户参与的"以人为本"的创新 2.0 模式，也是在 21 世纪中，对创新进行重新认识的一种探索与实践。

3.6.2 创新理论与旅游产业发展

创新是经济的重要引擎之一，尤其在经济下行的形势下，创新可以形成新的经济增长点以带动区域经济增长。当前，旅游产业依然保持相对高速的增长，对经济增长的反哺作用日益增强，可以预计，创新在未来十几年、几十年仍将成为中国旅游业界人士、决策者以及专业研究者共同关注的重要话题。旅游产业领域的创新既是传承传统的创新理念，又有别于传统创新理论的思路，因为传统的创新理论是源于制造业的生产活动，在传统创新理论中，创新被划分为产品(服务)创新、生产流程创新、经营管理创新、市场开拓(渠道)与营销创新等；随着大数据、云计算、人工智能、5G 等数字技术的蓬勃发展，数字经济促进旅游行业加速转型，是旅游行业高质量发展的主要力量。当前，旅游产业的创新创意活动，往往都离不开"数字化""数智化"思维。因此，科技创新是旅游业转型升级的必由之路。

中国旅游业的创新，以"以管理为导向"的行为创新为主，体现在发展电脑软件和应用硬件技术。具体包括信息技术、人工智能技术、通信技术、软件(App)开发技术、交通优化技术等。其中，信息技术、人工智能技术等的兴起和应用，对于优化旅游企业的内部管理模式、提高运营效率起着举足轻重的作用。比如，火柴头地接社 SaaS 系统借助互联网的创新思维，并且有效融合"移动通知"、"定位服务"、"旅行团的统计及监督"、"财务报账"以及"移动协同"等模块，形成一体化互联互通的旅游企业创新模式。由此可见，互联网和信息技术提供 Web+移动终端服务，增强 OTA 移动互联信息化管理，为 OTA 提供多功能一站式、一体化的便利服务平台，同时通过 App 连接导游、游客、资源，并建立完善的在线服务体系。现实来看，携程、去哪儿、马蜂窝、途家等在线旅行服务商的成功，是移动互联网、大数据、创业团队、时代需求等多重因素综合作用的结果。然而，在实践中各 OTA 的技术创新具有很强的模仿性，其软件开发技术难以成为旅游企业的竞争优势。除此之外，在旅游产品与服务中，还存在着很多同质化的问题，简单的复制与批量生产，让消费者的满意度大大下降。

　　由此可见，旅游企业在运行中尚存在以下问题：第一，很多 OTA 运用了互联网和信息技术，但开发程度不够深入，功能单一且不稳定，很难为游客提供真实的互联网互动服务，比如报名系统、预订系统、产品（服务）组合系统以及交付系统等，其使用互联网和信息技术的主要目的仍然是宣传营销，没有进行深度开发与应用。第二，目前还没有形成较高层次的旅游信息化（如：三维虚拟技术）及其广泛运用，传统的信息化手段和方式仍然占着优势。第三，各种类型的 OTA 对新技术运用的趋同程度高，对其技术创新动机产生了一定的影响。因此，要在技术创新上有所突破，就需要对企业的创新创意进行必要的保护。在这一前提下，各旅游企业要发挥自身能力，利用互联网等新技术，开发符合游客真实需求的旅游新产品（服务），以获得旅游企业的独特竞争优势，使技术创新成为未来旅游企业转型升级的重要因素。

　　从产业经济学中关于产业结构演化理论可以看出，产业结构的变化受到了内因和外因的双重作用力的影响，内部动因主要包括技术进步、需求变化、供给变化等，外部动因主要包括经济战略、产业政策、国际贸易等。从实际的角度来看，在旅游业的转型升级过程中，可以通过持续的学习与创新，使旅游企业能够在信息与创意上相互沟通，掌握中国旅游业的供求关系与发展趋势，并结合当地的特色文化资源，发展出符合游客个性化需求的旅游产品。前文通过对竞争与整合机理的研究，揭示了竞争与整合机理是创新机理的一个重要依据，通过区域内的分工与协作，形成了区域内的竞争与整合网络，并借助信息资源共享，从而实现了旅游企业竞争与整合。目前，因旅游产品和服务的外显特征，旅游创意产品和服务容易被竞争者以"无成本"的方式复制，进而引发了恶性竞争，降低了创意主体的积极性，也成为旅游业纯技术效率提高的瓶颈（张新成 等，2023）。今后，旅游管理部门应该充分认识到，旅游创新在提高旅游效率、推动产业转型升级中所起到的重要作用，并制定出有利于旅游创新的政策和制度，让旅游经济的发展由对资源、人力和资本的依赖转变为对创新的依赖，从而推动旅游产业的转型升级。

　　同时，在旅游产业转型升级过程中，旅游企业集聚在某一特定区域将构成彼此之间的竞争，同时，受到区域外部的适者生存规律的影响，旅游企业往往承担着较大的外部竞争压力。面对这种情况，旅游企业应在市场机制的驱动下，不断地进行创新，提升旅游产品(服务)的附加值，用塑造旅游品牌来提升顾客的忠诚度，从而在竞争中获得胜利，并提高利润。 在此背景下，中国旅游企业必须通过提升自己的创新能力，推动其产品(服务)的优化和升级，以满足更高品质的旅游者的旅游体验，从而推动中国旅游业的整体转型。 基于创新理论的旅游产业转型升级的动力机制如图 3-5 所示。

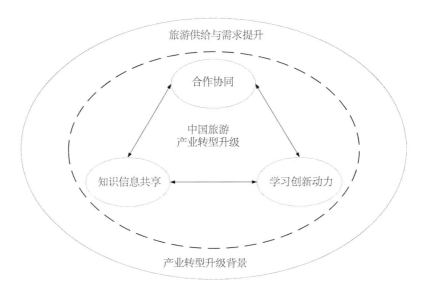

图 3-5　基于创新理论的旅游产业转型升级的动力机制

3.7　保障理论

本书的旅游产业转型升级的保障理论来源于科斯、诺思以及威廉姆森等人的新制度经济学理论。 新制度理论主要关注制度经济和制度变革，认为影响经济增长(产业发展绩效)的关键是制度，而能为个体提供激励的经济制度是决定经济增长(产业发展绩效)的重要因素，其中，产权和交易起着至关重要的作用。

3.7.1 制度理论与制度保障

在诺思看来，一个有效率的组织，需要考虑如何进行制度安排和建立所有权，从而产生一种激励，使其按照个人对自己的经济利益的需求，转化为私人回报率接近社会回报率的活动。因此，诺思认为科学技术固然对一个国家的发展有很大的影响，但是在体制方面，如所有制、分配、体制、管理、法律政策等，才是最主要的影响因素。新制度经济学的许多著述都在探寻为什么有些国家穷、有些国家富？为什么一些国家的经济发展是强盛的，而另一些国家的经济政策却失败了？他们认为，问题的根源应该在体制上。制度是推动一国经济持续发展并创造更多财富的重要保证，如果社会群体发现现有的制度体系已不能对经济持续发展起到推动作用，国家就应该考虑进行制度变革，进而构建新的经济制度，不然，经济就会陷入停滞。

科斯关于制度变迁、交易成本与经济绩效的观点，被称为需求引致理论，认为制度是在变化所得利益超过变化所需成本时改变的。这种观点确认了交易成本在影响制度安排选择中的重要性，它得到普遍的认可和支持，很多关于制度经济学研究方面的重要著作，就是循着科斯这一观点展开和深化的。例如，在诺思和托马斯对欧洲封建制度起源的解释中，把欧洲封建制度的起源归因于以军队保障和公正换取农民劳役(实物产品)支付的结果。这些研究的结论具有一定参考意义，更重要的是为本书研究制度变迁提供了新的分析方法和框架。

制度经济学认为，制度作为经济发展的内生变量，对经济增长具有决定作用，与其他物品一样，制度存在供给与需求两个问题。制度创新的过程，实际就是制度的供给与需求之间的对立统一关系在不断的动态演进中达到均衡的过程(见图 3-6)。关于制度创新的供给，由于制度具有公共产品的属性，因而制度的供给主要取决于一个国家(地区)的制度体系，即政治体制能够提供具有相应能力和意愿的新的体制创新安排。许多因素都会影响并制约着一种制度系统的创新能力与意愿。概括而言，主要包括：制度创新的设计成本(对路径依赖的突破结果)、制度创新的预期成本、实现制度创新的知识积累的成本、法律法规制度秩序的成本、现存制度安排的利益集团反对的成本、规范性行为准则制定所面临的成本、公众的意识及其改变的成本、居于支配地位的决策集团因预期利益变化而进行干预的成本等。关于制度创新的需求，制度经济学进行了比较详细的分析和研究。一般来说，制度创新的需求，取决于新制度带来的产业发展净收益的增加，或者规避原有制度安排所带来的净利益损失。根据菲尼的分析，对制度创新需求有重要影响的因素可以概括为：相对产品和生产要素价格(新制度安排实现产品价格与生产要素价格比值的增加，激励新制度的需求)、法律法规所建立的有利于经济利益主体净收益增加的秩序、技术和市场规模。

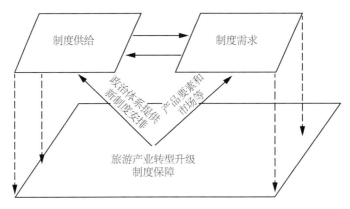

图 3-6　制度供给与需求的作用机理

人口的变动与技术的变动经常会导致商品与生产要素的相对价格的变动。随着人口数量的增加，劳动力和其他要素之间的价格比率也随之发生改变，从而产生了一种体制变革的需要，即以更低廉的要素代替昂贵的要素。科技的发展往往也会引起相似的要求，比如用机械化劳动取代手工劳动，从而引起生产系统的改变。

3.7.2 制度保障理论与旅游产业转型升级

当旅游产业的发展尚不完善的时候，构建和完善地区旅游公共服务设施(旅游公共品)已逐步成为政府部门的一项重要工作。政府机构(包括行政主管部门，下同)要为文旅融合以及旅游产业转型升级提供相应的公共服务。 在学术界，通常以是否存在具体形式来描述旅游公共服务体系，从而将其划分为两种类型：一种是有形的公共产品，另一种是无形的公共服务。 由于民营企业不愿意或者不能提供旅游公共品，政府机构按照《旅游法》的要求，建立和完善当地的法律、法规体系，因此，在区域旅游产业的转型升级过程中，政府将发挥更大的作用。

在进行区域和产业发展规划时，政府应该将创新要素的集聚考虑进去，构建出与旅游产业转型升级需求相适应的市场环境、基础设施、文化氛围和制度体系。 同时，也要加强在产业集群中对环境平台的支持以及对科技创新的支持作用，为整个旅游产业的升级提供有利条件，从而让整个产业集群的战略得到转变，利用技术运用、科技创新等各种方式，持续推动我国旅游产业结构的转型升级到达新阶段。

政府保障机制主要有以下几个方面：第一，政策支持。 一般情况下，旅游产业政策可以分成两种类型：一种是基本旅游政策，另一种是具体旅游政策。 基本旅游政策一般指的是旅游目的地对旅游业发展的基本方针，它是以推动旅游业发展的目标为出发点，为构建一定的旅游综合接待能力，使旅游各要素的共同利益得以实现，对旅游业在社会经济发展中的地位和作用进行明确，从而制定的政策。 具体的旅游政策指的是为了促进某些具体部门、活动或行为的发展而制定的一些政策，这些政策是为了帮助贯彻和实施基本方针而制定的有关的规定、条例、办法等。 政府可以从现实出发，制定并实施相关的法规和政策，从财政投入、金融支持、税费优惠、人才支持等多个方面着手，使旅游企业之间的合作、竞争和创新得到更大程度的强化，为旅游产业的集聚提供必要的保证。 第二，基础设施建设。 旅游基础设施指的是为了满足旅游者在旅行游览中的需求而建造的各种物质设施的总称，它是旅游业发展不可或缺的物质基础和保障支撑。 公共服务、环境、社会性等基础设施的建设水平也从侧面揭示了旅游目的地的接待能力和当地经济发展水平。 其中，交通基础设施是提高旅游目的地可达性的基础；环境基础设施是影响旅游目的地形象以及可持续发展的重要因素；公共服务基础设施是旅游活动顺利开展的重要前提；信息基础设施是旅游信息获取和交流的媒介和载体，也是影响游客创新体验的重要因素；社会性基础设施对旅游产品多元化发展具有重要意义。政府可以持续地对基础设施进行完善，并将文旅融合和旅游创意等旅游元素引入其中，从而为旅游产业结构的调整与升级提供良好的发展环境。第三，环境优化。从旅游者的视角来看，旅游环境以旅游者为核心，各种旅游目的地和依托地的自然、社会、人文等外部条件使得旅游活动能够存在、进行和发展。从旅游资源的视角来看，旅游环境以旅游资源为核心，是围绕着旅游资源周边的其他自然生态、人文社会各种因素的总和。旅游业的迅速发展必然引发一些新的环境问题。所以，要充分发挥政府的作用，改善社会环境、市场环境和生态环境，为游客提供一个让他们感到舒适和满意的旅游环境，如制定合理的游览规则和路线、限制进入游览区的人数、定期进行环保理念宣传、把排放污染物的工厂设置在游览区的下风、下水方向，要求在游览区上风、上水方向的工厂加强废弃物的治理，或把工厂迁往他处等。政府以政策扶持等方式，提供全面的保障，持续优化旅游业的发展环境。基于保障理论的中国旅游产业转型升级的动力机制如图 3-7 所示。

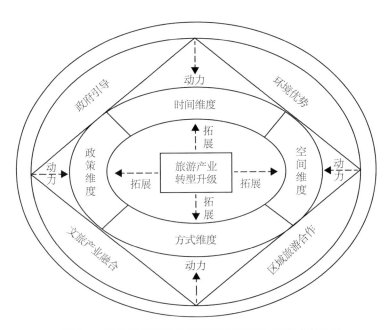

图 3-7　基于保障理论的旅游产业转型升级的动力机制

　　市场经济条件下，政府部门不能直接干预经济(旅游产业)，而是给旅游产业转型升级提供制度保障。 根据新制度经济学的相关原理，在制度创新的基础上，政府部门为旅游产业转型升级提供如下制度保障：一是进行旅游产业政策(机制体制)的顶层设计，制定旅游产业转型升级的游戏规则，确保旅游企业所处的健康环境；二是构建旅游公共服务体系，提供公共产品(服务)，通过市场机制去保障旅游公共物品和服务的有效供给；三是出台旅游产业的具体管理办法，规范市场主体行为，克服市场机制的缺陷，维护旅游市场的合理秩序(杨莎莎 等，2022)。 实践证明，政府部门主导的旅游管理模式在培育我国旅游产业竞争力中发挥着很大的作用，但是也存在一些问题。 此时，政府相关部门必须认识到问题的存在，厘清政府和市场在旅游产业中相辅相成的关系，同时进行制度创新，相信能在更大程度上促进中国旅游产业的转型升级。

　　根据上述分析，可以发现，国内外有关旅游产业转型升级的研究成果颇丰，对"转型"与"升级"的关系分歧，在表现形式上大致相同，即存在生产效率提升、质量提升以及结构优化等问题。 但是，国内外研究仍缺乏一个系统完整的(宏微观层面)、动态演进(时空维度)的旅游产业转型升级评价模型，此外，国内外专家学者对影响旅游产业转型升级的因素众说纷纭，尚未达成共识，并且影响因素之间的相互关系也不明确。 因此，本书试图从供给与需求两个维度，并且从宏观和微观两个层面进行全面系统剖析，在定性地分析旅游产业转型升级动态演进的内在机理和动力机制的基础上，运用面板数据，从一个时间跨度定量地构建旅游产业转型升级动态演进评价模型，并结合粤港澳大湾区旅游产业转型升级的典型案例，揭示中国旅游产业转型升级动态演进规律，提出相关政策建议。

　　从定性视角看，引入动态演进理念，本书认为旅游产业转型升级需要突破传统行业的路径依赖，从竞争机制(理念更新)、创新机制(技术创新)和保护机制(制度创新)三个方面入手进行评价，相对于转变之前，旅游产业转型升级之后表现出更高的效率。 如图 3-8 所示，横轴和纵轴分别代表旅游产业发展的结构优化程度高低(转型)和旅游产业附加值高低(升级)。

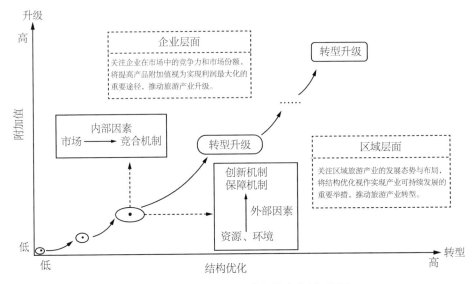

图3-8　旅游产业"转型—升级"动态演进图

从定量视角看，本书为了探讨旅游产业转型升级动态演进趋势，揭示其演进规律，通过构建指标体系(包括时序研究和空间分布)测量方法试图尽可能系统全面地揭示旅游产业转型升级的内在机理。

4 中国旅游产业转型升级动态演进内在机理

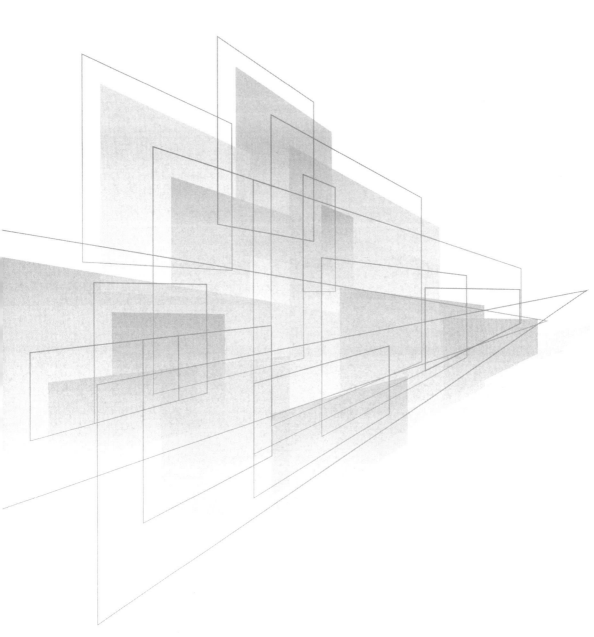

根据前文分析,中国旅游产业转型升级动态演进的理论基础主要包括:产业转型升级理论、产业演进理论、产业融合理论、供求关系理论、竞合理论、创新理论以及保障理论。 这些理论分别从内部和外部解释中国旅游产业转型升级动态演进的原因,本章结合布迪厄的场域理论,探讨旅游产业转型升级动态演进的内涵(内在机理),为此,构建了旅游场域内的旅游产业转型升级定性分析框架,进而剖析旅游产业转型升级演进的内在机理,提出了旅游产业转型升级的实现路径。 研究发现旅游产业转型升级的内涵包括产业结构合理化和产业结构高级化,在旅游场域的分析框架下,旅游产业结构合理化的实现是旅游供给方自身素养不断提高的过程,即生产要素的完善。 旅游产业结构高级化则表现为实现产业附加值的提升,而产业附加值的提升建立在经济资本、文化资本和社会资本的高效转化中,在旅游产业转型升级的场域分析基础上,本书构建了旅游场域中供给方和需求方的动态演化博弈模型,进而从需求响应、制度保障、精英示范效应以及产品附加值的提升等方面探讨了旅游场域的动态演进过程及旅游产业转型升级的科学路径。

现有研究多从指标体系的构建层面去评估旅游产业转型升级的水平,但是对旅游产业转型升级内在机理的探讨则较为缺乏。 事实上,旅游产业的转型升级具有深刻的时代背景并受到现实市场需求的推动,因此,我们在评估产业转型升级水平之前需要明确旅游产业实现转型升级的具体作用机理,因为随着社会经济不断发展变迁,旅游产业的发展也被深刻赋予时代的印记。 现代社会的规训使得人们往往生活在被压抑的经济理性之下,人性被社会规训所奴役,承担着各种各样的责任与使命,而追求自由和自我实现的情感也受到了较大的压抑,这就使得旅游在时代发展中的作用被凸显,人们产生的"逃逸"情绪推动旅游产业的发展,而随着这种情感需求的增加,体验的要求也越来越高,这就与传统的旅游发展模式产生了冲突,即供给与需求之间的差距越来越大,使得产业的转型升级显得十分重要。 考虑到旅游产业发展中供需矛盾带来的结构调整的重要性,本书结合布迪厄的场域理论,构建了旅游场域分析框架下的旅游产业转型升级动态演进过程。

4.1 场域——旅游产业转型升级的具身空间

旅游产业的转型升级，是以整体经济社会发展为基础，以满足多元化、多层次、复合型的旅游需求为出发点，以提升服务质量为落脚点，通过创新旅游企业经营方式、创造新型旅游产品，通过政府部门对旅游发展方式进行引导，对旅游经济运行进行监管，从而达到显著提高旅游服务水平、显著净化旅游市场、显著增加游客满意程度、显著增强经济转型升级的效果和全面体现经济、社会、文化、生态效益的过程。法国社会学家皮埃尔·布迪厄（Pierre Bourdieu)在 20 世纪 60 年代提出的"场域"概念以"社会网络关系"进行描述，布迪厄谈到在不同的社会条件和历史时期的场域都具有自身的运行逻辑和资本，拥有差异惯习的主体在其中占据不同的位置和资源，社会主体会为了这些资源进行"争夺"，进而推动场域的动态演进。

"场域"、"资本"和"惯习"是布迪厄场域理论的核心概念，在旅游场域中，旅游产业的转型升级同样也是受到了其主体对资本争夺的影响，本书就旅游产业转型升级的内涵与布迪厄提出的"场域"、"资本"和"惯习"进行分析，将旅游产业发展中的重要参与主体放入场域中并对其策略、行为进行探讨，有助于明晰旅游产业转型升级的动态过程，从理论层次深化旅游产业转型升级的内在机理研究和动态演进过程，进一步明晰旅游产业转型升级的可能路径，在实践中为旅游产业的转型升级提供借鉴。

"场域"是指各类社会空间，是"各场所间客观联系的网络"（Bourdieu et al.，1992)，反映了不同场所中行为体在不同场所间的相互联系。"惯习"则是"一种长期存在的、可转换的、有组织的、结构化的、心理与认知的结构"（布迪厄 等，2003)，是一种"结构内化的结果"（Bourdieu，1989)，处于意识与语言的基础上，是一种在心理与认知层面上比自我意识、自我判断更高的"思维与认知"。

"场域"是一种"社会地位"，"惯习"是一种"性格倾向"，两者之间有着很大的联系。 一方面，场域塑造了习惯性，另一方面，习惯性又赋予了场域意义、情感与价值。 事实上，布迪厄在"习惯—领域"的二元融合中，避开了"个人方法论"与"总体方法论"的分歧，提出了"关系方法论"，认为个人与结构之外，还应当考察二者的关系。 考虑到布迪厄利用"场域"和"惯习"的概念，我们也可以利用这一系列的概念来修改社会资本的定义。 这可能证实了波茨关于布迪厄的一个有关论点，那就是布迪厄在将社会资本这一概念引进现代社会学论述的学者当中，从理论上讲，他的分析是最严谨的（Portes，1998）。

因此，根据具身理论，事件与周边场域的资源分布以及参与事件的利益主体，必然同在一个相互联系、交互作用的范围之内。 旅游产业转型升级的各要素在场域中的互动如图 4-1 所示。 如果出现一个事件（旅游产业转型升级）A，包括若干方面，即旅游资源整合（A_1）、旅游产品技术创新（A_2）、旅游文化创意（A_3）、旅游产业附加值（A_4）、旅游政策取向（A_5）等组成的分布面（surface distribution）。 在事件 A 中，根据具身理论最基本的判断，觉得事件利益主体甲最能够为事件 A 提供帮助，但是利益主体甲和事件 A 的关系非常疏远；利

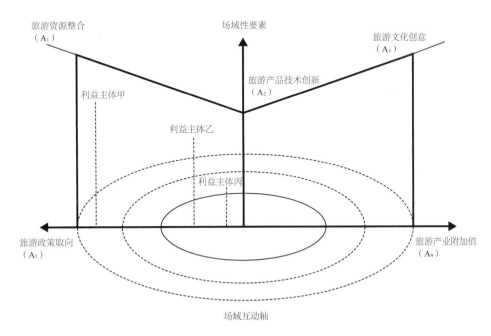

图 4-1　旅游产业转型升级的各要素在场域中的互动

益主体丙和事件 A 关系最好，但利益主体丙对于解决这个事情缺乏影响力；而利益主体乙则处于两者之间。此时事件 A 将面临在三者中的选择。现实中，由于资源的分布(旅游产业转型升级的各方面)同时取决于事件层面和利益主体关联性的判断，因此，对这两个相关要素权重的确定则决定事件(旅游产业转型升级)动态演进趋势。

布迪厄在关于场域界限的问题中谈到，尽管各种场域总是明显地具有制度化"进入壁垒"的标志，但是很少会存在司法界定的形式，即场域的构建不通过一种强加的行为来实现。场域可以被设想为一个空间，在这个空间内，场域得到有效的运转，场域的界限位于场域效果停止作用的地方。因此，本书基于场域的新视角，将旅游世界作为一个场域，旅游生产经营活动都视作由旅游供给方和旅游需求方之间利益的转移变动而引发。而旅游产业的转型升级的演进过程也是建立在旅游供给方和旅游需求方之间力量的差距和不对称的关系上，这也是旅游场域运作的原动力。由此可见，旅游产业转型升级的内在机理也是旅游产业的供给和需求两大力量的动态演化博弈过程。

4.2　旅游场域中的博弈主体

旅游场域是一个相对独立的社会空间，是由行动者的客观关系构成的，其中关系延伸的边界可以界定为场域的边界，这种边界是一种相互理解的共同在场，不具备物理边界的属性，换言之，我们可以认为旅游产业发展中所有的行动者涉及的关系网络构建了这个旅游场域。在旅游场域中，随时都充斥着竞争，由于资本结构和数量的差异，行动者们会通过占据有利位置实现自身利益，所以这是一个"力量"博弈的空间，也正是因为存在着"力量"的博弈，使得整个旅游场域充满生机，在不停地发展变化。在旅游场域中的行动者他们由于自身惯习的差异，会有各自参与竞争的策略和行为，行动者在惯习的指导下参与竞争，构建和变化着旅游场域的内部结构。随着经济增长和人们需求增加，旅游业的发展进入黄金时期。随着旅游产业转型升级的动态发展，不同

"力量"也先后加入其中，包括旅游投资者、经营者、政府以及旅游者等。

4.2.1 旅游场域中的供求力量

本书将旅游场域中的供求力量归纳为旅游供给方和旅游需求方。经济学中的供求定理认为，商品需求与供给的变化会使商品的市场价格发生变化，当需求的变化率大于供给的变化率时，市场价格上升；当需求的变化率小于供给的变化率时，市场价格下降。在旅游供给方中，旅游投资者拥有经济资本，他们希望通过投资旅游活动获得更多的经济资本，政府和旅游经营者希望通过旅游生产经营活动获得经济资本。同时，政府拥有当地的旅游资源和关系网络，我们将其视作文化资本和社会资本，这种资本可以有效地转化为经济资本。也因为政府和旅游经营者拥有当地的文化资本和社会资本，这使得他们可以成为旅游场域中的重要力量之一。在旅游需求方中，旅游者作为旅游产品与服务的接受者，他们拥有重要的资本是经济资本。而旅游供给方的一切举措也是为了更好地从旅游者处获得旅游生产经营的经济资本。至此，旅游场域中的主要力量参与方已经形成。旅游供给方中的个体相互配合，实现经济资本、文化资本和社会资本的转换，同时又与旅游需求方的旅游者相互往来，使得经济资本、文化资本和社会资本进行重新分配。同时，旅游场域还是惯习相互竞争的空间，旅游场域中的参与者在惯习的引导下对资本进行追逐，由于旅游活动中个体的流动性，惯习存在着目的地和客源地的差异。我们无法在一开始的时候统一不同力量主体的惯习，势必引起相互之间的竞争，最终有一方或者几方出现妥协，产生新的惯习，这就推动了旅游要素的互动、作用及其在场域的发展演进。

此外，受限于宏观经济增长方式的影响，旅游的发展存在粗放型、资源浪费、要素错配的现象，这使得旅游经济的发展存在"不可持续"的危机，转变旅游发展模式、旅游产业的转型升级势在必行。在旅游产业的转型升级中，旅游供给方和需求方的力量角逐是我们探讨其动态演进发展过程的关键，对于我们明晰旅游产业转型升级不同阶段特征及影响因素具有重要意义。在本书中通过供需匹配情况将供给方和需求方的力量对比分为"供给方强—需求方弱"以及"供给方弱—需求方强",强弱力量的对比使得旅游场域在不同惯习下发生变化。 首先,供给方的发展,旅游业在我国的现代化进程中发展较晚,在40多年的历史中,旅游业的发展初具规模,2015年中央明确提出了"供给侧结构性改革"战略方案,这意味着我国经济发展进入了一个新的阶段,而随着市场在资源配置中的作用转变,旅游投资者和经营者也不断在发展壮大。 整体而言,旅游产业的供给方在不断完善自身,其力量处于由弱到强的发展趋势中。 其次,随着经济的发展,人们生活水平不断提高,我们可以看到,旅游者外出旅游的需求在不断增多,这就使得旅游需求方的话语权也在不断增强。 在观光旅游时代,旅游者更多的是被动地接受旅游产品与服务,旅游供给方的力量强于旅游者。 而随着体验时代的来临,旅游供给方内部的竞争加剧,旅游者的选择变多,同时,科学技术的进步和经济的进一步发展,旅游者拥有的经济资本增加,这也使得旅游者的话语权进一步提升。 因此,在体验旅游时代,我们可以认为旅游需求方的力量强于旅游供给方。

4.2.2 旅游场域中的供求平衡

供需规律是一种基本的经济规律,也是旅游产业发展的基本规律,它主要体现在两个方面:一是社会对于旅游需求的变化是旅游资源科学配置的基础。 一个行业的科学发展和可持续发展,离不开资源的科学合理配置。 在旅游业的发展中,也存在着如何对旅游资源进行科学、合理配置的问题。 要科学、合理地配置旅游资源,为旅游业的科学发展打下良好的基础,它的基本原则就是要使旅游业的社会有效需求发生变化。 随着我国经济的不断发展,人们的生活质量不断提高,人们对旅游资源的有效需求不断增长。 近几年来,各类旅游产品的不断火爆,既是对旅游业有效需求不断增长的一种反映,也是旅游业发展的契机。 我们要充分抓住这一契机,拓展旅游资源的总量,既满足人民群众的旅游需求,又促进旅游业的发展,并在旅游产业的发展过程中,不断提高人民群众的生活水平,从而达到经济发展的基本目标。 二是旅游业的转型与升级是旅游业发展的基础。 自从改革开放以后,我们国家的经济和社会得到了快速发展,人民的生活水平也得到了明显的提高。 在总体上,人们对旅游的需求有了很大的增加，从以观光旅游为主，发展到观光旅游、休闲度假旅游、健身旅游、生态旅游、文化旅游、探险旅游等多种旅游类型齐头并进。旅游业的发展必须顺应这一变化需求，在维持观光旅游规模和提高观光旅游品质的同时，还应该大力发展其他类型的旅游业，从而达到对旅游业进行结构调整和产业升级的目的，从而推动旅游业的可持续发展。

在旅游场域中，旅游供给方和旅游需求方共同构成了该场域的有效运作。不同个体力量之间的博弈也使得资本和惯习发生变化。旅游场域中供给方和需求方之间的力量博弈过程如图 4-2 所示。在旅游场域中，旅游供给方和旅游需求方根据惯习对资本进行争夺，他们以其固有的资本权力在网络关系中占据一定的位置，并在资本争夺的过程中发生力量强弱的改变。

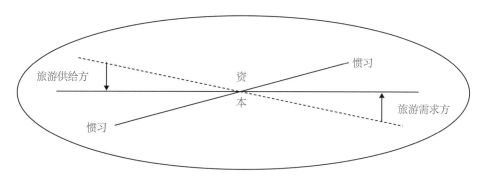

图 4-2　旅游场域中的供求双方的力量博弈

从旅游供给角度上看，在中国的发展背景下，政府主导的自上而下层级模式是旅游业发展的主要治理运行机制。《"十四五"旅游业发展规划》提出，"充分发挥各类市场主体投资旅游和创业创新的积极性，推动市场在旅游资源配置中起决定性作用和更好发挥政府作用"。首先，要以完善现代旅游业制度为基础，增加高质量的旅游产品，激发各种旅游市场主体的活力，大力发展"旅游+""+旅游"，提高供给能力水平、优化旅游产品结构、创新旅游产品体系，满足不同人群的需要，开发出更多的个性化旅游产品，着力打造更多体现文化内涵和人文精神的旅游精品，形成多产业融合发展新局面。其次，健全旅游基础设施和公共服务体系，也是旅游供给的关键。旅游交通、环境以及旅游设施的公共产品投入，不能够仅仅依靠旅游企业，要实现旅游产业转型升级还需要旅游主管部门为公共产品提供制度保障。 进入大众旅游时代，旅游业快速发展除了物质资本的投入，还离不开人力资本的投入。 人力资本为旅游产业创新提供动力，能够不断优化人才发展环境，加强旅游业的人力资源储备，对促进旅游业的发展具有重要意义。 最后，一个良好的旅游市场秩序会直接或间接地影响旅游消费行为，个体旅游企业的合理选择是以市场供需情况和变化趋势为依据来确定自己的经营行为，难以改变市场规律和市场运行规则。 因此，如果旅游市场出现问题，会对旅游产品(服务)供给带来不利影响，造成"劣币驱除良币"的现象，阻碍旅游产业转型升级。 可见，从旅游供给角度，旅游行政部门应与有关部门联合起来，对旅游市场的监管方法进行创新，为游客提供更加多样化和优质的旅游产品，促进旅游经济的良性发展，进而在供给侧促进旅游业的转型升级。

从需求层面来看，随着游客数量的不断增长，人们对旅游产品(服务)质量和体验程度的需求也在不断提升。 传统的观光旅游产品的市场空间逐渐缩小，低层次的旅游服务也难以赢得旅游者的认同，造成因需求不足导致的传统旅游产品(服务)过剩。 因此，从旅游需求的变化趋势上看，旅游经营者应加快创新步伐，提高产品(服务)质量。 由此可以看出，旅游消费水平与层次的提高，已成为促进我国旅游业发展的内驱力。 要满足游客多样化、个性化和高层次的旅游需求，在客观上迫使旅游产品(服务)的结构必须与旅游消费转型升级的要求相适应，以旅游企业在市场上的自由竞争为主，并辅以旅游主管部门的政策引导来实现。 因此，提升游客满意度是提升旅游产品(服务)质量的关键。 此外，在以人工智能、大数据、物联网和云计算等为代表的新一轮科技革命背景下，数字技术也为旅游需求分析和预测提供了新的数据来源和类型，为缓解旅游市场供给需求不平衡提供了有效路径。 可见，要推进旅游产业的转型升级，就需要像工业追求 R&D(研究与试验发展)一样提高旅游产业的质量。 鼓励将旅游产业的服务进行标准化与特色化的有机结合，将精细化与个性化相结合，并为游客提供多样化的旅游产品(服务)。

随着旅游活动的开展，旅游场域中的行动者(包括旅游供给方的政府、旅游投资者、旅游经营者和旅游者)会占据不同的位置，依据惯习参与到场域的资本争夺和转化中。 其中，旅游需求方具有自身的偏好和策略的社会起源，对旅游需求方而言，他们是旅游产业转型升级成功与否的评价者，他们选择旅游目的地和旅游产品的依据受到旅游供给方的宣传以及自身的惯习引导。 旅游供给方想要实现资本的转换，获得更多的经济资本，这就需要他们在供给侧进行资本争夺的同时与旅游需求侧进行资本争夺，其惯习使得原来相对封闭的生产经营空间发生变化，旅游场域在不同行动者的惯习构建中发展演进。

4.3　旅游产业转型升级动态研究的场域模型

本书在明晰旅游产业转型升级的场域特征及其行动者的基础上，发现其主要的利益相关者包括旅游者、旅游经营者(旅游投资者)和旅游政策制定与执行者(政府)，场域的实践内容主要是利益相关者对资本的争夺，参与实践的动机主要是自身利益最大化，即旅游者在旅游活动过程中实现效用最大化，旅游经营者(旅游投资者)在旅游场域的活动中(经营与投资等)实现利润最大化，政府及其相关部门在旅游场域中实现公共利益最大化，上述三方形成正和博弈，客观上推动了旅游产业转型升级动态演进。

4.3.1　旅游场域中的利益相关者

第一，与任何事物一样，人类个体必然居于某一场域(人类不具备异地存身的禀赋)中，占据某一位置。 从理论上讲，"场域"是由社会成员根据一定的逻辑需要而建构起来的，它是个体进行社会活动的重要场所，也是集合符号竞赛和个体战略的场所。 在旅游场域中的行动者众多，本书主要将其归纳为两类，分别是旅游供给方和旅游需求方，其中，旅游供给方包括旅游投资者、旅游经营者和政府。 需要说明的是，场域中研究的行动者不是个体，而是处于不同位置关系的网络结构。 旅游场域内的行动者的不同位置带来的力量对比体现在场域中，行动者在现实社会中所处的地位和身份并不完全代表在旅游场域中的力量，只有当行动者在旅游场域中可以利用自身的资本影响场域结构时，才是真正意义上的场域中的力量。 即关系存在于旅游场域中，利用资本在惯习的指导下的行动才是真实的场域力量。 举例而言，旅游者在日常生活中扮演着普通社会人的角色，他们如果想要以个人普通公民的身份对旅游投资者和旅游经营者提出要求，可能并不会得到认可，但是，当身份转换为旅游者、旅游活动的主体时，他们提出的关于旅游产品和服务的需求会得到旅游供给方的采纳，当普通公民的身份转换为旅游者时，才是从真正意义上进入了旅游场域中，旅游者的策略行为被视为力量博弈，推动旅游场域的发展。

第二，在一个领域中，有权力、有竞争，而这种竞争的逻辑，正是资本的逻辑。 资本既是竞争的对象，又是竞争的工具。 而支配空间的能力，尤其是（实际地或象征性地）通过获取其中分布的稀缺公私资产的能力，取决于手中掌握的资本。 因此，场域的实践内容主要是对资本的争夺，也就是行动者之间博弈，参与到旅游活动中，促进旅游产业的发展。 在前文我们说明了旅游场域中行动者的界定，在行动者身份明确后，才能够搞懂不同位置的关系如何进行变化，资本如何在其中进行流转，不同的行动者他们拥有自身的利益诉求，在旅游场域中，他们的力量强弱推动了场域的演进。

第三，就行动者参与场域的动机而言，行动者加入旅游活动中追逐相应的权力与资本，这是场域运作变化的前提，这种对权力和资本追逐的结果使得他们呈现出对旅游产品与服务发展的促进，如旅游地的宣传、旅游基础设施完善、旅游需求良好体验等，因为资本的转化建立在行动者的争夺之中，如果一方的行为没有得到场域中剩余行动者的认可，就难以实现资本的增加。 所以，场域中的行动者们追逐权力和资本的行为在实际上推动了旅游产业的发展与转型升级。

4.3.2 旅游场域中的利益相关者博弈

场域是一种力量关系，在旅游场域中，不仅仅包括试图改变场域内容的斗争关系，同时也包括变革。 区别于结构内部固有组成的自由发展所能得到的结果，竞争和冲突使得旅游产业的转型升级发生着动态变化，而且在不同的阶段呈现出不同的特征。 考虑到旅游产业的转型升级是结构的合理化和高级化，以实现旅游可持续发展为目的。 我们使用场域的视角分析旅游产业转型升级的过程机理，可以有效地区别于唯经济主义的追求货币利润最大化的狭隘思路，关注旅游产业发展经营活动中的力量博弈、主体行为产生的结果，我们以力量的互动为基础，这也更加符合旅游产业的转型升级机理及其演进分析。此外，旅游产业作为服务业中的重要组成，区别于第一、第二产业，人与人之间的交往对产品和服务的销售十分关键，这个时候，要想实现旅游业的转型升级，使得旅游业的产业结构变得更合理，就要注意旅游业供需双方的诉求。如何有效地将供需双方结合在一起，并实现二者的高度耦合，这也是在场域力量竞争中需要考量的。在场域中，行动者争夺资本时，我们谈论的不是恶性循环，而是竞争与合作共存的现象。

考虑到旅游产业转型升级的内涵，本书从产业合理化和产业高级化两方面入手，构建了旅游场域模型，其中，产业结构合理化和产业结构高级化从两个维度衡量了产业结构和就业结构的耦合度、产业附加值的提升过程，即劳动力要素完善和资本要素完善分别匹配了旅游产业结构合理化和结构高级化两个维度。旅游产业的转型升级则是旅游供给方和旅游需求方从劳动力、资本要素完善渠道进入场域并在"力量"博弈的基础上不断演进的。本书从场域的视角去观察旅游产业如何实现转型升级的演进过程，如图4-3所示。

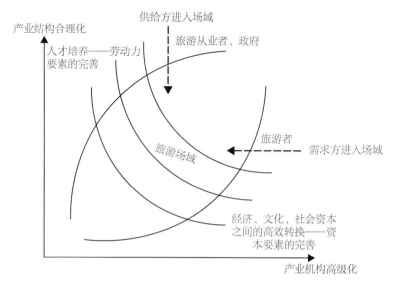

图 4-3　场域中旅游产业转型升级动态演进过程

　　旅游场域中的利益相关者主要包括旅游企业、当地政府与居民。如图 4-4 所示，各利益相关方被划分为三个基础层面：核心层、战略层和周边层。图的中间一圈，是景区核心利益相关者的代表。核心利益相关者指的是在景区的规划、发展和管理方面有直接的经济、法律和道德利益的个人和群体，可以在某种程度上对旅游地的发展产生影响，抑或是旅游地的发展决策，会对其产生一定的影响，从而使其对旅游地的发展产生兴趣，他们是旅游地开发和持续发展的根本。因此，在景区规划、开发与经营的每一个环节中，必须充分考虑核心圈层的利益。根据利益相关者理论，旅游场域中的利益相关者主要有 6 种类型：当地政府、开发商、运营商、雇员、旅游者以及社区居民。在开发旅游地的过程中，开发商、运营商、雇员和旅游者都代表了自己的经济利益和自身旅游的需求，而忽略了当地居民、地方政府等其他利益相关者的利益。他们与目的地之间的联系，比起与目的地之间的经济联系，似乎更为宽泛，对社会、文化、环境等方面的需求也更为迫切。这类主体在景区开发中起着非常重要的作用，因此也应被纳入核心主体。核心利益相关者和战略利益相关

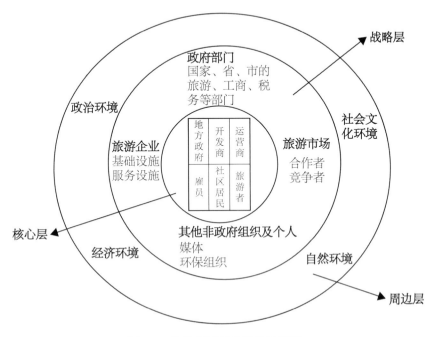

图 4-4　旅游场域利益相关者图谱

者在一定的时空范围内,可以为旅游目的地创造机遇,也可以对其构成威胁。战略层面的利益相关者,并非完全等同于次要的利益相关者,只是由于他们并非总与景区的发展进程紧密相连,但也具有潜在的重大影响。 在战略层面上的利益相关者外面还有一些边缘层面,这些层面涉及更广阔的政治、经济、社会文化,以及自然环境。

结合场域理论,本书以旅游场域内的参与主体(行动者)为旅游产业转型升级发展的重要分析对象,在旅游场域内审视旅游供给方和旅游需求方能够更加清楚地定位各自所属的位置以及之后的行动策略。 我们可以将旅游世界中的生产经营活动比作博弈,无论什么时候,参与主体之间的力量关系的状态决定着场域的结构,参与者可以通过参与博弈改变他们的资本状态,同时他们也可以投身博弈中,去部分或者彻底改变博弈的固有规则(布迪厄 等,1998)。 这也导致在不同的力量强弱时段,旅游产业的转型升级存在着不同的特征。 旅游产业的转型升级是旅游可持续发展的需求,我们在构建旅游场域中旅游供给方和需求方位置的基础上,为了实现旅游产业的转型升级,进一步分析个体力量是如何进行博弈的。

4.3.3 利益相关者博弈成为旅游产业转型升级的内在机理

旅游产业的转型升级包括产业结构的合理化和产业结构的高级化两个方面。

就产业结构的合理化而言,主要涉及产业结构与就业结构之间耦合度的提高。 具体而言,就是需要巩固旅游人才培养,完善就业结构。 由于旅游业的就业门槛较低,这就使得旅游业的人才输入较为薄弱。 在供给侧结构性改革过程中,需要促进就业和再就业,实现产业结构与就业结构的高度耦合。

首先,在我国旅游产业的发展中,由于其进入门槛低,现阶段旅游业很难吸引到足够多的高素质发展人才,同时产业人才存在较高的流失率,这就对旅游创新发展造成阻碍。 2018 年,教育部旅游管理类专业教学指导委员会发现,综合型高校的旅游专业毕业生对应就业率只有 30%,高职院校的对应就业率只有 50%。 与此同时,我国的人口结构趋于老龄化,旅游业人员低学历的现象是当前我国旅游产业结构合理化突出矛盾的关键所在。 因此,需要向旅游产业输送高质量、高专业素养的人才，改变当前的人才结构。这也说明当前的旅游产业需要进行转型升级，改变就业者心中的职业观念，使高素质的人才愿意从事旅游行业，从真正意义上实现旅游产业结构合理化。其次，考虑到旅游行业的复杂性，有一些职位并不需要较高的技术含量，因此在其中的就业人员类型繁多，水平不一。对于那些技术含量较低的职位，需要加强就业者的职业技能培训，主要是针对旅游经营者的职业技能培训，打造良好的产品质量和服务水平，让旅游者愿意参与旅游体验，提高其旅游质量。2021年，文化和旅游部印发《"十四五"文化和旅游部高校共建工作方案》。组织实施全国文化艺术职业教育和旅游职业教育"提质培优"行动计划，确立发挥共建院校优势资源，支持共建院校改革发展的目标任务。

就产业结构的高级化而言，主要是实现产业附加值的提升。布迪厄在实践理论中提到，基于"场域"的单位去观察社会实践，从惯习的角度去分析场域中行动者的主体位置结构，只有在了解了不同位置的行动者的资本结构及数量，才能够深入了解他们的策略与行为，这也是强调分析变迁过程的重要性。旅游场域不断发生着变化，行动者作为资本的承载者，他们会基于自身的行动轨迹，利用拥有的资本数量在旅游场域中占据相应的位置，并且会具有一种积极踊跃行动的倾向，这种倾向的驱动力来源于他们想要维持现有的资本分配格局或者是进行颠覆再分配。行动者的权利、资本和关系网络塑造了空间（郭文等，2013），在旅游场域中，行动者在互动的同时影响场域的变化。

在旅游产业的转型升级中，供给方和需求方都为了获得相应的资源（资本）而竞争，我们以资本作为旅游场域中力量博弈的工具，将其划分为经济资本、文化资本和社会资本。其中，经济资本是显性资本，而文化资本和社会资本是隐性资本（朱伟珏，2005）。文化资本表现为身体化、客观化和制度化。而社会资本则是一种关系网，是个体（群体）凭借拥有的相对稳定、制度化的相互交往、熟悉形成的关系网络，是资源的总和。

在旅游产业供给侧，旅游投资者拥有经济资本，他们携经济资本而来，以经济效益最大化为目标，企图通过投资活动获得更多的经济资本。因此，在旅游场域中，旅游投资者为了实现更多的经济资本，他们会希望旅游产业的发展符合旅游需求方的利益，因此，旅游投资者更加重视旅游市场的需求导向。

他们会将资金投入那些具有发展潜力的旅游项目。这就使得旅游产业结构在不断地变化，向技术、环保、可持续等方面发展，这也是市场未来发展的走向。政府和当地旅游经营者拥有文化资本和社会资本。政府作为重要调节者，是供给方的重要代表。政府对于旅游目的地开发的方向和性质具有较强的影响力，在旅游产业的转型升级中，政府希望利用手中的文化资本和社会资本，获得更多的经济资本，同时不断地扩大手中已有的文化资本和社会资本。也就是说，政府会促进资本要素的有效转化，进一步推动旅游产业结构的高级化发展。

2015 年我国提出了"供给侧结构性改革"的战略。党的二十大报告进一步明确指出："我们要坚持以推动高质量发展为主题，把实施扩大内需战略同深化供给侧结构性改革有机结合起来，增强国内大循环内生动力和可靠性，提升国际循环质量和水平，加快建设现代化经济体系。"从政府的角度出发，缓解旅游的供需矛盾，调整旅游的供需结构，将旅游资源做大做强，增加旅游产品的附加值，将文化资本和社会资本转化为更加具有吸引力的旅游供给，是促进旅游产业转型升级的重要力量。就旅游产品领域而言，要开发出丰富多样的旅游产品，对产品线的长度、宽度、深度和关联度进行拓展，创造出种类繁多、具有较强选择性的高效产品组合，在整体上对旅游者的各种需要进行充分的满足。在适当发展观光型旅游产品的同时，也要开发一些特殊的、具有特色的旅游产品，例如：乡村休闲度假、山间避暑度假、温泉养生度假、生态旅游等。就旅游要素领域而言，既包括了"食、住、行、游、购、娱"等"老六要素"，也包括"商、学、养、闲、奇、情"等"新六要素"。它们不仅构成了旅游消费和旅游供给两个方面的全部要素，实质上也构成了一个完整的旅游产品系统或者说是一个产品链。其重点在于通过结构调整，实现供给与需求的匹配和对接，实现均衡和协调，从而更好地满足不同层次旅游者的需求。既不要进行重复建设，也不要进行同质化的生产，要尽可能地消除部分地区的产能过剩、解决供给方面的短板，这样才能让旅游的供求平衡保持在一个更高的水平上。就旅游产业领域而言，旅游业的综合性特点使得旅游业的供给侧结构性改革更加需要产业间的联动和产业间的融合。旅游业的发展是以旅游企业为主体的，要对各种类型的社会企业进行发展，着重对旅游上市公司、大型旅游集团公司、大型旅游联合体、旅游互联网综合平台等进行培育，使其成为产品供应商，并利用市场规律来促进其竞争和发展。此外，旅游经营者是包括外来旅游经济者和当地的从事旅游经营活动的居民，他们在长期的旅游经营中，拥有一定的文化资本和社会资本，是旅游供给者中直接面向旅游者的行动者，影响着旅游产业结构高级化的实施效果（安传艳 等，2019），因为他们自身的素养会直接影响到场域中旅游者旅游体验质量的高低，影响到旅游者对于旅游产品和服务的态度。特别是最近几年，中国的在线旅游市场得到了迅速的发展，在线旅游的经营者也越来越多，各种新的业态、新的服务模式层出不穷，对旅游业的发展起到了很大的推动作用。作为旅游产业链中的关键环节，在线旅游运营服务可以有效地满足人们的旅游需求，促进旅游消费，推动旅游产业的发展。然而，在快速增长的在线旅游市场中，也出现了许多问题，如部分在线旅游企业没有树立起自己的安全底线，旅游产品不合规、旅游内容违规等，这些问题对消费者的合法权益造成了伤害，对行业的长期健康发展产生了不利影响。所以，就旅游经营者而言，如何规范他们的市场行为，避免不合法行为的损害显得十分重要。

旅游者作为旅游需求方，他们手中拥有经济资本，值得关注的是，旅游者由于个体差异，他们的责任感和发展观也不尽相同，其中，存在"关键意见领袖"（key opinion leader，KOL）身份的旅游者他们能够快速洞察旅游供给方的想法，并准确及时地表达自我诉求，这就使得他们能够在与旅游产品供给方的互动博弈中获得额外的收益，即他们的旅游效用的提高在场域中能够对其余的旅游者起到榜样作用。利益相关者博弈成为旅游产业转型升级的内在机理如图 4-5 所示。

在旅游场域中，旅游供给方希望通过满足旅游消费者的需要，从旅游消费者手中获得经济资本，就需要让渡文化资本和社会资本，让旅游者感受到并认可旅游产品的质量。而旅游供给方想要获得更多的经济资本，就不能忽视旅游者中的 KOL，他们具有一批跟随者，能够带来足够的流量，KOL 们对旅游产品和服务的观念可能有重大的影响力，利用得当，会有效促进产业的转型升级，利用不当或者不够重视，可能带来重大打击。旅游场域中的行动者都希望最大化自身的资本，旅游者对旅游产品拥有更高的期望，政府希望进行旅游

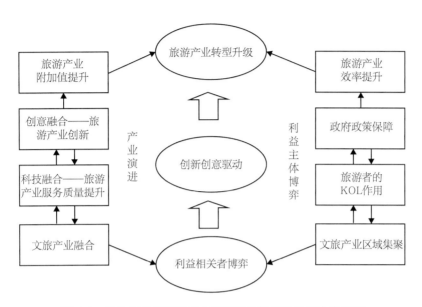

图 4-5 利益相关者博弈成为旅游产业转型升级的内在机理

产业领域的供给侧结构性改革，旅游投资者和经营者希望能够招揽更多的旅游者消费旅游产品，提高旅游产业的收入和附加值。行动者参与到场域中进行资源的争夺与资本的转化活动，从而客观上在旅游产业转型升级的演变过程中施加了不同程度的影响，贡献相应的力量。

4.4 旅游产业转型升级动态演进路径

场域中的行动者处于不同的位置，他们会在惯习的指导下进行利益追逐，行动者们一直处于力量博弈的状态，而策略行为则是取决于行动者们对既得利益的判断，行动者们身处场域之内是他们进行互动行为的基础，也正是因为他们的策略行为，使得旅游产业不断发生着变化，并向更高层次发展演化，这种演化会使得旅游产业的价值创造效率提高。

4.4.1 利益相关者动态博弈推动旅游产业转型升级

为了更好地阐述这一逻辑，本书构建了供给方和需求方的演化博弈模型，分析旅游场域的动态变化过程。 演化博弈起源于生物进化的研究，将博弈理论和事物的动态变化相结合。 演化博弈理论认为由于个体的有限理性，他们往往是在反复博弈中不断地"学习"和"试错"，然后找到最优的策略，达到博弈的稳定均衡状态，这时的策略即演化稳定策略(evolutionary stable strategy，ESS)。 演化博弈理论从系统的观点出发，描述系统的动态变化过程。在其中，采用"复制动态"的机制来模拟博弈参与者的学习和策略调整过程，可以使用复制动态(replicator dynamic，RD)微分方程表示。 借助演化博弈理论，可以很好地阐释旅游场域中行动者在长期反复的博弈过程中策略行为的调整和变化，进而探讨旅游产业发展的趋势及其动态演进规律。

根据前文分析，本书构建了旅游供给方和旅游需求方二者之间的演化博弈模型，其中，供给方的策略选择空间为(作为，不作为)，需求方为(支持，不支持)，用以描述二者对旅游产品和服务的态度与策略。 旅游供给方和需求方在第 t 阶段的资本状态为 $\alpha_1(t)R_1$ 和 $\alpha_2(t)R_2$。 当旅游供给方作为的同时旅游者也支持，他们可以得到的增量收益为 Δ，δ_1 和 δ_2 为二者策略行为相反时各自的收益变动。 考虑到在实际的旅游产业发展中，旅游具有一定的模仿性，所以先行者具有洞察先机和示范的作用，因此在博弈中处于一定的优势地位，所以先行者收益是正向的。 由此可以得到不同状态情境下的行动者各自的支付矩阵，如表 4-1 所示。

表 4-1　旅游场域中供给者和需求者演化博弈支付矩阵

博弈主体及其策略		旅游需求方	
		支持	不支持
旅游供给方	作为	$[\alpha_1(t)R_1+\Delta,\ \alpha_2(t)R_2+\Delta]$	$[\alpha_1(t)R_1+\delta_1,\ \alpha_2(t)R_2-\delta_2]$
	不作为	$[\alpha_1(t)R_1-\delta_1,\ \alpha_2(t)R_2+\delta_2]$	$[\alpha_1(t)R_1,\ \alpha_2(t)R_2]$

假设旅游供给方采用作为策略的比例为 x，则 $(1-x)$ 为采用不作为的策略比例，旅游需求方采取支持策略的比例为 y，采取不支持策略则为 $(1-y)$。由此，我们可以得到旅游供给方的作为策略和不作为策略的收益以及平均收益分别为 π_{11}，π_{12} 和 $\bar{\pi}_1$：

$$\pi_{11} = y[\alpha_1(t)R_1 + \Delta] + (1-y)[\alpha_1(t)R_1 + \delta_1] \tag{4-1}$$

$$\pi_{12} = y[\alpha_1(t)R_1 - \delta_1] + (1-y)\cdot\alpha_1(t)R_1 \tag{4-2}$$

$$\bar{\pi}_1 = x\cdot\pi_{11} + (1-x)\cdot\pi_{12} \tag{4-3}$$

根据式 (4-1)~(4-3)，可以得到旅游供给方的复制动态微分方程为：

$$\frac{dx_{(t)}}{d_t} = x(\pi_{11} - \bar{\pi}_1) = x(1-x)(\Delta y + \delta_1) \tag{4-4}$$

旅游需求方选择支持和不支持策略的收益及平均收益为 π_{21}，π_{22} 和 $\bar{\pi}_2$：

$$\pi_{21} = x[\alpha_2(t)R_2 + \Delta] + (1-x)[\alpha_2(t)R_2 + \delta_2] \tag{4-5}$$

$$\pi_{22} = x[\alpha_2(t)R_2 - \delta_2] + (1-x)\cdot\alpha_2(t)R_2 \tag{4-6}$$

$$\bar{\pi}_2 = y\cdot\pi_{21} + (1-y)\cdot\pi_{22} \tag{4-7}$$

同理，可得旅游需求方策略选择的复制动态方程为：

$$\frac{dy_{(t)}}{d_t} = x(\pi_{21} - \bar{\pi}_2) = y(1-y)(\Delta x + \delta_2) \tag{4-8}$$

由复制者动态方程组 (4-4) 和 (4-8) 组成的动态系统的平衡点为 $(0,0)$，$(0,1)$，$(1,0)$，$(1,1)$ 和 $\left(-\frac{\delta_2}{\Delta}, -\frac{\delta_1}{\Delta}\right)$。系统的平衡稳定性可以由对应的雅克比矩阵分析得到，对式 (4) 和 (8) 分别就 x 和 y 求偏导，可得雅克比矩阵为：

$$J = \begin{bmatrix} (1-2x)(\Delta y + \delta_1), & x(1-x)\Delta \\ y(1-y)\Delta, & (1-2y)(\Delta x + \delta_2) \end{bmatrix} \tag{4-9}$$

然后使用局部稳定性分析进行稳定性的分析，如表 4-2 所示。

表 4-2　稳定性结果分析

平衡点	det J 及符号	Tr J 及符号	结果	条件
$(0, 0)$	$\delta_1 \delta_2$ $(+)$	$\delta_1 + \delta_2$ $(+)$	不稳定	任意
$(0, 1)$	$-\delta_2(\Delta + \delta_1)$ $(+)$	$\Delta + \delta_1 - \delta_2$ $(-)$	ESS	$\Delta + \delta_1 < 0 < \delta_2$
$(1, 0)$	$-\delta_1(\Delta + \delta_2)$ $(+)$	$\Delta \delta_2 - \delta_1$ $(-)$	ESS	$\Delta + \delta_2 < 0 < \delta_1$
$(1, 1)$	$(\Delta + \delta_1)(\Delta + \delta_2)$ $(+)$	$2\Delta + \delta_1 + \delta_2$ $(-)$	ESS	$\Delta + \delta_1 > 0,$ $\Delta + \delta_2 > 0$
$\left(-\dfrac{\delta_2}{\Delta}, -\dfrac{\delta_1}{\Delta}\right)$	$-\delta_1 \delta_2\left(1 - \dfrac{\delta_2}{\Delta}\right)\left(1 + \dfrac{\delta_1}{\Delta}\right)$	0	鞍点	任意

　　由表 4-2 可知，旅游供给者和需求者在场域中就旅游产业的转型升级发展而言，在 5 个局部平衡点中，$(0, 1)$，$(1, 0)$ 和 $(1, 1)$ 是具有局部稳定性的，分别对应(不作为，支持)、(作为，不支持)和(作为，支持)，而剩余的稳定点则是处于暂时的稳定状态，一旦受到外界因素的干扰则会发生偏离。旅游场域中先行者的增量收益大于在二者的策略属性相同(即选择作为与支持)时的收益，即 $\Delta + \delta_1 < 0 < \delta_2$ 或者 $\Delta + \delta_2 < 0 < \delta_1$，我们可以看到，这是场域发展的局部稳定点，即能够实现一定条件下的稳定。在场域发展的状态中，存在着某一方力量强于其他力量，在这样的情况下，先行者会在资本的争夺中占据有利地位，在场域的发展中占有一定的话语权，可以对旅游产品和服务提出自己的看法，同时，他们的看法会直接影响着场域的变化。而当行动者们的增量收益 Δ 大于 0 时，场域中的旅游供给者和需求者的行为会相互支持匹配，有利于降低协同成本，提高二者之间的协同收益。

　　旅游场域中相互面对的各种力量之间的不对称关系使得场域进行运作和转变。这些力量产生了特定资本的差异，在实际的发展中，由于不同的行动者携带不同的资本，他们也因此在旅游场域中占据不同的位置，这就使得他们在关系网络中拥有的权力具有差异。就旅游产业转型升级的具体实现路径而言，我们需要根据旅游场域中不同行动者的资本拥有状态对其进行分析，以进一步推动旅游产业的转型升级。 从前面的博弈分析中可知，场域中的先行者具有一定的优势。 在旅游行业中，由于旅游产品和服务很容易被模仿，这就使得旅游供应方在做出某项旅游发展决策时需要考虑其创新性和可以获得的收益。 优先做出创新行为的供应方在时间上具有优势，很容易在旅游市场中形成知名度；而那些有想法的旅游者，比如他们对旅游体验项目有更好的意见，观点在得到其余旅游者认可和追捧之后，会产生巨大的效应，而这些具有创新思想、有号召力的旅游者也是具有先行优势的。

在旅游场域中，这部分先行者会率先在资本争夺中获得优势，与此同时，场域中的剩余行动者们会产生学习行为，在旅游产业转型升级的场域博弈中，可以发现，需求方和供给方他们都在想尽办法地希望获得先行一步的优势，这样，优秀的行动者成为场域的"力量担当"，所以，我们在旅游产业的转型升级时，需要综合考虑供给方和需求方如何占据优势，如何促进场域中所有的行动者学习。 因此，根据旅游场域行动者动态博弈分析，本书就旅游产业的转型升级路径的探讨主要从需求响应、制度保障、产品附加值提升和精英效应四个方面展开(见图4-6)。 其中，需求响应、制度保障和产品附加值提升结合了供给侧结构性改革的要求，同时也是旅游场域中旅游供给方能够先行一步，在

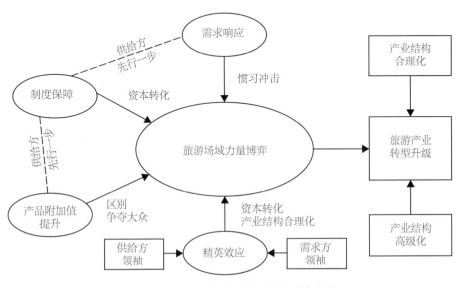

图4-6 旅游场域中产业转型升级路径依赖

场域中积蓄力量的基础，能够有效地推动自身地位的建立。 与此同时，我们需要关注在旅游场域的演化博弈中，行动者们具有学习模仿行为，因此，推动经精英效应，拉动场域中的力量积极参与到旅游产业转型升级的动态发展中，显得十分关键。

4.4.2 旅游场域中产业转型升级路径依赖

（1）旅游场域中的需求响应

产业结构的变动通常受到地区消费需求的影响（汪伟 等，2015）。 在经济学中，需求是在一定的时期，在一既定的价格水平下，消费者愿意并且能够购买的商品数量。 消费作为最终需求，它不仅是生产的最终目标，也是生产的动力，更是人们对美好生活的要求的直接反映。 与此同时，作为经济活动的起点，需求对于产业结构变迁有重要的影响。 在旅游产业中，旅游者的个性化需求较为普遍，不同细分人群包括他们的年龄、收入、性别、受教育程度等会使得消费需求变得更加多元化，而多元化的消费群体也带来了惯习的差异。此外，过去新冠疫情的暴发和传播给人们的身体和精神健康带来了很大的冲击，游客对于旅游体验的要求不断提高，对于非价格因素的关注也在不断增加，对于身体健康和旅游品质的关注也在不断增加，如对康养旅游、露营旅游休闲等旅游产品的需求直线上升。 在旅游产业的转型升级中应重视旅游产品的市场反应，目的地可以预测大致的旅游需求市场，但需求者的惯习会冲击原有的场域，即旅游者具有流动性和不确定性，无法准确判断不同素养和体验观下旅游者多样的市场反应。 因此，他们进入旅游场域，会不断给原有场域的状态造成冲击，因此，关注需求，以需求为导向，在旅游产品和服务的生产中切实响应旅游者的需求，这是旅游供给者能够更好地参与旅游场域力量博弈的基础。 旅游场域中的参与者在惯习的指导下参与力量博弈。 惯习是深刻地存在于行动者性情倾向系统中的、作为一种技艺（art）存在的生成性能力。 行动者因为其携带的资本结构和数量的差异使得其在旅游场域中处于不同的位置，而参与者无意识释放出的自身思维方式和行为模式决定着其决策行为，呈现为行动者在旅游场域中的不同惯习。

随着旅游产业的不断发展和地位的提升，旅游产业的供给侧结构性改革成了发展共识，也就是说旅游供给方已经认识到了旅游产业的发展需要不断进行供给端的调整，而这种调整需要结合新的市场需求（刘锋，2016）。 推动旅游业的供给侧结构性改革，要把市场作为主导力量、优化供给结构、提高供给效率作为重点，开发并创造出高质量、多样化的旅游产品，提高旅游的服务质量，对旅游的发展环境进行优化，提高旅游的供给水平，提升游客的满意度。随着经济的进一步发展，巨大的旅游市场需求在加速释放，原有的低水平、同质化和粗放式的旅游产品难以得到旅游市场的青睐。 提供怎样的产品应该是旅游需求方"说了算"，而不是由旅游供给方"拍脑袋"自行决定。 因此，需要进一步去了解需求及其本质，也就是了解需求方的惯习。 旅游需求代表了旅游者的出游欲望及其支付能力。 以需求为导向，可以明确旅游者当前的状态。 在考虑旅游需求的函数时，需要结合旅游者惯习的影响因素，不仅仅要考虑旅游者自身的因素，还需要关注旅游者以外的因素。 在旅游场域中，旅游需求方需要和旅游供给方进行交流，这也是场域发展的基本要求。 在旅游需求的影响方面，旅游者自身的因素主要包括闲暇时间和收入水平，外在因素包括可进入性因素，主要是涉及影响旅游者进入旅游目的地的条件，包括政治、经济、文化、自然等。

可以将旅游需求表现为 $D=f(U，I，T，A)$。 其中，D 表示旅游需求，U 表示旅游者出游动机，I 表示旅游者收入，T 表示旅游者受到的时间约束，A 表示可进入性影响因素。 以需求为导向，需要明确需求受到的作用力，这也是进一步分析旅游场域需求方愿意让渡经济资本的条件基础。 旅游供给方在思考如何将文化资本和社会资本转化为经济资本时，需要对区域旅游发展有明确的定位，这种定位是建立在对旅游者需求的准确把握之上。 旅游者在让渡自身的经济资本时，也在追求相应的旅游产品（服务）的品质。 当旅游供给方可以及时获得需求方的惯习影响因素，就使得需求导向更加精准。 旅游者的惯习在不断地冲击现有的场域，是一个动态变化的过程，在旅游产业转型升级中，考虑到产业结构的高级化，即是需要实现旅游产业从低附加值向高附加值的转变，因此，在实践中需要重视旅游产品的市场反应。 我们了解旅游者的需求，不仅仅是建立在旅游者自身的因素上，还需要考虑旅游供给方的实际情况。因此，供给侧的改革实际上也是以旅游需求的变化为导向，基于此，本书探讨旅游供给方的行为时，主要考虑场域旅游产业转型升级中的行动者，进一步从政府、旅游投资者和旅游经营者等角度进行分析。

（2）旅游场域中的制度保障

目前我国正处于经济转轨期，市场化程度与发达国家相比依然不高，而各级地方政府行为对地区经济发展的干预作用是广泛存在的。在推动产业结构合理化和高级化的过程中，行动者的资本争夺是维系旅游场域发展的重要组成。而政府作为供给方的重要代表之一，拥有文化资本和社会资本，在实际的旅游产业发展演变中，政府需要有效利用自身拥有的资源，促进资本之间的有效转化，而资本的转化存在于旅游场域参与主体的互动之间，因此，政府还需要设定一系列的制度保障，促进旅游场域中参与主体之间的互动。

我国的旅游发展经历了从低起步到快速发展的阶段，在整个发展过程中，由于客观的环境因素制约，在旅游开发的不同时期，政府采取了不同的政策措施。因此，我们必须先搞清楚旅游业的发展阶段，进一步明晰制度保障的方式和力度。本书将我国的旅游产业发展分为四个阶段。

第一，起步阶段（1949—1978年），在新中国成立至改革开放初期阶段，旅游业更多以事业单位的接待和国际外交的友好往来为主，国内旅游的发展基本处于停滞状态。第二，改革开放发展的新阶段（1979—1998年），国家为改革开放大局所需提出"大力发展旅游事业"。1981年，在国务院的指导下，制定了首个旅游发展纲要，并于5年之后，被纳入"七个十年"的国家经济发展纲要。从1986年国民经济"七五"规划，到1998年12月的全国经济工作会议，都明确将旅游业确定为"新的经济增长点"，这也是我国经济发展的必然要求。在这个阶段，我国的旅游业发展思路从"外事接待"逐步转变为"经济创汇"，政府开始进行旅游业的基础设施建设，在各地成立地方旅游局，加强地方政府在旅游发展中的管理。第三，在21世纪初期的发展阶段（1999—2010年），我国的旅游产业有了较大幅度的发展。随着"假日制度"的实施，我国的"全民旅游"市场兴起，旅游业呈现出蓬勃发展的态势。在此阶段，国内旅游接待人次增加了 165.7%，旅游业的产业关联带动效应逐渐受到重视。 1998 年，我国将旅游业确立为国民经济新的增长点，旅游产业的地位进一步提升。 随着 21 世纪的到来以及改革开放的推动，我国的经济快速发展，人们在物质生活得到满足的同时，更多地要求实现精神生活的满足，这就使得旅游产业开始快速发展。 在国家整体转型持续深入、推进经济结构转型的大背景下，为充分发挥旅游业在"保增长、扩内需、调结构"等方面的积极作用，2009 年国务院发布《加快发展旅游业的意见》，提出"把旅游业培育成为国民经济的战略性支柱产业和人民群众更加满意的现代服务业"。 此后，《中华人民共和国旅游法》的颁布和首个《国民休闲纲要》的出台，既体现了旅游业在国民经济中的地位逐渐上升，又反映了其在国民生活中的重要性。 第四，我国旅游产业的发展处于智能时代的发展阶段(2011 年至今)，信息的传播更加快速和便捷，旅游者可以及时了解旅游目的地的有关资讯，旅游投资者和旅游经营者也可以很快地获得来自市场的反馈以及政府有关的政策指导。党的十八大以来，根据《关于促进旅游业改革发展的若干意见》，旅游业更大范围地与新型工业化、信息化、城镇化、农业现代化等融合在一起，并将其与国家战略系统紧密地融合，通过"旅游＋""大旅游""全域旅游"等方式，实现旅游业的转型与升级。

在当前的旅游发展阶段，环境背景已经发生了翻天覆地的改变，旅游供给方和需求方的地位也在进行调整。 可以看到，在前面的发展阶段，旅游供给方在绝大程度上决定了旅游的发展轨迹。 而且，旅游的开发没有考虑到市场需求，缺乏长期考虑，更多地表现为粗放型、资源浪费型的发展模式，但因为资源的稀缺和旅游发展的时代印记，旅游产业在这时期的发展还能保持一定的上升。 随着智能时代的到来，区别于前面的三个阶段，新时代旅游产业的发展已经不是"走马观花"式的重复累积，不再是供给大于需求。

在数字时代，人们的旅游消费方式发生了变化，游客可以利用移动终端设备，通过网络享受到"食、住、行、游、购、娱"的一站式服务。 与此同时，数字经济促进了旅游产品与服务的价值创造。 价值共创是指社会各成员在企业间进行资源整合和服务交流，从而实现企业价值的一个动态过程。 数字经济为游客和旅游业提供了广阔的发展空间。 对游客来说，游客参与的过程就是游客通过搜索、购买、分享等方式进行的一种动态迭代的价值共创过程，而海量用户自创的内容则是实现与旅游企业价值共创的路径。此外，数字时代也是体验时代，旅游者的话语权在不断提升，这就使得在旅游场域中需求方的力量在不断攀升，旅游供给方需要考虑旅游需求方的需求，也就是说，旅游产业的转型升级势在必行。在这个阶段的场域，旅游需求方处于优势地位，他们的惯习和权力构建了场域的游戏规则，旅游供给方需要进行相应的配合，才能更好地实现资本的转换，推动旅游产业的转型升级。政府作为重要的旅游供给方，需要为旅游产业转型升级提供相应的助力，这也是政府在旅游场域中获得相应资本的要求。

因此，建立在市场导向的基础上，政府需要对旅游产业的发展进行科学、统一的规划和管理，围绕文化资本、社会资本向经济资本的转化，重视文旅融合，保障旅游质量，从旅游六大要素出发，完善各个环节的制度体系。统筹旅游业的发展规划，充分发挥各级政府(旅游行政主管部门)在旅游产业转型升级中的重要作用。具体而言，需要理顺政府和市场的关系，实现最优制度设计，打破旅游产业发展过程中的低效锁定和低效路径依赖的局面，通过路径创新，借助文旅融合的形式，实现中国旅游产业转型升级(见图4-7)。

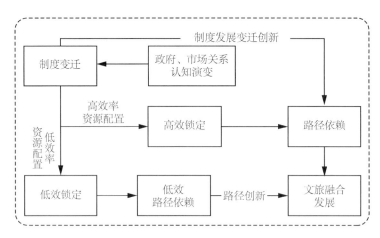

图 4-7　制度变迁、路径依赖与文旅融合发展机制

（3）旅游产品附加值的提升路径

布迪厄在场域理论中提到，文化资本可以"区别"异己"争夺大众"。文化资本的"区别"指的是差异性；文化资本的"争夺大众"指的是文化产品的市场化、商品化，便于大众识别和接受。也就是说，在旅游产业转型升级的动态演变中，我们首先需要明确的是文化资本的重要性。文化资本的重要载体是旅游资源，也就是说，只有当文化资本得到了旅游需求方的认可，文化资本的权力机制才得以建立，文化资本才能拥有较好的转化能力。当目的地旅游资源具有较高的独特性和稀缺性时，旅游者可以享受到较高的旅游体验质量，这就可以提高产品的声誉。因此，在旅游产业的转型升级中，如何提高产品的独特性和吸引力，给旅游者带来独特的文化体验，提高文化产品的生产能力，增加旅游产品的附加值，最大化旅游供给方所拥有的文化资本效益，这也是体验时代旅游产品能够聚集旅游需求方的关注度，实现"区别"与"争夺大众"的关键。

文化资本理论认为，消费者已经养成了消费某种文化产品的习惯之后，他们在这一类型的产品上所积累的文化资本会不断增加，他们所得到的能够证明他们生命价值的精神体验也会不断增加，他们对这一类型的产品的消费需求也会不断增加，从而形成某种程度的"理性成瘾"。作为一种精神体验，文化与旅游的消费行为同样存在着某种"理性成瘾"的倾向。随着文化与旅游消费行为的不断融合，消费者对于"一体化"的要求不断提高，从而推动了"一体化"的发展。在此基础上，本书提出了一种新的文化消费模式——收入、产品价格和个体偏好。在这些因素中，个体的偏爱是影响文化与旅游消费动力的重要因素。对消费者来说，要准确地选择适合自己的文化与旅游产品，必须有一定的文化资本。文化与旅游行为的结合，在提高消费者文化资本的同时，还能让消费者了解到各种产品的特性以及与自身喜好的契合度。掌握了自己的个人喜好，消费者在面对一个特定的文化和旅游产品时，可以迅速地识别并想象出这一产品的内容以及它与自身喜好的匹配度，进而提高消费的满意度。因此，文化资本可以有效提高旅游产品和服务的附加值，因此，需要进一步提升文化资本的转化率。

首先，需要明确文化资本的内涵，资本具有不同的形式，这是对现实世界纷繁结构和动力做出解释的基础。文化资本具有较强的普遍性，本身存在形式包括身体化的、客观化的和制度化的。在旅游业中，文化资本的重要载体是旅游资源。旅游资源包括自然资源和人文资源，挖掘其中的文化属性，增强其不可替代性，以实现旅游产品和服务的迭代发展。

其次，做好旅游文化资本的配套设施，这也是实现文化资本转化为经济资本的重要方式。只有当旅游发展的配套设施得到了完善，才可以使文化资本得到发展，这些配套设施包括交通、住宿、通信等。随着网络时代的到来，旅游者获取信息的途径更加便捷和多元化，旅游者在选择旅游产品和服务时会进行对比，这就使得供给方想要"蒙混过关"的可能性降低，一旦配套设施不够完善，旅游者可能会选择相应的替代产品。因此，政府旅游主管部门需要出台区域产业一体化发展（文旅融合）的政策措施和激励办法，为旅游产业实现跨区域融合发展提供引导服务。政府在区域文化创意产业融合发展过程中，尤其在文旅融合发展初期，具有极其重要的作用，政府必须出台相应的促进政策，搭建良好的公共服务平台，为文化创意产业与旅游产业融合提供指引服务和政策保障。

再次，挖掘文化资本的独特性，旅游目的地如果不深入挖掘相应的文化资本，也就难以标志出自身的独特性，很容易形成旅游形象遮蔽。找到区别于其他旅游目的地的独特之处，可以从历史、哲学和精神等层面进行探讨，满足现代人对旅游体验的新追求，也能够延长旅游产品与服务的生命周期。现实中，文化创意产业可以利用产业融合来实现旅游产业的转型升级，这是一个逐步的、动态的演变过程，而文化创意产业与旅游业融合的结果，则会变成旅游产业转型升级的外部推动力。文化创意产业和旅游产业在一定的场域进行融合，文化创意元素被提炼后很容易渗透到旅游产业中（比如故宫文创旅游产品和纪念品的开发），可以拓展旅游场域的边界，原先清晰分明的产业边界因文化创意的渗透而变得模糊，随着不同的生产要素（资源）渗透到对方的领域（产业融合），最终形成兼具两大产业共同特点的新型产业结构，即表现为旅游产业的转型升级，并且改变原有产业在价值链中的位置，由中间的价值向两端延伸，表现为旅游产品研发（文化创意理念的融入和研发）和旅游产品衍生（网红旅游产品),实现较高的价值演进。 当然,文化创意元素与其他产业元素之间存在另外一种状态(不匹配状态),即表现为文化创意和旅游产品未能有效融合,所开发的旅游产品未能体现文化创意的理念,文化创意元素与旅游产业元素的关联性较低,甚至两者不能相互融合发展,其结果是难以促进旅游产业转型升级,从而造成资源的浪费。

最后,在深入挖掘文化资本的基础上开发出旅游产品(服务),或者说是文化创意,还需要加强宣传和促销。 目前中国旅游市场的运行处于信息时代的背景下,随着信息的传播更加便捷及其在旅游产业中的广泛应用,"酒香也怕巷子深",有必要依托互联网等技术,有效地让旅游产品(服务)迅速传达给旅游者,并得到旅游者的关注和期待,进而展开实际的旅游活动。 当前,由于网络传播具有广泛性、快速性和互动性等特点,短视频营销已经成为一种很受欢迎的营销方式。 从旅游业的发展来看,利用网络平台上的短片进行旅游目的地营销,从而达到"出圈"的成功营销案例并不少见。

面对日益复杂、动态多变以及激烈的旅游产业竞争环境,文化创意产业和旅游业的结合可以快速转变传统旅游业的经营模式。 文化创意产业与旅游产业融合发展能够迅速改变传统旅游产业结构及其商业模式。 纵观文化创意产品的演进过程,从传统的生产制造到现代的理念设计和个性化风格打造,既是人的创造力的发展与升华,也带来了现代产业的结构优化与转型升级(张朝枝、朱敏敏,2020)。 高科技产业的快速发展促成了文化创意元素在旅游产业中的开发与广泛应用(微笑曲线的两端高附加值部分),在旅游产业的研发、经营和衍生的所有环节中,科技含量和附加值逐渐被渗透,文化创意元素和旅游产业进行了有机结合,旅游业的经营范围不断拓展、产业链不断延伸,促进了旅游业的繁荣和发展。 高科技的文化创意需要创新的宣传与营销方式,诸如当前比较流行的网红营销模式,通过宣传可以挖掘旅游产业的文化内涵。

因此,需要关注当前的宣传渠道和方式的改变,创新宣传模式。 比如当前热门的短视频拍摄、网红宣传模式等,结合时下热门的营销方式,是快速获得关注、建立新 IP 的手段。 在旅游产业高质量发展中,文化 IP 和文化创意的融合成为新的亮点。 文化 IP 具有极强的渗透能力,可以通过多种形式融入旅游产业中,增加文旅产业中的创意元素比例,形成一个文化价值体系,形成一个文旅创意品牌。 特别是要将数字科技、文化灵韵、品牌创造力三者有机地结合起来，改变其内在形态，实现文化 IP 与文化创意耦合的品牌延伸与升级，形成旅游文创产品与服务品牌。 文化 IP 是一条连接文化、旅游、科技三者融合的纽带，它不但能够对用户的情感进行沉淀，将文化 IP 中所包含的文化与审美特点传递给更多的消费者，还能够促进文化资源与技术、产业的融合，延长文旅新业态的生命周期和提高变现能力，进而创造出更多的经济价值，实现创意品牌赋能高质量发展的现实效果。 在旅游产品附加值的提升上，宣传、挖掘独特性、完善配套设施和明确文化内涵形成紧密的金字塔结构，四个层次严格递进，是旅游供给方的主动出击行为，有利于形成先行一步的优势，进而形成相互竞争学习，客观地推动了对资源文化内涵的挖掘，延伸了产品的生命周期，形成一个良性循环，进而促进旅游产业的转型升级。 旅游产品附加值增长金字塔具体如图 4-8 所示。

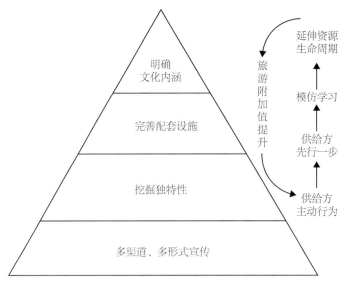

图 4-8　旅游产品附加值增长金字塔

（4）推动精英示范效应

在特定的历史条件下，个人意识内化了社会行为影响的总结果，对社会成员构成具有长期效用的秉性，也就是说，在旅游场域中，行动者中的"精英"

示范效应能够具有较好的感染力，促进旅游产业转型升级。慣习确立了一种立场，也就是一种明确建构和理解特定"逻辑"的实践活动方法，是深刻地存在于行动者性情倾向系统中的、作为一种技艺存在的生成性能力。行动者身处旅游世界的场域中，他们的慣习形成包括内部和外部两个层面。

一方面，就内部而言，主要是指行动者具有的"惯性"。他们会将过去自身做出的决策行为当作一种习惯的力量，在场域力量发生变动的早期，行动者不会立即做出反应，也就是说他们的行为具有一定的滞后性，这就使得那些拥有"先见之明"、敢于冒险的行动者拥有了一定的先机，随着客观环境的变化，部分行动者拥有了更强大的力量，就会促进场域的进一步调整，也就是权力的变化使得场域发生变化。

另一方面，来自外部因素的影响作为一种精英示范效应，会使得其余的个体产生"追赶"心理，这就会促进旅游创新，完善现有的不规范之处，促进旅游产业的转型升级，如图 4-9 所示。

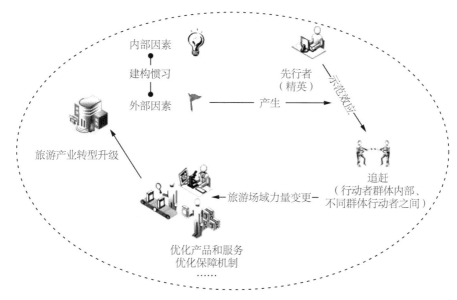

图 4-9 精英示范作用促进旅游产业转型升级

结合旅游场域的具体情况，将行动者划分为旅游供给方和旅游需求方，内部因素作用下行动者中的"精英"会率先做出行动，抢占一定的先机，引起现有旅游场域内部的"失衡"，随后的行动者会在惯习指引下做出相应的学习和"追赶"，这里面包括了行动者群体内部，即旅游者内部之间的相互学习和"攀比"、旅游投资者和旅游经营者内部的"竞争"，此外，还有行动者群体之间，也就是旅游供给方和需求方之间对权力的争夺和对资本的谋取。考虑到旅游供给方中的重要主体，这里主要是指那些具有经济发展敏感度、政策敏感度的旅游投资者和经营者，他们是旅游发展"先富"起来的人，拥有更优越的资本条件，在获得了既得利益的同时，他们会对其余的"观望者"产生一定的示范作用，可以有效地促进旅游场域的资本转换。此外，推动"精英"的示范效应，可以带动"全域"旅游的发展，使得旅游产业结构的合理化程度提高。在"精英"的带动作用下，整体提高旅游就业人员的素养，进一步完善旅游就业结构。对于旅游需求方来说，旅游者在持续地积累旅游经验和知识的过程中，会完善自身对旅游产品和服务的认知，形成自我的分析体系，因此，他们对旅游供应者提供的产品和服务具有自身的评价标准。而其中具备意见领袖才能的旅游者，则会直接引起旅游者的学习与跟风，这就使得旅游供给方不得不适时做出调整以实现资本转换。在此基础上，旅游场域内的力量在不断变更波动，带来了旅游产品和服务的优化以及旅游发展基础设施的完善等，行动者一开始无意识的逐利行为在使得自身不断发展的同时，推动了旅游场域的变化，实现供求协调，进一步促进旅游产业的转型升级。

因此，本章在分析旅游产业的转型升级动态演进的内在机理时创新性地利用布迪厄的场域理论，构建了旅游场域下的分析框架。从宏观层面研究旅游产业转型升级背后的行动者逻辑，协调了旅游供给方需求方二者之间的耦合度研究，从关系的角度出发去把握旅游场域中行动者主体的位置以及他们拥有的资本结构和数量，进而分析他们的策略选择和行为，从发展变迁的过程对旅游产业的转型升级进行内在机理的探讨，突破了以往旅游产业研究中强调的微观视角的局部分析，避免了从单一角度解释可能存在的缺漏。场域、资本和惯习为本书旅游产业结构合理化和高级化的变化阐释提供了新的思路。在布迪厄场域理论框架下，本书将旅游场域中的行动者划分为旅游供给方和旅游需求方，结合产业转型升级的内涵，分析行动者在惯习指导下对资源（资本）的配置过程。在一个特定的场域中，政府、旅游企业和旅游者三方进行博弈，政府进行制度的顶层设计，出台相关政策，借助市场机制的作用，形成区域旅游合作机制、旅游产业运行机制、主体利益协调机制以及竞争调节机制，在旅游企业和旅游者的内外互动基础上，实现旅游产业转型升级。

旅游产业转型升级动态演进的内在机理(见图 4-10)可以体现如下。

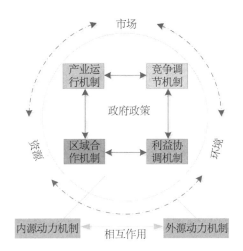

图 4-10 旅游产业转型升级动态演进的内在机理

第一，旅游产业的转型升级内涵包括产业结构的合理化和高级化，其中，产业结构的合理化反映了经济发展与社会需求相适应，各行业之间相互协调，从而达到经济整体的良性循环；而产业结构的高级化则反映了产业结构具有较高的科技水平，具有较好的经济效益和社会效益。就旅游产业而言，合理化是影响产业结构与就业结构耦合程度的重要因素，高级化则是旅游产业由低附加值向高附加值的转化过程。

供给侧结构性改革是推动旅游产业转型升级的重要驱动力，而供给侧结构性改革需要响应市场需求的变化。

第二，旅游供给方和旅游需求方之间的互动并非单纯的交往互动，而是特定资本分配之下所处位置之间的客观关系反映，是一个发展演变的过程。旅游供给方和旅游需求方根据惯习对资本进行争夺，实现经济资本、文化资本和社会资本的转化，构成旅游场域的运作。旅游业的综合性使得旅游业的供给侧结构性改革更加需要产业间的联动和产业间的融合。旅游行业的主体是旅游企业,作为旅游产品的供给者,其改革的核心是培育独立的、多元化的市场主体。 要对各种类型的社会企业进行发展,着重对旅游上市公司、大型旅游集团公司、大型旅游联合体、旅游互联网综合平台等进行培育,使其成为产品供应商,并利用市场规律来促进其竞争和发展。

第三,在旅游场域中,旅游产业结构合理化的实现是旅游供给方(旅游投资者和旅游经营者)自身素养不断提高的过程,也就是劳动力要素的完善过程。 旅游产业结构高级化表现为实现产业附加值的提升,而产业附加值的提升是建立在经济资本、文化资本和社会资本的高效转化中,涉及政府、旅游投资者、旅游经营者和旅游者之间的资本配置过程。

第四,在场域分析基础上,本书构建了旅游场域中供给方和需求方决策行为的演化博弈模型,并从需求响应、制度保障、产品附加值的提升以及精英示范效应等方面探讨了旅游产业转型升级的动态演进路径,为旅游产业的可持续发展提供一定的参考。

5 中国旅游产业转型升级动态演进动力机制

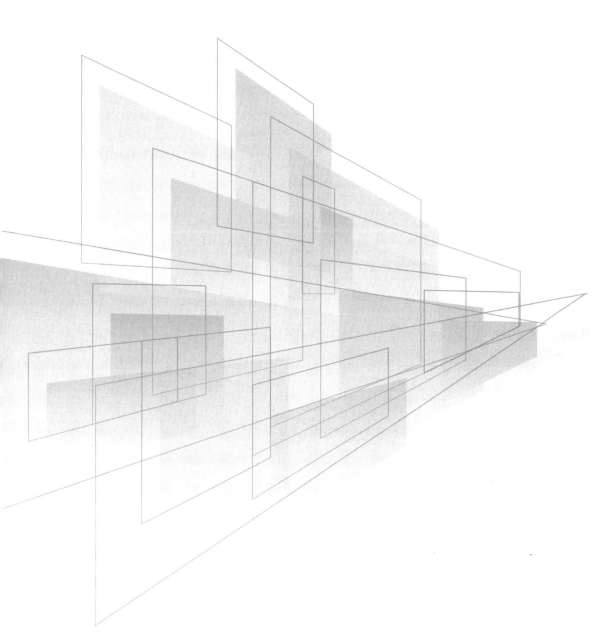

上一章从定性角度探讨了中国旅游产业转型升级动态演进的内部因素(内在激励),本章在此基础上也从定性角度探讨中国旅游产业转型升级动态演进的外部因素——动力机制。 中国旅游产业转型升级的动力机制实质上是探讨、分析如何解决旅游产业结构的优化和旅游产业质量提升的问题。 随着经济的发展和人们外出旅游需求的增加,我国旅游消费市场的增长呈现井喷之势。 然而,当前我国旅游产业发展存在机制与综合产业要求不适应、政策环境需完善、市场秩序有待规范等问题。 旅游产业的发展建立在经济发展的大环境之下,改革开放以来,过去一段时间的粗放型经济增长方式实现了经济的高速增长,但是也带来一系列阻碍旅游产业经济优质发展的问题。 也就是说存在着不可持续的增长模式(Krugman,1988),这就使得旅游经济整体效率不高,产业的创新能力不足,因此旅游产业的转型升级意义重大。 旅游产业发展进入新常态背景下的供给侧结构性改革时期,伴随着旅游发展实际情况的变化,旅游产业的转型升级成为重要的议题研究。 供给侧结构性改革作为我国经济发展理论的重大转变,这一思路的提出符合产业转型升级的内在规律。在党的十九大报告中明确提出"支持传统产业优化升级,加快发展现代服务业"的思路。 党的二十大报告也再次强调,要"建设现代化产业体系""构建优质高效的服务业新体系"。 同时,供给侧结构性改革将通过市场配置资源和更为有利的产业政策,促进有效供给的增加,推动旅游产业的中高端产品开发。 因此,政府产业政策等相关政策的客观推动,以及旅游企业追求利润的主观驱动,是旅游产业转型升级的动态演进过程中主要的动力机制。

5.1 旅游产业转型升级动力机制概述

本章拟分析中国旅游产业转型升级动态演进的动力机制,了解其时空变化的动因,并以此为基础探讨其转型升级的条件,为其转型升级提供切实可行的意见和建议,为下文中国旅游产业转型升级动态演进的指标体系构建和定量研究奠定基础。

近年来，旅游产业的变化主要体现在两个方面：一是旅行日益大众化。一方面，出游类型(休闲旅游、商务出行等)、目的地(海滨、山区、探险等)、时间长度(短期、长期)、距离(短途、中长途)和体验(文化、探险、健康、美食等)更加多样化，导致市场严重分散，各行业往往专注于自身的细分市场；另一方面，不同的旅行方式，旅游者所能承受的费用区间也会有差异，旅行方式的灵活性也会有差异。 特别是在休闲旅游市场，游客的行为与需求呈现出的差异更为显著。 二是新技术的兴起极大地改变了行业价值链，同时也开创了许多新的业态(搜索引擎、聚合平台、OTA、协作式平台等)和需求(更通畅的信息发布、更自由的旅行分享、更丰富的旅行体验等)。 凭借丰富的内容和出色的搜索体验，新兴平台迅速抢占市场。 不仅如此，各大内容平台大力投资技术和营销，加深旅客预测分析，增强直销渠道，在提升销售利润的同时，也巩固了客户忠诚度，从而使旅游企业间面临着新兴数字平台的竞争。

借鉴国内外相关旅游研究成果，结合中国旅游产业发展的实际情况，本书试图从企业(微观)与地区(宏观)两个层次来讨论：在企业层次，中国旅游企业要实现其旅游产品(服务)的升级和增值，就必须为中国旅游企业提供一种提高其生产要素配置效率的激励机制。 在区域层次上，中国旅游业的转型升级，必须充分发挥长三角、环渤海、粤港澳大湾区等城市群的优势，通过旅游产业的集聚、产业链的延伸与拓展、旅游企业的创新创业投资、旅游基础设施的建设等方式，以"全域旅游"为核心，以"旅游＋其他产业"为依托，通过"旅游＋产业"的整合与创新，实现旅游业的转型。

从实际情况来看，旅游产业转型升级的关键在于旅游产品(服务)质量的提高，旅游企业根据旅游者对旅游产品(服务)更高层次的需求作出响应，进而提高市场供给水平，保证旅游产品(服务)能够满足游客的个性化需求。 在区域范围内，旅游产业的转型升级，可以利用旅游企业之间的经验交流与知识共享，共同研发、设计、创意、生产、提供高质量的旅游产品(服务)体系。旅游产业链的演变规律显示，越是靠近旅游产业链的两端，也就是研发和营销，旅游产业发展对创新和创意的依赖性就越大，因此这两端的附加价值就越大，就像是国际贸易中的微笑曲线(Yamashita et al.，2001)，如图 5-1所示。

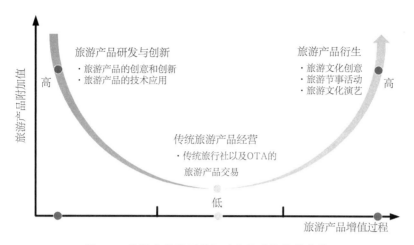

图 5-1　旅游产业转型升级动态演进的微笑曲线

需要指出的是，统计上的高技术产业，如果处于产业链加工生产环节，也属于劳动密集型的产业，所需要的是文化程度不高的相对廉价的劳动力。当前，随着国家层面的供给侧结构性改革战略的实施，需要更多地从供给角度来探讨和分析旅游产业的转型升级问题，注重旅游产业的高质量发展路径依赖，而不能仅仅从扩大内需角度讨论旅游产业发展问题（曾博伟，2015）。从地理属性的角度，粤港澳大湾区地处中国华南，拥有 56000 平方公里的陆地，具有发展旅游业得天独厚的资源优势。从行政区划的角度，由香港、澳门、广州、深圳、珠海、佛山、惠州、东莞、中山、江门、肇庆组成的粤港澳大湾区，是一个具有国际水准的湾区，是一个生机勃勃的世界级都市圈。从经济特征的角度，粤港澳大湾区作为中国最具开放性和最具活力的地区，具有广阔的发展前景。粤港澳大湾区 2021 年拥有 8611 万人口，生产总值达到 19581亿美元，以 0.6% 的区域面积贡献了国内生产总值的 11%，广州、香港、佛山等地区生产总值均突破万亿元大关。因此，粤港澳地区形成了中国区域旅游业转型发展的推动力。

根据上述研究基础，本书认为，从中国旅游业的发展状况来看，旅游业的转型升级可以从两个方面进行讨论：一是企业层面，在不断健全市场机制的基础上，能够更好地整合地区旅游资源，促进旅游企业持续增强自身的竞争能力,旅游企业将会通过提高旅游产品(服务)的附加值来提高公司的盈利能力,持续释放游客的消费潜能,发掘旅游产品(服务)的文化内涵和文化要素,对现有的旅游产品(服务)进行深入的改造和优化,促进旅游业的高质量发展和转型升级(唐书转,2017);二是区域层面,在"一带一路"、粤港澳大湾区等国家战略的推动下,中国地区旅游业的转型升级,既需要地区优惠政策的支持,又需要旅游业与其他行业的深度融合,从而形成新的业态(VR、IP 等),又需要地区旅游业的创新能力,从而推动旅游业的高质量发展(宏观上是旅游业的高附加值),在这种背景下,中国旅游业的发展必须进行产业结构优化,从而达到可持续发展,这也是从宏观上推动旅游业转型升级的一个重要思路。

随着中国特色社会主义进入新时代这一新阶段,和其他地方一样,中国旅游产业转型升级已经成为经济高质量发展的重要组成部分,被提上议事日程。《"十四五"旅游业发展规划》也进一步强调,"升级传统旅游业态,创新产品和服务方式,推动旅游业从资源驱动向创新驱动转变","通过互联网有效整合线上线下资源,促进旅行社等旅游企业转型升级"。在此背景下,如何构建中国旅游产业转型升级的动力机制以实现其高质量发展? 本书在回顾国内外相关研究的基础上,探讨中国旅游产业转型升级动力机制的时序演进规律。 首先,构建其理论基础,即竞合理论、创新理论和保障机制理论;其次,分析促进中国旅游产业转型升级进程中的内部和外部因素,了解其空间作用机理;再次,分析促进中国旅游产业转型升级进程中的前端动力机制(资源重构)、中端动力机制(市场机制)和后端动力机制(环境平台)的时序演进规律;最后,本书将上述理论分析结合实地调研,提出针对中国旅游产业发展特征的动力机制提升的政策建议,以期培育其转型升级的动力机制。

5.2　动力机制因素

旅游产业转型升级的动力机制因素(见图 5-2)包括两个部分:一是旅游产业的核心驱动要素,即旅游产业外部经济效应、旅游产业价值链效应以及旅游资源禀赋效应；二是旅游市场的外部动因，包括旅游市场需求、交通区位条件、政府政策保障，以及旅游市场外部竞争环境。

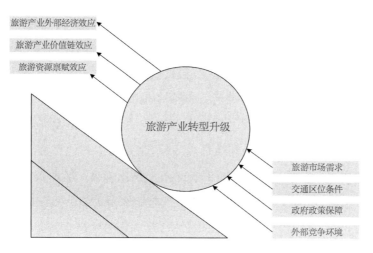

图 5-2　旅游产业转型升级动力因素

5.2.1 核心动力因素

旅游产业转型升级的动力机制产生于两个方面：一是旅游产业（企业）发展演进过程中高额利润的驱使；二是旅游产业（企业）发展演进过程中面临的外部环境（比如，政策与竞争等）影响。本书认为，中国旅游产业转型升级核心动力机制源自旅游产业（企业）发展演进过程中获得的高额利润，主要与外部经济性、产业价值链（品牌溢出效应和价值链延伸拓展）以及旅游资源禀赋（历史文化旅游资源）有关。

（1）旅游产业外部经济性

旅游产业转型升级外部经济性可以通过规模经济和范围经济两个方面探讨。

在经济学中，外部性是指一个行业或者一个企业的运作质量对其他行业产生积极或者消极的影响。由于每一个旅游环节都存在着一定的关联性，再加上旅游者对旅游景点的观感和评价的整体特征，这就导致了在同一区域内，不同的旅游企业或行业之间存在着非常强烈的相互依赖性和相关性。在这种情况下，某一家公司所提供的优质服务将对另一家公司的成功起到积极的推动作用。反之，则会对旅游产业集群中的各有关企业造成不利影响。因此，在旅游业的各个领域，各个部门之间的均衡发展，彼此之间的协调与融合，对于提高旅游业的正外部效应具有十分重要的意义。中国旅游业的转型升级是以规模经济为基础，以资源共享为目标，在新的时代背景下，主要表现为以下三点：第一，与传统服务业相比，旅游业具有智力要素密集度高、产出附加值高、资源消耗少、环境污染少等特征。旅游企业通过其他资源和要素的整合利用，突出旅游产品的差异性，提升旅游产业的附加值，实现旅游产业的可持续发展。第二，共享生产要素市场。对于旅游产业而言，传统的劳动密集型产业，如果能够与其他产业(比如文化、体育)市场的生产要素共享，可以在一定程度上突破劳动密集型产业的局限，有利于旅游企业节约劳动力这一重要的要素成本，同时还能有效地降低旅游从业人员的培训成本(创新、创意、人才共享)，推动了旅游企业的转型升级。第三，旅游产业可以利用新技术，借助其他产业或部门的信息技术的流动、外溢，准确地掌握旅游相关行业的经营动态，从而迅速发现市场机会，通过竞合关系实现转型升级。在数字技术蓬勃发展的大背景下，大力推进旅游产业的数字化转型，加速推进旅游大数据的互联共享，提升旅游数据的质量。大力支持旅游领域科技型龙头企业，健全旅游技术创新体系，积极引导旅游科技企业加强对数字技术应用的研发，提高行业整体数字化水平。

范围经济理论主要源于交易费用的研究，通常指企业或厂商的范围而不是规模所产生的经济，也就是说，当同时生产两种产品的费用小于单独生产每一种产品所需要的费用之和时，所存在的状态就是范围经济。对于旅游产业而言，增加旅游产品种类，生产两种或两种以上的旅游产品(服务)而引起所投入的单位成本降低。根据前文分析，旅游产品的微笑曲线中，传统的旅游产品具有较低的附加值，而新旅游产品研发以及旅游产品品牌衍生产品的附加值较高，呈现两端高、中间低的形态，大体呈"V"形。因此，旅游产业可以同时提供多种类型的旅游产品，获得范围经济。由于旅游产业的价值链比较长，在它的核心层面，没有形成一个清晰的投入产出关系，外部范围经济也是通过内部企业之间的相互依赖和合作而形成的品牌效应和连锁效应来体现的。

一般来说，在初期，旅游企业都会选择旅游资源禀赋较高、基础设施较好、市场需求较大的地区进行投资发展，并进行彼此之间的竞争和合作，从而在客观上提升了旅游目的地对旅游者的总体吸引力。 在此基础上，旅游企业在发展过程中，更多地运用外部经济学的方法，以达到自身的规模与经济的目的。 这就导致了两种情形：一是同地区内的旅游企业利用其所带来的外部经济利益增强自己的竞争优势，使自己的市场规模不断扩大，从而产生了竞争力与规模经济；二是同一条产业链中的多个旅游企业之间也会进行整合，以减少交易成本，逐步形成区域旅游品牌，并通过资产重组等手段向外拓展。 此外，如果能够有效地发挥旅游产业的外部经济效应，吸引更多的旅游企业(相关企业或经营单位)与其展开合作，从而为其提供更多的就业岗位，并激发经济增长点，在实现旅游产业转型升级的同时，提高区域生产总值总量。

(2)旅游产业价值链

Porter(1985)认为，每一个企业都是某一空间(区域)的集合体，它们都在进行着产品(服务)设计、生产、销售等活动，而这些活动都构成了价值链。旅游产业价值链是指旅游产品从提供方到最终消费方之间的一系列传导过程，一般由旅游产品提供者、传统旅游中介(或电商)、旅游消费者构成。 在旅游产业价值链上，各层级的旅游企业利用各自的功能差异与专业优势，将价值注入旅游产品中，并实现了旅游产品的价值(张圆刚 等，2022)，最终推动产业转型升级具体路径如图 5-3 所示。 不同的旅游产品供应商为旅游者提供了不同的个别产品，实际上属于旅游产品的中间产品。 旅游中间商则通过对旅游中间产品进行组合包装，将其转化为最终的旅游产品，并将其提供给消费者。在旅游中间商中，传统的旅游中间商一般包括两种类型，一种是旅游产品批发商，另一种是旅游产品零售商，在互联网、数字技术等新型技术不断蓬勃发展的背景下，旅游价值链中又出现了新的成员——电子商务旅游中间商。 从价值的角度看旅游行业的价值链和旅游企业间的经济活动，在全域旅游发展理念和文旅融合的背景下，无论是旅游企业还是其他有关企业，都属于旅游产业价值链中的一个重要部分,它们可以通过内部价值链,以及与上下游企业、旁侧企业和顾客(旅游者)之间的外部价值链,来获取竞争优势,提升旅游产业附加值和旅游产品(服务)质量,进而推动旅游产业转型升级。

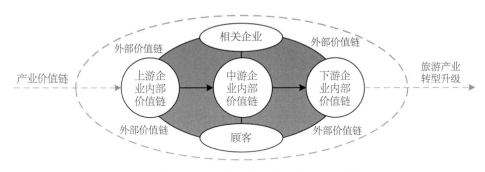

图 5-3 旅游产业价值链推动产业转型升级路径

可以看出,旅游产业的价值链主要存在于旅游企业内部各单元、上下游旅游企业以及旁侧企业之间,进而通过旅游者的消费来实现。因为旅游业的综合性,所以这些产业价值链都会产生很强的区域产业整合效应,使得特定域的旅游企业能够在长期的合作中,获得独特的综合竞争优势。

在专业分工的情况下,即便是相对单一的生产方式(以劳力为主的行业),旅游企业的生产效率也将得到提高。因为旅游产业具有融合性和关联性的特点,所以它的产业价值链比较长,对旅游产品(服务)的需求也存在着很大的差异。所以,单一的旅游企业很难提供足够多的旅游产品(服务),来满足区域内所有旅游者的需求。所以,在客观上,就需要将大量的旅游企业(差异化、协同性、竞合性和互补性)在区域内集中起来,形成高度深化的产业分工与协作,进而形成一个较大的旅游市场,以满足人们不同的个性需求。专业化分工主要包括了两种类型,一种是产品(服务)分工,另一种是地域分工。前者指的是提供差异化的旅游产品(服务),以满足消费终端对旅游产品(服务)的需求;而后者则是强调利用地区的优势,加强地区本身的特点(即比较优势)。在旅游产业区域内,生产要素具有空间上的相邻性,可以利用社会化的劳动分工(资源优化配置),减少交易费用,确保旅游产业在区域内价值链中的每一个环节都能够高效地运转,从而提高其对市场的适应能力。与此同时，还可以强化特定区域内的经济利益主体之间的相互联系，从而提高区域的凝聚力。

相对于其他行业，旅游业的价值链结构更为复杂，且具有较高的横向相关性，因此，对旅游业的发展提出了更高的要求。首先，游客对旅游产品（服务）的需求存在差异。一般情况下，单一的旅游企业很难满足游客的各种不同需求，因此，在产业链的各个环节，都要通过协同合作来提供多样化的、多层次的旅游产品（服务），而产业集群则为这些企业提供了机遇。其次是持续的旅游消费。从旅游活动的起始至终了，旅游企业、各部门之间必须紧密协作，以确保旅游产品（服务）的高效、快捷的生产与交易，这对旅游企业的空间聚集水平有一个客观的要求。最后，旅游消费评价的整体性。对于旅游者来说，如果他们在旅游活动中的任何一个环节出现了问题，并且不能及时地解决，都会使他们的旅游体验满意度大打折扣，从而造成旅游经济效益的下滑。但是，区域聚集的发展却可以帮助他们在旅游企业之间构建起一种行之有效的信任机制，从而确保旅游活动全过程的质量。其中，分工合作是我国旅游业发展的主要动力。通过本团队的研究发现，近几年来，随着旅游企业各种分工机制的逐步完善，旅游行业内的企业分工日益深入，合作模式日益丰富，旅游产业的附加值呈现上升的趋势。

在旅游产业区域集聚中，创新的方式主要有两种，一种是思想创新，另一种是活动创新，前者是指产品生产技术创新、组织创新以及管理创新等，后者包括了产品设计、生产、营销等方面的创新。无论是何种形式的创新，都将以创新为动力，使区域旅游产业的价值链不断深化和扩大。具体地说，在供给端，因为旅游资源本身就有着很强的吸引力，假如基础设施得到了保证，那么就会有许多与旅游有关的企业在这里进行有机整合，这也就间接地助力旅游企业更快更有效地获得创新的经营或服务。在需求方面，因为在同样的旅游客源市场上，旅游企业可以更加精确地了解到旅游市场的动态变化趋势，同时，在旅游产业的发展过程中，还可以解决产业开发创新所需的人力、物力资源以及财务资源。

此外，创新通常都是先从具备一定规模和实力的大企业开始，然后才是中小企业对其进行学习和模仿，进而推动整个地区旅游业的创新发展。在聚集区域,因为各个区域和部门之间的频繁交流和合作,旅游企业的产品(服务)创新更容易被其他旅游企业所发现,并被它们所消化和吸收,然后根据它们的特点做出相应的改善,最终获得一种新的创新。 在旅游产业的区域集聚中,也存在着一种循环积累的因果关系。 在集聚区中,旅游企业通过知识共享、竞争与合作等方式,将自己的学习能力发挥到了极致,加速了信息的传递与交流,促进了知识技术的创新,进而推动了旅游产品(服务)附加值的提升。 与此同时,随着更多的旅游企业向一体化方向发展,将会产生更多的信息、技术的流动与外溢,最终形成一种创新与协同的环境氛围。

(3)旅游资源禀赋

对旅游产业而言,资源禀赋则是其发展的初始动力。 旅游资源的优劣对一个地区的旅游业发展有很大的影响。 旅游资源禀赋与旅游收入存在着自然的正相关关系。 一般而言,一个区域的旅游资源越丰富,其旅游业的发展就越有可能达到一定的规模。 旅游资源禀赋对旅游业的发展起到了积极的推动作用,合理地利用地区旅游资源,对于提高旅游业的发展乃至整个地区的发展都有一定的推动作用。 总体而言,人们更倾向于选择具有丰富资源禀赋的自然景观。 旅游资源禀赋对游客具有较强的吸引力(对知名旅游地的向往),也是促使游客进行旅游消费的重要因素。 旅游资源禀赋同样也是旅游企业进行管理的依据,在管理的过程中,旅游企业要遵守“投入—产出”的原则,也就是低投入高产出,将成本降至最低,在这一原则的驱使下,旅游企业一般都会选择旅游资源丰富、客流量大、旅游经济发达的地区。 因此,在一个拥有丰富的旅游资源的地区,以它的竞争能力和吸引力为基础,往往会吸引大量的旅游企业,他们参与到了旅游活动的每一个环节中,最后形成了一种集聚的态势。 长三角、珠三角、环渤海、粤港澳大湾区和丝路经济带(中国)等地区的旅游业发展,与其独特的区位优势密切相关。 本书从理论和实践两个方面对我国旅游业进行了系统的研究。 当然,随着旅行种类日益多样化,旅游业的一个发展方向就是降低对资源的依赖性。

5.2.2 外围动力因素

旅游产业发展演进过程中面临的外部环境，如旅游市场需求、交通区位条件、政府政策保障、外部竞争环境等都是影响旅游市场发展的主要因素。

(1)旅游市场需求

旅游市场需求指的是在一定时间、价格范围内，所有旅游者对一种旅游产品的需求量之和。客源市场需求是旅游产业转型升级的重要条件。新时代旅游者为了实现其对美好生活的向往，往往会选择个性化、定制化和体验化的旅游产品，因此，对旅游企业(旅游产品供给者)提出了更高的要求，倒逼式地推动旅游产业进行转型升级。一方面，客源市场的复杂与个性化使得旅游产品的开发更具多样化与独特性，从而促使旅游企业的经营策略发生变化，从而使得它们能够更好地满足游客的需要，并在一定的地域范围内进行聚集;另一方面，由于客源市场的需求在持续地发生着变化，旅游企业要想吸引更多的游客，就必须选择更适合的地点，寻找更好的合作伙伴，以获取新的收益。

(2)交通区位条件

交通区位条件指的是从客源地到旅游目的地的空间距离(长度)和旅游目的地的可达程度，是向游客提供他们在居住地和目的地间、旅游地内的空间活动及其所有关系的总和。旅游产品(服务)大多具有不可移动性，游客只有到了旅游地并在其地消费，旅游地才能获得最终价值。因此，旅游地的可达性对旅游者的消费决策有很大的影响。在酒店业的选址、建设和运营中，酒店的可到达性是一个重要的影响因素。另外，便利的交通也是推动旅游业发展的重要因素。当前，我国的旅游企业较多地选择在交通发达地区进行投资发展;有些地区有着很好的旅游生态环境，可以为旅游者提供不一样的体验，但是由于交通阻碍、可达性差等因素，对客源量造成了很大的影响，所以也没能够吸引到很多的旅游企业到这个地区进行投资发展。长三角、珠三角、环渤海、粤港澳大湾区等区域的交通运输网络日趋完备，对旅游业的发展具有较强的吸引力。 与此形成对比的是，西北内陆尽管有沙漠、戈壁等不同类型的旅游资源，但是由于地理位置闭塞、交通不便等原因，旅游企业出于利益考虑，不愿意进行太多的投入，因此该区域很难实现旅游产业的转型升级。

（3）政府政策保障

市场经济也有其自身的缺陷，如道德风险、信息不对称会造成市场的失灵。 在我国，政府是宏观政策的主导力量，其作用是对市场机制缺陷的弥补，从而推动整个社会经济的和谐发展。 同时，旅游产业的转型升级也不能完全依赖于市场，也要依赖于政府的政策支持。 在旅游业发展的早期，由于当地的旅游资源、客源市场的需求、便利的交通等因素，旅游企业常常采取了粗放的发展方式(盲目式)。 在旅游业发展到一定程度后，政府的政策扶持对于旅游业发展模式的推动作用也就愈加凸显出来。

在制定和执行旅游产业发展规划的时候，政府通常会综合考虑资源禀赋、交通区位、客源市场等因素，来为旅游产业的转型升级搭建一个良好的发展平台。 一方面，政府要积极开展招商引资工作，扩大招商引资的渠道，将资金、人才、管理理念和市场需求等整合起来，并为其提供税收减免政策、信贷优惠政策，营造出一个有利于旅游业发展的良好环境。 另一方面，政府也要为旅游业的发展提供良好的基础和服务，从而形成一个良性循环。 通过共享水、电、网络通信等资源，为企业节省了交易费用，保障了企业经营的经济利益。

（4）外部竞争环境

旅游产业在区域经济增长的作用逐渐显现。 一方面，随着旅游业的快速发展，其在供给侧结构性调整中所扮演的角色越来越重要，其对地区经济发展的影响也越来越受到国家和地方政府的关注，其竞争也由原来的企业间的竞争演变为地区间、产业间的竞争。 单一的旅游公司受限于自己的资源，也许不能与其他地区的大公司竞争，但如果有效整合资源，通过创新创意的形式进行差异化竞争，便可以通过提高旅游产品(服务)的附加值从而获得竞争优势。 除了国内地区之间的竞争之外，在经济全球化的背景下，旅游产业还需要参加国际市场的竞争，从而在全球旅游产业价值链中取得优势，从而获得国际竞争优势。 因此，旅游产业发展还需要站在国际的视野和高度，将先进的技术，诸如互联网、3D 以及 VR 等技术有效运用于旅游产品(服务)联合开发、旅游信息共享、开拓海外旅游客源市场等，应用到外部市场的竞争中去，这样才能维持区域旅游产业和旅游产品(服务)之间的交换与互补，从而避免因为封闭而导致的产业发展风险。

另一方面，旅游品牌与旅游产业转型升级亦存在相互影响和相互作用。在旅游目的地品牌的塑造中，存在着供需两方面相互影响的复杂过程。 在供给方面，主要指的是旅游地管理者，通过整合当地资源，采取营销策略，确立特定的品牌主题，用自上而下的方法来构建目的地品牌。 在需求方面，重点在于游客对目的地品牌的期待和联想。 因此，打造良好的区域旅游品牌、形成区域旅游产业竞争力是旅游产业高质量发展的关键。 近年来，我国开始注重从国家层面和区域层面加大对旅游产品和旅游线路的宣传推介，并取得一定的成效。 然而，在国家层面和区域层面，旅游产业还未完全形成品牌化的产业链格局，从旅游产业的角度看，品牌建设尚不完善，品牌打造过程中的重产品(旅游线路)、轻服务的情况尚未缓解。 旅游企业忽视对品牌维护的问题是导致我国部分地区旅游企业规模有限、旅游目的地名声不好、旅游产业发展后劲不足的突出因素。 实践中，旅游品牌的建立与旅游业的长期维护是相互促进、相互作用的，所以，旅游企业可以利用的是国家层面和地区层面的宣传促销投入，持续加强旅游营销，打造出区域旅游品牌。 另外，在构建区域旅游品牌的过程中，还要不断地扩大国内和国际客源市场，提高整体的旅游形象，从而为下一步的旅游业转型升级提供良好的基础。

总之，面对日益激烈的市场竞争环境，旅游品牌建设能够让旅游企业获得游客忠诚度并形成外部市场竞争优势，对旅游企业自身发展及旅游产业转型升级发展意义重大。

5.3　空间动力机制

在前期研究中,我们发现,旅游资源和环境是旅游产业赖以生存和发展的重要基础。 同时,这些有潜力的、不可取代的资源,也是发展区域旅游的前提。 对于旅游产业转型升级而言,在固定区位、可进入性和区域经济水平等条件下,挖掘更多、更深入的旅游资源,旅游产业可以获得更高质量的发展。资源本身的属性是不能移动的,尤其是自然旅游资源,而时间的演化主要是因为国家在评定不同资源等级和类型的时间上的差异而导致形成知名度的早晚,时间上的改变也是一种时空上的错位。 不同区域可以发挥自身资源优势,有限发展具有比较优势的旅游产业,随着旅游资源重心的变化和旅游产业的成熟与发展,一些地区旅游资源丰裕度在逐渐提高,比如,受到文旅融合理念的影响,文化旅游资源逐渐成为开发的重点。 因此,在一个特定的区域,各个旅游企业要积极建立竞合模式,利用对外直接投资和吸引外资、旅游产品(服务)联合开发、旅游信息共享、开拓海外旅游客源市场等方式,来参与外部市场的竞争,以维持区域旅游产业的开放度和旅游资源的开发深度,使旅游资源和旅游产品(服务)实现交换与互补,促进中国旅游产业发展转型升级。

5.3.1 空间资源(要素)动力机制

旅游资源丰富度和旅游经济的空间错位,也就是旅游发展要素的配置出现了异常,导致了旅游资源和旅游经济的不匹配。 在旅游业的发展过程中,政府与旅游企业的行为策略对旅游发展要素的配置起着很大的作用,因此,旅游发展中旅游资源丰富度与旅游经济发展的空间失配的形成,受旅游业发展主体行为策略的影响,同时也是旅游产业转型升级的驱动力。 通常情况下,旅游资源越丰富、地理区位越优越的地区,往往具有更高的入境旅游业发展水平,即资源、区位和发展水平同步。　但是，在一些具有良好区位和资源优势的地区，其入境旅游业发展程度却不高，即目的地的游客规模并不与旅游资源丰富度指数成正比，这种现象称为"空间错位"。　理论上，旅游空间错位指的是旅游相关要素之间、旅游相关要素与区域经济发展水平及相关产业之间在空间分布上的一种不匹配、不协调的现象。　其中，旅游资源错位指的是在区域旅游空间中，旅游资源与旅游有关要素在地理空间上所表现出来的不匹配，它是一种较为典型和常见的旅游空间结构错位，按照其错位的特点，可以分为属性错位、形式错位和等级错位三种。　根据现有的研究发现，地区的人口分布、区域经济发展水平、区域产业结构、城市知名度、旅游产品开发水平、交通运输条件等都是制约旅游业发展的主要因素。　同时，本书也找到了与之相似的影响因素。　但这些因素更多是对市场投资主体和相关政府管理部门交互行为的表征，在众多因素作用下，中国旅游业的发展面临着诸多问题，我们应该做出相应的调整，才能更好地发挥旅游业的优势，从而为旅游业的可持续发展打下坚实的基础。　本书认为，合理的政策制度、投资指导等，能够在一定程度上缓解旅游资源分布于旅游产业发展不均衡的情况，并通过旅游产业转型升级来平衡区域间的差异。　目前部分地区已经开始加强对文化遗产游径沿线相关旅游基础设施建设，包括标识系统、旅游厕所、停车场、休憩设施等，提高游径沿途景区服务质量，提升游客满意度。　这些基础设施的完善及企业文化、人力资本和产品创新对改变旅游空间结构具有重要的影响。　在此基础上，以区域旅游业发展中各利益相关方为切入点，构建"政府—企业"博弈交互演进模型，解析"政府"与"企业"的交互作用机理。

在旅游空间资源的动态机制演进中，政府与旅游企业将以自身利益最大化为目标，或联合，或互相"背叛"，通过长期的、反复的策略选择博弈，对区域旅游资源与旅游业的空间非均衡水平进行持续的调整，并随着旅游业的发展而发生动态的变化。　在其演化过程中，其行为对策受诸多外在因素的制约，进而影响其演化的方向和进程。　这些因素主要有：政策体系的制定、宏观经济的发展水平、资源的开发程度、交通区位的优势等。　地方政府相关管理部门是地方政府权力的集中体现。　旅游企业决定是否进行旅游产品的开发和是否投资于地区旅游的过程，是市场势力的一种体现。　为此，本书拟以政府（宏观调控)和旅游企业(市场运行)为切入点,既要考虑旅游利益相关者间的相互作用,又要考虑政府与市场间的相互作用。

5.3.2 空间利益主体动力机制

考虑到博弈参与方为政府和旅游企业,结果可能是错位发展或者非错位发展。 正如市场的调节会出现失灵,政府也需要明确自己在经济发展中的地位,我们将政府和旅游企业看成有限理性的主体,这更符合现实。 在此基础上,本书建立了一个动态博弈模型,并对该模型进行了深入的分析。

(1)政府部门

政府是区域旅游业发展的主要调控者,其政策制度支持、区域经济发展规划将对区域旅游业的转型升级产生直接影响。 一方面,基于粤港澳大湾区旅游业的总体布局,国家会加大对旅游业的投入,并出台一系列的优惠政策,这是国家对旅游业的一种直接扶持。 旅游主管部门在旅游产业发展政策制定方面,在一定程度上会影响旅游资源与旅游经济的空间协调发展。 另一方面,政府还受到了来自区域经济发展的压力和限制,也就是,政府到底会不会选择优先发展旅游业,把旅游产业打造成区域主导产业还是支柱产业,这也会被综合的因素所影响,具体包括了区域资源优势评估、交通可达性强弱、区域产业布局等方面。 因此,政府的行为可以分为两种类型:一种是调控,另一种是不调控。 调控指的是政府对旅游业的发展有一定的重心倾斜,其中包括了优惠政策的制定、旅游发展投入的人力、物力与财力的补贴等。 这会引起资源(生产要素)向旅游业流动,还会进一步向外界释放出发展旅游业的良好信号,市场也会对旅游业的发展给予关注。 当政府决定不进行调控的时候,也就是政府的经济发展重心向其他产业转移的时候,会导致对旅游的重视程度下降,旅游业的发展更多的是依赖于市场力量的发展,因此,旅游资源与旅游经济之间的错位可能会出现扩大或缩小两种情况。

结合中国旅游产业发展的实践,从宏观政策层面看,旅游产业作为现代服务业的支柱产业,资源消耗低、带动系数大(对 GDP 增长具有较大的乘数效应)、就业机会多(社会效应)、综合效益好。 多年来,我国各地区大力发展旅游产业,为区域经济与社会发展作出了积极贡献,但有些旅游产品(服务)档次偏低、旅游资源缺乏整合,制约着我国区域旅游产业整体水平的提升。 基于此,中央和地方政府纷纷出台相关产业政策,加快旅游重点项目建设,这是发展现代服务业、优化产业结构、转变经济发展方式的重要举措。 2018 年国务院办公厅印发的《关于促进全域旅游发展的指导意见》进一步强调加快推动旅游业转型升级、提质增效的重要性,并对全面优化旅游发展环境,走全域旅游和文旅融合发展的新路子作出战略部署。 因此,旅游产业不仅自身发展很重要,而且还作为经济社会发展的重要支撑点和增长极,旅游产业的转型升级可以有效发挥旅游"一业兴百业"的带动作用,促进传统产业提档升级,孵化一批新产业、新业态,不断提高旅游对经济和就业的综合贡献水平。2019 年,广东省中山市加强与香港、澳门、广州、珠海等城市的沟通联系,了解、学习旅游发展经验,包括澳门开发世界文化遗产步行游径的经验,进行孙中山史迹径(打造伟人故里文化旅游)、岐澳古道游径建设,并组织中山与香港、澳门文化旅游业界、相关社团交流座谈,共商文化旅游合作计划。 为深化粤港澳大湾区在文化和旅游领域合作,共建人文湾区和休闲湾区,2020 年 12 月,文化和旅游部等多部委颁布了《粤港澳大湾区文化和旅游发展规划》,为大湾区的整体文化和旅游发展、引领大湾区成为中外文化交流的枢纽及世界级旅游目的地提供了指导性方向。《"十四五"旅游业发展规划》进一步提出发展目标:到2025 年,旅游业发展水平不断提升,现代旅游业体系更加健全,旅游有效供给、优质供给、弹性供给更为丰富,大众旅游消费需求得到更好的满足。

(2)旅游产品(服务)供给者

旅游企业作为旅游产品(服务)供给者,是旅游产业发展的市场力量代表,在旅游产业转型升级动态演进的过程中,旅游企业同时也具有主动力。 首先,它们是旅游产品的直接生产者与传输者,主要为旅游者提供食、住、行、游、购、娱等消费服务,包括旅游批发商、零售商等,它们的行为决策会影响到旅游市场的繁荣程度。 其次,旅游公司会权衡利弊,也就是说它们的决策中包含了是否要发展一种旅游产品、如何吸引客源市场、是否有可利用的政策优势和宏观经济环境等，这些都会对它们的决策产生影响，从而决定是否要投资旅游。 当旅游企业在做出投资决策时，不会考虑发展旅游业的机会成本，而更多地考虑政府的政策调控、旅游业发展的利润和发展过程中的费用开支。在没有投资旅游业的情况下，它们很可能是在其他行业的利益驱动下，转移了自己的发展重心。 已有研究表明，旅游投资可以推动区域旅游经济增长，如何有效地提高区域旅游投资的规模和力度，是实现区域旅游产业发展的关键。此外，旅游企业的决策还会受到自身条件因素、政府影响以及目前经济发展水平、市场客源、交通区位等外部环境因素的限制。

目前我国部分地区对乡镇旅游企业发展和旅游人才创业的鼓励政策如下：一是，以乡情乡愁为纽带，鼓励精英返乡参与乡村振兴和乡村民宿(特色小镇)开发。 探索实施"乡村振兴合伙人"制度，招募、吸引、支持大学生、企业家、党政干部、专家学者、民宿经营人才、建筑师、艺术家、技能人才等，在乡村民宿开发和生产性服务业、农产品文创流通等方面开展全方位、多形式的合作，促进农村资源的合理激活与使用。 做好干部到基层一线的选拔工作，做好干部对基层的考察工作，促进干部的双向流动。 二是，以经济扶持为吸引，鼓励资本进入乡村建设。 落实并健全融资贷款、配套设施建设补助、税费减免等支持政策，引导工商资本参与乡村民宿的发展，推动农村股份合作开发，通过项目建设带动人才回流农村。 针对重点培育发展的民宿建设项目，配套专项优惠政策，具体包括设立创业扶持基金，补贴土地、农宅租金，减免经营税收。 三是，以平台搭建为保障，扫除人才返乡就业创业障碍。 搭建土地交易服务、乡村民宿房屋产权登记、乡村民宿品牌孵化服务、农商文旅体融合发展等服务平台，畅通城乡、区域信息交流，扫除人才返乡创业、项目筹办建设过程中的流程障碍；成立专门的人才服务机构，通过"一站式""代办制"等服务模式，开辟人才服务绿色通道。

(3)旅游产品(服务)需求者

根据供求协调理论和旅游产业发展的实践，旅游者作为旅游产品(服务)需求者，对旅游企业和旅游产品(服务)的认可往往经历以下几个阶段：第一，可以通过关注多方信息发布，并对碎片信息进行整合和辨析，将旅游目的地的功能属性、感知偏好以及大众评价等方面的关键词选择性地融入大脑感知，由此对旅游产品(服务)形成初步印象和感知。 第二，旅游者以已有的经验和主观偏好为基础将旅游产品(服务)的信息(功能)进行选择性的加工处理，在这一过程中对旅游产品(服务)产生一种认知与态度。 第三，旅游者进一步对旅游产品(服务)进行理性的评价(主观偏好)，在此基础上得出对旅游产品(服务)的积极性认知，促使旅游者对其持有一种信任的态度。 第四，旅游者在经过各种信息处理和辨析之后，根据其主观偏好，选择确定的旅游产品(服务)形成相对稳定的信任态度，进而强烈影响着其与旅游产品(服务)的互惠行为，在此基础上产生对特定旅游产品(服务)的"依恋"，现实中，"依恋"与旅游产品(服务)的品牌和品质有很大的相关性，比如东京迪斯尼乐园的重游率在90％以上，其主要原因就是旅游者的"依恋"。 此外，"依恋"的形成对旅游企业产生一定的激励作用，同时，也会促使旅游企业提高对旅游产品(服务)的创新创意和高质量发展的积极性，在客观上促进了旅游产业的转型升级。 当前，中国部分旅游市场乱象只是表象，其根源在于旅游企业粗放、落后、畸形的经营模式以及劣质旅游产品驱逐优质旅游产品的路径依赖。中国旅游市场也出现部分区域高端旅游供给严重不足，与此相对应的是，游客越来越向往的度假游、体验游和个性化、定制化的高质量旅游产品(服务)的市场供给不足。 由此可见，中国旅游产业转型升级迫在眉睫。

5.3.3 空间动力机制形成

旅游资源丰裕度和旅游经济之间出现错位时，我们要深入分析形成原因，从而对资源进行优化配置，使旅游资源与旅游经济的关系得到协调发展。 如在某些具有较高错位度的地区，应充分发挥其自身的优势，增加投资，加强基础设施建设，以促进其发展。 在某些由旅游经济发达和市场规模大所构成的高错位区域，要将其交通、设施和区位等方面的优势充分利用起来，充分发挥其领头羊的作用，将客源输送到中、低错位区域，从而带动周边地区旅游经济的发展。 对于中低错位地区来说，尽管其旅游资源所获得的旅游效率居于中等水平，但是应该按照精品化开发、特色化利用的原则，找到适合其自身的旅游发展空间,从而使区域旅游竞争力得到进一步提升。 在这一过程中,制度规制、信息技术等因素也发挥了很大的作用。 其中,政府与企业是起着关键作用的两个主体。 本书从旅游资源的高效利用入手,分析了政府与旅游企业两者之间的博弈关系。 从主体视角出发,能够更动态地认识到在这一变化过程中,政府和企业的交互行为对这一现象所造成的影响,进而提出更有针对性的政策建议。 通过本书分析可知,中国旅游产业转型升级的动态演进是内在动力因素(旅游企业通过满足市场需求而实现利润最大化的动机)和外在动力因素(旅游企业在市场竞争中面临战胜对手的压力)共同作用的结果,其动力机制如图 5-4 所示。

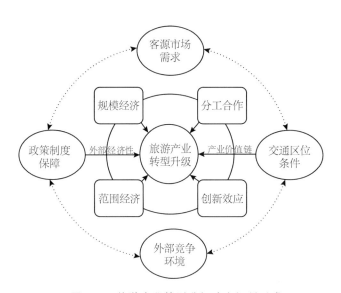

图 5-4   旅游产业转型升级动力机制形成

第一,旅游资源禀赋是区域旅游产业转型升级的重要物质基础。 游客通常会选择具有丰富旅游资源的旅游地(核心旅游地),这也促使旅游企业在该地区进行选址和布局。 旅游资源禀赋为区域旅游产业的发展奠定了良好的基础,餐饮业、住宿业、休闲娱乐业、旅游购物业和公共服务业等相关产业,都紧紧围绕着旅游资源进行分布,并不断产生与发展。 因此,旅游资源禀赋是影响区域经济发展的关键。

第二,外部经济是一个内在的动因和结果。 中国旅游业相关公司对外部经济的追逐推动了旅游业的产品转型和升级，由于各企业的竞合关系，客观上促进了区域旅游产业的转型升级，同时学习效应(旅游企业相互学习获得高附加值)的产生又进一步增加了旅游企业的外部经济性。

第三，在中国旅游业的发展过程中，产业价值链是一个重要的组成部分。在一定的地区，旅游企业上下游的延伸，地理位置的贴近，促使产业价值链中的企业进行专业化分工、合作和创新，而这些相互作用大多数经过产业价值链的拓展与延伸，为旅游产业转型升级创造了一定的条件。

第四，旅游市场需求、交通区位条件和政府政策支持是旅游业转型升级的外在支持。凭借自身的内在动力形成集聚外，要想提升旅游业的竞争力，必须要有良好的可达性、便利的交通、政府的政策保证以及满足多样化的市场需求。

第五，对外市场的竞争给旅游业带来了巨大的外部压力。在产业竞争和地区竞争日趋加剧的今天，为了促进中国旅游业的转型升级，各地区都必须持续地参加国际市场的竞争，建立自己的品牌。

中国旅游业转型升级的内部驱动是其内生动力，而外部驱动是其外部环境，在外部经济效应和产业价值链效应的影响下，政府及其他有关部门对其进行协调，以促进其集聚。在集聚过程中，各方面的动力要素都起到了不同的作用，而这些作用是以旅游资源禀赋为基础，外部经济性与产业价值链相互耦合，再加上政府、交通区位及客源市场需求、外部市场竞争等外部支持条件，这些都会让区域旅游产业的转型升级能力得到持续提高。综上所述，在中国旅游业转型升级的进程中，除了旅游业本身的高效成长和发展，以及地区旅游业的竞争力之外，良好的外部环境也是其发展的重要保证。

5.4 时序动力机制

旅游产业间的相互融合，能够产生新的经营模式，推动企业的创新，提高企业的竞争能力。其实，旅游业的转型升级，并不只是单纯地把重点放在引进高科技,中国区域旅游资源差异较大,旅游产业发展水平亦不平衡,旅游资源富集区可以考虑在不破坏环境的前提下有效开发旅游资源,将资源优势转化为经济优势;旅游资源不足的区域,可以考虑进行文旅融合(IP旅游资源开发),将创新、创意思维与旅游产业有机结合起来。旅游产业转型升级具有时间动态演进的过程。随着全球新一轮科技革命与产业变革的深入发展,大数据、云计算、人工智能等数字技术也将极大地促进旅游产业的高质量发展。数据资源、数字技术、数字平台等已经变成了推动文旅融合发展新业态、产品与服务创新,实现旅游产业转型升级发展的重要动能。在本书中,以中国旅游业为对象,以"前""中""后"为主线,分别研究旅游业高质量发展的各个层次(资源、重构、市场机制环境平台)所产生的影响,进而推动中国旅游业的发展。在每一阶段(见图5-5),资源、市场和平台都处于不同的位置,保证在旅游产业转型升级过程中,每一个阶段都具有时间继起性和空间共存性,系统地完成从传统业务到新兴业务的转变(李程骅,2012)。

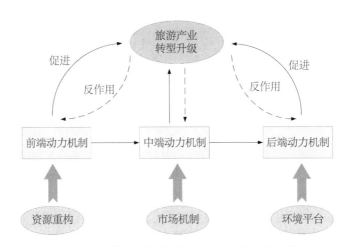

图5-5 旅游产业转型升级动力机制的时序演进

5.4.1 前端动力机制(资源重构)

通过发展全域旅游和文旅融合,能够实现从封闭的自身循环向开放的

"旅游＋"融合方式转变，持续加强旅游与文化、农业、工业、林业、商贸、体育、金融、医药等产业领域的融合，从而形成旅游产业发展的新动力（见图 5-6）。旅游业的融合发展是以游客需求变化为导向的，其内在动力来自旅游消费需求的日益增长，以及旅游方式和类型的日益丰富。随着人民生活水平和生活品质的提高，人们的生活方式也随之改变，消费观念也随之更新，所以，现在的旅游已经呈现出了大众化、散客化和多元化的发展趋势。在传统的观光旅游之外，休闲旅游和度假旅游也日益流行起来，旅游者越来越重视在其中所能得到的体验乐趣，这就对旅游产品的供给提出了更高的要求，对更丰富的旅游方式与旅游类型提出了更高的要求。因此，文化旅游业以旅游者的需求变化为导向，以文化创意为手段，从"精神产品生产"与"内容产品生产"并重的角度，挖掘文化产业与旅游产业融合的内在动力，促进人文景观游、民俗风情游、影视旅游、文化遗产旅游、红色旅游等新业态的产生，从而实现旅游产业的转型升级。

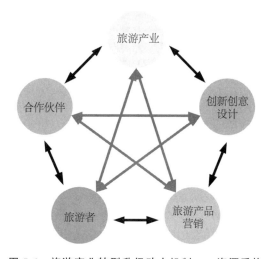

图 5-6 旅游产业转型升级动力机制——资源重构

　　旅游业和企业应把已有的文化旅游资源和创新创意相结合，以知识积累、技术运用、学习和创造的方法来整合旅游资源，进而实现旅游产业转型升级。由于这种资源整合与开发方式是旅游产业转型升级的出发点，因此，资源重构可以被看作是在旅游资源禀赋不充分的地区，旅游产业转型升级的前端动力机,知识积累、技术应用和创新创意等因素对该地区的旅游产业转型升级有着重要的影响。 实践中,传统旅游产业经济活动产生了很多新知识、技术、学习与创造,可以看成将文化资源融入旅游产业中的成效。 据此,可以构造出一个旅游产业资本存量函数(通过附加值提升近似评估旅游产业转型升级,也被视为因变量),知识的存量(资源重构的重要因素)是资本存量的函数。 因此,只有一个存量变量的行为是内生的。 本书选择通常使用的幂函数:

$$A(t) = BK(t)^\phi, B > 0, \phi > 0 \tag{5-1}$$

在(5-1)式中:$A(t)$ 为旅游产业资本存量;B 为外生给定的参数(常数),用于解释其他因素的影响;ϕ 为旅游产业投资导致的知识递增效应;K 为知识存量;t 为时间。 前端动力机制的驱动下,知识的作用(创新创意、文旅融合)可以促进旅游产业经济将有一爆炸性增长(几何级数),表现为某一特定时期资本存量的大幅度增值。 考虑到各地统计数据口径问题,本部分内容仅做定性分析,定量部分将在第六章重点分析。

粤港澳大湾区具有独特的区位优势(如交通基础设施、经济发展水平等),以及文化环境(如“东西交汇,南北贯通”的文化交融),这使得它的旅游业具有很大的发展潜力(产品附加值很高)。 此外,粤港澳大湾区具有丰富的旅游资源和广阔的休闲市场、沿海温泉资源具有巨大的优势、城市和历史文化等特色,适合走旅游业和当地居民休闲生活相结合、文化和旅游相结合的旅游发展道路。 中国旅游产业发展可因地制宜,深度挖掘和整合文化旅游资源。 2017年,中山市以“品味中山,悠闲生活”为主题,在深圳举行了中山旅游专题推介活动,充分展现了中山的人文旅游形象和魅力,为中山旅游业的转型和发展打下了坚实的基础。 2018 年,南京秦淮区把夫子庙、秦淮河景区标准向景区外延伸,加大老城区改造力度,实现全区以景区标准来打造,展示了“城区即景区,旅游即生活”。 2018 年,海南蜈支洲岛旅游区、海棠湾红树林度假酒店、亚龙通用航空联合推出“海陆空一日悦享游”优质旅游产品,为游客出行提供更多的旅游选择和更满意的旅游服务。 2022 年,依托各设施载体,以特色活动为抓手,通过丰富乡村旅游业态,集中举办全市农民丰收节等品牌活动,广东釜山紫南村全力打造了适合当地发展的文旅融合发展模式,并取得了初步成效。 2023 年,浙江绍兴市柯桥区通过创新发展夜演、夜游、夜购、夜宿等业态,把城市历史文化肌理有效转化为旅游资源与文创产品,推出沉浸式演艺、非遗互动项目和 3D 灯光秀等特色夜间文旅活动。 上述做法的共同点是将已有的旅游资源进行延伸,或者将城市文化形象打造成旅游资源,通过资源整合,有效提升城市品质和游客的满意度,最终推动旅游产业转型升级。

5.4.2 中端动力机制(市场机制)

对旅游资源进行的挖掘、整合或重组,可以成为产业转型升级的前端动力机制,进而通过采用新技术、优化结构、提升附加值和竞争力使旅游产业逐步在市场上取得发展优势。 本书的前期研究利用中国的区域统计资料,探讨旅游产业附加值的提升,定量分析影响旅游产业效益的系列因素,尝试对旅游企业的利润率与资金流动之间的关系进行解释,可以看出,在其他地区,资金回报率常常是对资金流动产生影响的一个主要因素。 中国的旅游市场体系越完善,旅游企业的市场竞争也就更加规范和有序,进而可能直接或间接推动旅游产业转型升级。 因相关数据不完整和各地统计数据口径问题,以及避免和下一章的研究重复,本章仅做定性分析。

市场以价格为基础,打破要素自由流动的制度壁垒,从而为优化资源配置、激发要素活力、提高生产效率提供了新的动力。 根据凯恩斯的研究,在完全竞争的劳动力市场中存在着类似于产品市场上利润最大化的决策机制。在该假定下,劳动力市场才得以实现供求均衡。 众所周知,与其他企业相同,旅游企业的目的也是获得最大的利益,它们的一些行为与国家或者地区的旅游产业的转型升级是不一致的。 例如,旅游产业的转型升级应符合"资源节约型和环境友好型发展"的基本要求,承担经济发展的社会责任,这就需要旅游企业加大环境保护方面的投入,从而使企业的利润率下降,并在一定程度上对旅游企业利润最大化产生影响。 因此,政府在增加对公共产品和旅游公共服务投资的同时,还要加强对市场的监督管理,为旅游业的转型升级创造必要条件:一方面,政府管理部门要引导旅游企业以自己的方式进行创新,从而在客观上促进地区旅游业的转型升级;另一方面,政府主管部门也应该强化对市场的监管力度,对旅游企业进行全面的监督,对其自身的责任与义务进行监督，特别是对企业的社会责任进行更多的关注，以更具包容性的方式开展市场经营活动，从而推动区域旅游产业的转型升级。

因此，政府主管部门要为旅游企业的市场化提供服务，为旅游企业集约化经营、科技含量增加，以及由此带来经营绩效的提高和旅游产业附加值的提升提供条件。同时，政府也要强化对旅游企业自主创新的引导力度，以及建立产学研相结合的旅游市场体系，充分发挥市场机制在资源配置中的基础性作用，监督旅游企业履行社会责任，从而为旅游产业发展提供一个规范的、健全的市场体系，可以有效推进区域旅游资源（包括其他相关资源）优化配置，在此基础上，探讨了中国旅游业发展的内在机理，并提出了促进旅游业发展的对策。旅游产业转型升级中端动力机制（市场机制）的推动作用如图 5-7 所示。

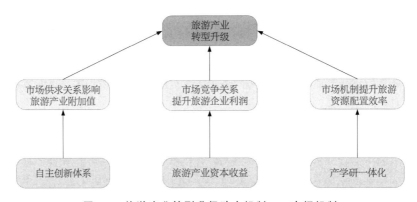

图 5-7　旅游产业转型升级动力机制——市场机制

5.4.3 后端动力机制（环境平台）

当中国地区旅游资源重新配置、旅游市场不断完善的时候，旅游产业的转型升级也就基本结束了，而政府作为制定公共政策的主体，必须为地区旅游产业的转型升级提供一个良好的环境和平台，这就是中国地区旅游产业转型升级的后端动态机理。劳动密集型旅游产业借助于政府构建的平台等外部环境优势，向资本、技术密集型旅游产业转型升级。在硬环境上，政府对交通等基础设施和旅游公共服务体系进行了进一步的强化，通过对公共投资的合理利用，对旅游业所需要的配套基础设施进行完善，为旅游业的健康发展提供基本支持。 对于公共投资，要重视基础设施建设，尤其要加大新基建方面的投入，设立专项的政府资金，支持民营企业发展，为要素流动、企业成长提供良好的营商环境。 软环境方面，出台旅游产业转型升级促进政策和有效政策供给。 旅游产业政策主要包括了两种类型旅游产业结构政策和旅游产业组织政策，它的基本特点是政府为了达到自身的发展目的，促进旅游产业结构的优化升级，对垄断竞争秩序进行了规范，采取了一种干预性的、指导性的措施。 旅游业（企业）可借助其良好的营商环境来提升自己的运营效率。 此外，政府还应在支撑力、协同力、执行力、创新力和影响力等方面，为旅游企业的高技能实用人才和高层次的创业团队提供相应的政策支持。 具体如图 5-8 所示。

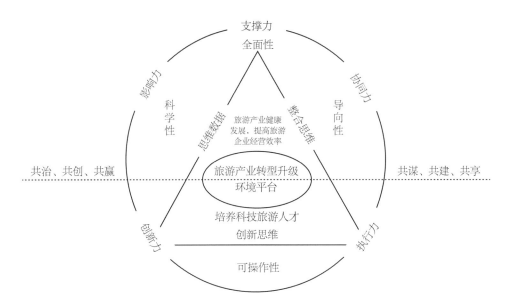

图 5-8　旅游产业转型升级动力机制——环境平台

从前文的分析中，我们可以看出，旅游产业转型升级的动力机制，按照时间演化的过程，可划分为三个阶段，即前端、中间、后端三个阶段，而且这三个阶段都带有强烈的时间演化特点。 在中国旅游业转型升级走上轨道之时，健全的市场机制将逐步成为旅游业转型升级的决定因素；在市场机制已形成有效运行的情况下，政府作为平台的保证（旅游业发展策略和政策）是促进旅游业转型升级的关键。 由此可以看出，中国旅游业转型升级的三个动态机理是具有时序性的，而这三个动态机理则是贯穿于中国旅游业转型升级的每一个过程。

因此，旅游产业的转型升级通常是在某种动态机制下进行的，即通过创新来弥补资源匮乏，进而形成新的资源优势（如常州中华恐龙乐园、广州长隆乐园等都已经被证明），这就要求旅游业的转型升级必须符合市场的需求。 在动态机制的驱动下，旅游业若能顺利升级，便能构建出新的优势（涂文明，2012）。 在对中国旅游业转型升级进行测算时，我们可以将旅游业的收入水平和创新能力、资源优势与市场的匹配程度作为自变量进行测算，并建立一个简单的计算模型如下：

$$Y = a + bK + cE \cdot I \cdot S \tag{5-2}$$

各变量的含义分别为：旅游产业收入（Y），固定资产净值（K），员工平均受教育年限（E），在建工程投资（I）以及研发费用（S），a 为常数。 根据上述简易方程，粤港澳大湾区的旅游业收入与其固定资产价值、R&D 投资之间存在着显著的正向关系，这也说明了其对中国旅游业的发展具有一定的促进作用。

根据中国区域旅游产业转型升级动力机制的相关调研，可以看出，首先，政府主导实施供给侧结构性改革，实现中国部分区域旅游资源重构（比如引入文化创意理念，举办旅游节庆活动等）；其次，进一步完善市场制度，形成一批高质量的旅游企业（产品），提高旅游业的附加值；再次，政府对基础设施和营商环境进行了进一步的改善，搭建起了旅游业与文化等其他产业融合发展的平台，为地区旅游业的转型升级提供了保证；最后，技术（包括旅游产品的革新与创新）贯穿于旅游业的全过程，对中国旅游业的附加价值进行了直接与间接的推动与提高。 如图 5-9 所示。

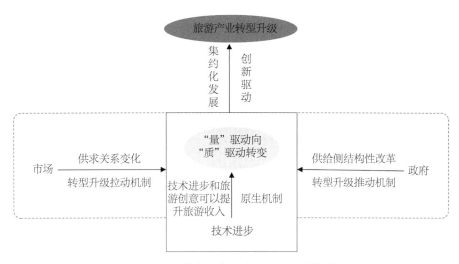

图 5-9　旅游产业转型升级动力机制构成

5.5　旅游产业转型升级的时空演进

因此，本书从理论上分析了影响我国旅游业发展的主要因素，并提出了相应的对策建议。通过对这本书的分析论述，我们不难看出，中国旅游业转型升级的动力机理，从空间角度来看，可以被划分为内外两个动力要素，以及它们之间的相互影响。而在时序演进过程中，又可分为前端动力机制、中端动力机制和后端动力机制。同时，中国旅游业转型升级的动力机制主要包括三个方面：竞争机制、创新机制和保护机制。其中，内在动力因素主要包括了外部经济效应、产业价值链结构、旅游资源禀赋等；外在动力因素包含了旅游客源市场供需关系、交通区位条件（旅游目的地可达性）、政府政策保障以及外部市场竞争情况等。这两个动态机制相互关联、相互作用，并通过竞争机制、创新机制和保护机制等三个机制，推动着中国旅游业在发展方向和质量上持续提升。中国旅游产业转型升级的动力机制是不断演进的：前期，文化和旅游产业应该充分认识到发展的新趋势、新动态、新特点以及游客的新需求，不断地深化旅游市场的供给侧结构性改革，为旅游者提供更多高质量、富有创意和有特色的旅游产品，对旅游资源进行再整合，把地区文化因素融入旅游业之中，使旅游业的内涵得到了充实，使其产品的种类得到了拓展，从而提高了旅游业的形象定位。 中期，伴随着旅游产业的不断发展，对基础设施进行了进一步的完善，同时还可以用旅游的方式将文化创意产品展现出来，从而丰富了文化创意产品的表现形式和消费体验，利用产业融合，还能以此塑造出更多的文化品牌(比如节庆活动、演艺和体验类旅游活动，形成新的文化创意产业以及旅游和文化产业链重组等)，拓展中国旅游业的市场，对文化产业的发展起到了促进作用，而两者的结合又能形成规模效应，从而带动相关行业的发展，具有广泛的辐射力，能够最大限度地发挥资源的最优配置作用，全面地带动经济的发展，能够起到"1＋1＞2"、共赢的作用，从而提高中国旅游业的附加值，为产业的转型升级提供了一个新的动力来源，从而推动旅游业的转型升级。 最后，通过政府制定的产业发展政策，对旅游产业的"硬"环境(如：基础设施)、"软"环境(如：商业环境、优惠政策)等方面进行优化，为中国旅游业的长期、持续的转型升级提供有力的保障。

根据新经济地理学的观点，区域一体化可以促进信息、资金和劳动力等要素的自由流通，从而在空间上扩大了市场，这也是产业转型升级的重要条件。区域经济发展和旅游发展政策的制定与实施，也一定程度上给中国旅游产业转型升级带来大好机遇，区域一体化支持旅游产业通过创新带来产业内部或者产业之间的企业或者产品的融合发展，加速了中国区域旅游产业融合的趋势，开拓了旅游产业的市场需求，从而在一定程度上提升其利润空间，促进其附加值提高，最终实现中国旅游产业转型升级。

6 中国旅游产业转型升级动态演进评价模型

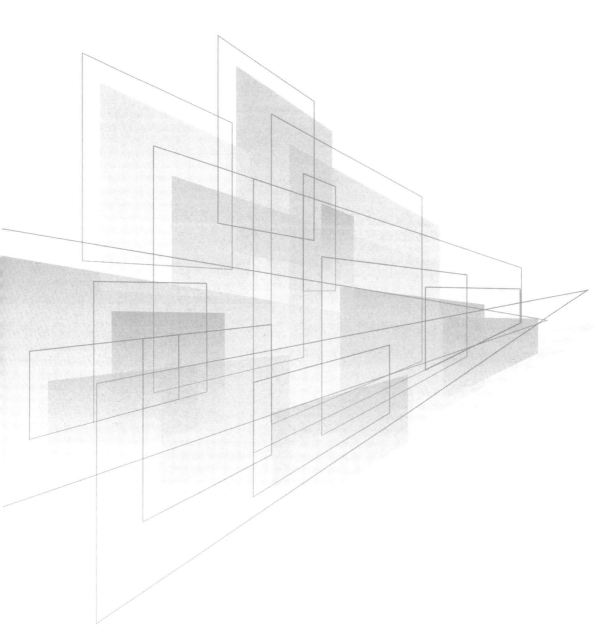

在旅游产业优质发展过程中，各利益主体本身的行为会影响旅游产业，比如政府的政策、游客消费升级、旅游企业创新等。此外，各主体之间的关系也可能对旅游产业产生间接影响，比如从需求动力角度通过影响游客需求体验间接影响旅游产业转型升级。旅游产业转型升级受内外部因素影响（见图 6-1）。外部影响因素指旅游产业发展的大环境，包括软环境和硬环境。其中软环境是指经济产业政策、生产技术、法律法规以及生态环境等，软环境主要受政府政策、社会意识等因素影响；硬环境指旅游产业发展所依赖的基础设施。内部影响因素是指市场因素，包括需求因素和供给因素，需求因素是指能使旅游产业优质发展的旅游者消费升级；供给因素是指旅游企业为了扩大市场份额或形成竞争优势创新旅游产品。

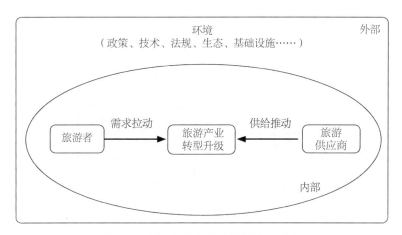

图 6-1 旅游产业转型升级的影响因素

6.1 指标体系构建

6.1.1 指标体系构建原则

本书所构建的测度模型是对旅游产业发展的全面分析，在指标选取上十分关键，因此，我们需要遵循一定原则，确保测度模型能够全面反映旅游产业发展情况。王良健（2001）在构建旅游可持续发展指标体系时提出应遵循简明科学性原则、系统整体性原则和可比可量可行原则。王兆峰（2007）遵循全面性与重点突出相结合原则、客观性与可操作性相结合等原则构建区域旅游产业品牌竞争力评价体系。杨立国和刘沛林（2017）在构建旅游小镇成熟度评价指标体系时遵循系统性、可行性、可比性和综合性原则。结合前人经验与本研究的特殊性，遵循如下原则构建旅游产业转型升级动态演进的评价模型。

（1）系统全面性原则

每个指标都是彼此独立但又有某种逻辑相联性的，从不同的角度和方向对同一事物的不同特征进行衡量，这些指标所组成的系统必须具有全面性，实物的每一个方面都有特定的指标来衡量，指标相互之间必须具有逻辑性，构成一个完整的系统，所以指标体系应该满足系统全面性的原则。旅游产业是一个典型的综合性产业，包括"食、住、行、游、购、娱"等六要素。因此，旅游产业转型升级评价的指标体系也需要涵盖多个部门。

（2）简明科学性原则

指标的选择应该满足科学性原则，指标应能够客观真实地反映实物的各方面特性。因此，本书在构建旅游产业转型升级评价指标体系的过程中尽可能做到：一是指标体系应满足系统全面性原则，应客观、真实、系统地反映旅游产业发展情况，通过同时选取互补性指标或替代性指标从不同方面综合评价旅游产业演进情况，避免以偏概全。二是在数据获取上，也应保证科学性，一方面指标的统计口径、含义、适用范围在不同年份要相同，确保可进行纵向对比，以此进一步完善政策；另一方面，数据应从公认的或具有权威性的统计数据库获取，比如《中国统计年鉴》《中国旅游统计年鉴》以及各地方政府发布的统计公报。三是为满足系统全面性原则，指标体系会相对复杂烦琐，所以在选择指标时应选择具有代表性的指标，删除意义重叠的指标，尽量避免添加过多非必要指标，在系统全面的基础上尽量做到简明。指标冗余不仅会降低核心指标的效用，也会造成权重难以确定，同时增加在收集数据和处理数据过程中不必要的工作量和难度。 四是在计算方法上，本书采用当前国际国内主流的方法——熵权法，确保分析结果尽可能科学、准确，符合客观性要求。

(3)典型代表性原则

选择的指标应尽量具有典型代表性，某一问题可能会有多个指标可以衡量，如果有能直接测量的指标就不应选择间接的或者通过复杂变换而得到的指标。 比较不同的指标，选择最具代表性的一个或几个，而忽略非代表性的指标。

(4)实用可行性原则

中国旅游业产业转型升级动态演进评价所选择的指标首先要可以量化，数据是可以可靠收集的，能够进行操作，整体具有可行性，这样指标体系的构建才有意义；指标体系还应该具有可比性，既能做到纵向可比又能做到横向可比，指标体系应是具有实用性的。 同时，也需要消除不相关指标的干扰。

(5)动静相结合原则

结合本研究动态演变的特征，还应遵循动静相结合的原则。 首先，旅游产业演进绩效最终反映的是某一时间节点旅游产业的发展水平，它是静态的，在指标选取时应采用反映目前状态的指标。 其次，旅游产业演进是一个连续的动态演化过程，一方面要注重过去的变化情况，多使用趋势类指标，以体现旅游产业在过去一段时间内的变化，比如增长率；另一方面强调未来发展潜力，因为旅游产业发展是一个长期过程，不能过分注重眼前利益，必须以发展的眼光看待问题。 通过测量旅游产业过去一段时间内的发展情况，揭示旅游产业发展的动态演化机理。

6.1.2 旅游产业转型升级评价指标体系

旅游产业升级是一个复杂而又综合的概念，在对旅游产业升级进行测度时，应当从多个角度展开综合度量，不仅要考虑到旅游产业升级的结果，还需要与旅游产业升级的过程相结合。 本书综合旅游产业转型升级的理论内涵与现实问题，在前人对旅游产业转型升级的研究以及现实生活中旅游产业升级所出现问题的基础上，依照指标体系的测度逻辑，从中国旅游产业转型升级的各阶段、各角度选取旅游产业转型升级的表现指标进行测度，分别是旅游产品（旅游服务）、效率、结构、设施、环境、贡献等六个方面，具体表现为从低端产品到高端产品，从低效率到高效率，从低级结构到高级结构，从环境破坏到环境友好发展，从经济贡献到综合贡献升级等。

(1)产品品质升级

产业转型升级不仅指的是产业结构的变动，还包括了产品的转型升级，也就是特定行业内企业的某产品系列由低端向高端升级，具体表现为从以生产低质量、低附加值产品为主，转变为以生产高质量、高附加值产品为主(朱卫平等，2011)。 旅游产品的构成要素主要包括旅游吸引物、旅游设施、可进入性和旅游服务。 对旅游产品的定义，学者们也是众说纷纭，本书中的旅游产品是指旅游业各部门服务于旅游者旅游过程中在食、住、行、游、购、娱等方面的旅游需求产品和服务的总和(崔素莹，2019)。 要达到提高旅游产品质量的目的，就需要旅游企业把游客满意度当作是旅游产品质量高低的最终衡量标准，为游客提供定制化、针对化、新颖化的优质旅游产品和服务，以更好地满足新时代游客多样化、个性化、精神化和参与化的旅游需求。 因此，旅游产品的升级就是旅游服务这种产品从低质量和低附加值状态到更高级形式的转变。

本书从供给侧和需求侧两个角度对旅游产品从低端到高端的升级进行表征，供给侧的表征变量表现为旅游服务供给质量的提升，与旅游服务质量有关的旅游企业包括了景区、旅行社和饭店等三种，因此，可以用这三种企业的升级水平来表征旅游产品质量的提升。 具体的测度指标有高端景区(4A 及以上)密度、高星级酒店(4 星及以上)密度。 由于本书的研究重心在"升级"上，因此并未采用所有景点及宾馆的密度，而仅选择具有高品质服务的景点及宾馆，作为旅游产品品质升级的替代变量。 对于旅行社，由于国内旅游占我国旅游市场的绝大多数，并且近几年来，电子商务的迅速发展同时也推动了旅游行业特别是饭店业的网络购物快速发展,在这一背景下,为适应日益增长的消费市场,大量的网络旅游平台应运而生。 因此,线下旅行社在国内游方面所起作用越来越小,我国在线旅行社(OTA)所起作用反而越来越大。

需求侧则是从消费者的实际消费特征出发,对旅游产品的升级进行了反向映衬,其主要特点是从观光游向休闲游的转变。 近年来,伴随着人们出游次数的增多、出游经验的积累,以及信息化的普及,自驾游、自助游、房车游等各种新兴的、休闲性质的出游方式不断涌现。 与观光旅游相比,休闲游具有较长的旅行时长,以及消费目标十分明确的特征,因此在旅行过程中增加了消费环节,促进了旅游消费。 因此,可以通过游客平均停留天数和平均每人次的旅游消费额来衡量旅游产品品质升级的需求侧表征变量。 这两方面的提高,是旅游者在消费行为表现上对旅游产品质量升级的反馈,也反映出了旅游产品朝着休闲度假型这一更高层次产品的集中。

(2)产业效率提升

旅游产业转型升级的一个特点就是对旅游资源的利用从低效率状态到高效率状态的升级。 旅游产业运行效率的升级指的是旅游产业使用技术经验的积累、新技能的运用和创新等方式,持续地提升了旅游投入要素的利用效率。效率提升可以提高旅游资源的利用率,进而降低旅游服务成本,也就是增加了旅游产业的单位投入所能带来的产出,同时还可以通过旅游产业的效率提升来带动旅游产业附加值的提升,最后,还可以利用数据来判断旅游产业转型升级的时间序列演变规律。

旅游产业效率的提高,主要表现为旅游业投入的每单位劳动力、投资的每单位资本所创造的收益增加,也就是旅游业劳动效率和资本效率的提高。 近年来随着对知识技术的重视,在这方面的投资比重也在不断提高,因此,本书引进了测量旅游知识和旅游技术方面的投资效率指标,以度量旅游知识和技术对收益的贡献。 另外,旅游资源的利用率是影响资源利用效率的一个决定因素,旅游产业运作效率的高低不仅受到知识、技能、经验等因素的影响,还受到旅游要素的投入量是否合适的影响,对旅游要素的过度投入会导致资源效率低下(吕本勋 等,2016)。

其中，劳动效率、资本效率分别以旅游行业的平均每一个雇员所创造的旅游收入、平均每单位旅游行业的固定资产投资所创造的旅游收入来表征。全要素生产率指的是除劳动力和资本以外的其他要素投入所引起的经济增长率，它经常被用来作为衡量科技进步的指标，其来源有技术进步、组织创新、专业化和生产创新等。本书拟选择旅游总收入、旅游从业人员数和旅游固定资产投资三个变量，通过软件 deap2.1 的 Malmquist 指数法来测度全要素生产率（Färe et al.，1995；陶卓民 等，2010）。

在对旅游资源利用率进行测量的问题上，由于旅游资源总量巨大，而且很难进行统计，因此难以对所有旅游资源的利用率进行准确的计算，食、住、行、游、购、娱之间是相互关联的，酒店住宿业属于重资产的行业，它的投资在整个旅游行业中占有很大的比例，所以旅馆住宿业的利用状况（入住率）能够在一定程度上反映旅游资源投入的利用情况（陈秀琼 等，2006）。本书通过对各个区域内星级酒店房间的平均使用率进行分析，得出了一个区域内旅游资源的利用率。

（3）产业结构优化

旅游产业结构优化是指旅游产业内部各结构的协调与升级，是旅游产业转型升级的重要内容之一。旅游产业内部结构主要包括了供需结构、消费结构、客源结构以及收入结构等方面，产业结构的优化体现在各个内部结构由不协调且低级的结构向协调而高级的结构升级上。在对旅游产业结构进行优化的过程中，通常要实现与各系统的协同优化，从而让各个系统之间实现组合和协调，最终达到对旅游产业结构进行优化的目的。

根据产业结构演化理论，一个国家的经济发展与产业结构的演化有着密切的联系。当一个国家的经济步入高质量发展阶段的时候，产业结构会逐步向着形态更高级、分工更优化、结构更合理的方向演化。旅游产业结构的优化是旅游经济增长的本质要求，是以旅游产业各部门之间、旅游产业与相关产业之间的比例关系和经济联系更加合理为前提，实现产业结构向资源深加工、产出高附加值的方向发展，从而促进旅游产业的高质量转型升级。旅游产业结构由低端结构向高端结构的升级体现为供给和需求趋于均衡。从消费结构来看，需求弹性大的行业，也就是在"游、购、娱"领域中，旅游消费所占的比重在逐步提高；在旅游资源结构上，中高档旅游资源所占比例呈上升趋势；从收入结构上看，旅游景区收入中门票收入占比降低。

供需结构的相对平衡是旅游产业内部结构优化的一个重要表现，参考国内外学者关于旅游产业供需结构的研究成果，本书主要探讨了旅游产业结构协调性在各个部门的供给与需求结构上的平衡问题，也就是供需的协调度问题。

具体计算公式为

$$C_t = \mid D_t - S_t \mid = \mid 游客总量变动百分比 - 旅游固定资产投资变动百分比 \mid$$

其中，C_t 代表第 t 年旅游产业发展的供给－需求结构协调程度，D_t 代表第七年旅游产业需求变化，S_t 代表第 t 年旅游产业供给变化。$C=0$ 代表旅游产业供给和需求平衡，此时属于供需结构平衡的完美状态；$C>0$ 代表旅游产业的供给发展落后于需求发展，C 越大代表供给与需求的差距越大；$C<0$ 代表旅游产业的需求发展落后于供给发展，C 越小代表需求与供给的差距越大。所以 $C=0$ 是供给与需求平衡发展的状态，$C>0$ 和 $C<0$ 都反映出旅游产业内部结构的不合理，C 与 0 的距离越远，代表供求结构越不合理，供求结构越不平衡。另外，因为 C 可能为负数，所以在进行该指标的计算时，取其绝对值，绝对值越小，代表旅游供求越协调，绝对值越大，代表旅游供求协调度越差。

在旅游消费结构上，按照筱原三代平的"收入弹性基准"，"食、住、行、游、购、娱"六部分旅游消费中前三部分的消费是游客在旅游过程中必不可少的基本消费，需求弹性较低，而后三部分的消费需求弹性较高，有很大的增长空间，可以满足游客更高精神层次的需求。后三部分产生的收入，是提高旅游产业附加值最重要的源泉。

从客源市场的结构来看，相对于我国，欧美国家是以旅游为主且旅游消费层次较高的国家，他们的旅行社所赚取的利润是我国香港、澳门、台湾等地区旅行社的 4～5 倍，因此，拓展该地区的旅游市场，可以提高旅游业的盈利能力，提高旅游业的附加值。

在旅游收入结构方面，与景区内其他娱乐活动的收入相比，景区门票的收入弹性小,因此,降低景区门票收入占比是我国旅游产业转型升级的一项任务。 门票收入占比高,通常意味着旅游的目的是观光,它是观光旅游的延续(张文菊 等,2007),不符合旅游体验化的升级规律。 门票收入占比的下降表明了旅游消费的升级、消费结构的合理化,同时也体现出了景区资源总体布局的合理性。 因此,本书将景区门票收入占比作为衡量旅游产业结构的负向指标。

(4)基础设施健全

旅游基础设施是旅游产业发展的重要因素(Naudé et al.,2005;Khadaroo et al.,2008),也是旅游目的地要进行旅游活动必须具备的前提条件。 完备的旅游基础设施既能为旅客提供最基本的服务,又能吸引高层次旅客,提高旅客的满意度。 从落后到健全完善,是实现旅游业转型升级的基本要求(谢春山 等,2009)。

本书基于设施与当前旅游活动的联系密切程度,分别从交通、卫生和通讯三个角度选择了一系列的指标,以此来衡量旅游基础设施从不完善到完善的转变。

交通是联系旅游客源地和目的地的桥梁(余菲菲 等,2015),近年来我国的交通设施得到了快速的发展,特别是高铁的快速发展对我国旅游产业的发展起到了巨大的推动作用,由此产生了越来越多的有关高铁发展与旅游产业发展间各种联系的研究。 铁路是连接旅游目的地和客源地的一种重要运输手段,而旅游目的地内部的交通状况也是一个对游客出行产生影响的重要交通条件,也就是说,地方的公路建设状况对当地旅游业的发展起着决定性作用。 此外,最近几年"自驾游"的流行,对各个景区的道路建设也有了很大的需求,因此,本书根据资料的可获得性,选取铁路密度和等级公路密度两个变量作为衡量交通设施是否完备的指标。

伴随着人们生活水平的不断提高,人们对卫生环境的要求也越来越高,公共卫生水平已经成为旅游者出行所需要考虑的一个前提,更是吸引高端游客的一个重要因素,因此,公共卫生设施建设水平的提高是旅游产业升级的一种表现。 公共厕所是方便游客进行卫生清洁、生理代谢的地方,它对游客的出行舒适度和满意度有很大的影响，因此，本书选择了公共厕所的分布密度来评价旅游卫生条件的优劣。

随着智能手机、物联网、App 等数字技术的持续发展，通畅的网络已经变成了人们方便生活的必要条件，更是人们成功外出旅游的保证。而"自由行"的兴起，更是对互联网的需求越来越大。网络与旅游者的通信、出行、住宿、消费支付等诸多方面密切相关，人们旅游活动中的每一个环节都与网络有着密切的联系。

网络给旅游者带来了方便，同时也给旅游企业带来了方便。伴随着智慧旅游的不断崛起，人们在网上订票、查询景点和路线的行为变得更加常见，而网络的普及率是制约智慧旅游发展的一个重要因素，因此，我们选择了互联网的普及率来衡量智慧旅游的基础设施健全程度。而旅游基础设施的便捷性和普及性，则与国家的投资有着直接的联系，投资越大，设施也就越完善。因此，网络的覆盖范围不断扩大是目前旅游产业升级的一个趋势，本书选择了人均互联网宽带接入端口数作为衡量地方互联网覆盖率的指标。

（5）产业环境协调

自然环境既是旅游产业发展的条件，又是旅游发展的吸引物。根据党的二十大报告，"尊重自然、顺应自然、保护自然，是全面建设社会主义现代化国家的内在要求。"并且，2023 年中共中央、国务院出台了《关于全面推进美丽中国建设的意见》，其中提到，加强科技支撑是美丽中国建设保障体系的重要内容之一。因此，对区域产业结构优化的估算应纳入反映区域产业结构生态化的指标。从旅游业的角度来看，旅游业的结构优化是旅游业发展的一个动态过程，也是旅游业发展的必然趋势。随着旅游活动的规模和范围越来越大，旅游产业对环境产生的影响不可忽视，旅游交通、住宿等活动环节产生的碳排放对温室效应的影响每年都在增加，所以，旅游产业的生态化问题得到了政府、学界及相关机构的高度重视。此外，在国家推进碳达峰、碳中和战略目标的背景下，以绿色化、生态化促进旅游产业的优化升级，是实现旅游业高质量发展的必然选择。所以，将旅游产业结构的合理化、高端化、生态化相结合，有利于客观地把握当前的旅游产业发展水平。

　　旅游产业的升级要以对现有的旅游产业结构进行优化为基础，促进旅游产业的集约型发展，提升旅游产品的品质，最终实现生态旅游。生态旅游是旅游产业升级的需要，也是升级的产物，旅游生态化的升级指的就是从环境不协调到环境协调的方向升级，从不可持续发展到可持续发展，用发展旅游产业来对环境质量进行优化，从而实现其生态价值（易开刚 等，2017）。近年来，随着环境质量的不断恶化，人们对环境质量的要求越来越高，"绿色旅游""生态旅游""低碳旅游""旅游业的可持续发展"也越来越受到业界人士的关注。发展高质量的生态旅游，不仅可以推动人与自然之间的协调发展，还可以培育和壮大资源节约型、环境友好型的产业，同时也是实现产业升级转型和城镇化建设的一个重要着力点。在绿色转型的背景下，要想实现生态旅游的高质量发展，就必须推动生态文明的发展，走一条可持续发展的道路，坚持生态保护的原则，以绿色需求为导向，对生态旅游的发展内涵进行创新。

　　本书将选用两个指标评价国家对旅游产业发展的重视程度，一是国家投资额增长率，反映国家对旅游产业投资力度的绝对变化；二是互补性指标，旅游产业投资占第三产业投资总额比重，反映国家对旅游产业投资力度的相对变化。旅游产业发展受经济环境影响（Payne et al.，2010；Amin et al.，2020），经济增长说明能够提供更多的旅游设施，同时人们消费能力较高，在供给和需求双方作用下推动旅游产业发展。选取旅游社会贡献率测量旅游产业对经济的贡献程度，贡献率越高说明旅游产业发展越好。社会环境包括某一地区的居民文化水平、人口结构比例、人均收入等多项内容。信息技术对旅游产业的影响毋庸置疑，比如信息技术变革了旅游产品购买方式，线上购买是一种更快捷、更高效的交易方式（Lee et al.，2011），技术作为旅游产业发展的主要驱动力，其发展水平直接影响旅游产业结构优化。因此技术环境的测量不容忽视，可以从技术现状和技术发展潜力两个维度测量技术环境，选取社会 R&D占 GDP 比重和每万人中科技人员数测量地区未来技术发展潜力；结合旅游产业关联性强的特征和数据可获性，选取专利申请数测量技术水平现状。相较于其他环境，生态环境与旅游产业的关系更为复杂，生态环境是旅游产业的一部分，甚至可以是旅游产品，Tang（2015）在研究黑龙江旅游产业与生态环境的关系时，发现两者的和谐关系对旅游产业发展有正向影响，而生态环境质量直接影响两者之间的关系。

旅游产业的环境效应具有积极和消极两个方面。从积极方面看，由于旅游业的发展高度依赖于环境资源，在开发旅游市场的过程中，需要在自然环境中修建许多基础设施。并且，旅游业也是一种绿色产业，许多地区的旅游业都是依托其良好的自然环境而发展的，因此，发展旅游业促进了当地对自然环境的保护和建设。此外，用人均公园绿地面积衡量为发展旅游产业而在环境方面所做的积极努力，人均公园绿地面积越大，代表旅游产业发展对当地环境保护越具有积极作用。从消极方面看，过度开发旅游资源也会导致土壤侵蚀、水资源过度消耗、污染排放、濒危物种的生存空间受到威胁，进而对其自身的发展造成反噬。除此之外，旅游活动还对环境造成了污染，比如旅游饭店、景区等产生的废气、废水、废弃物等垃圾，导致旅游目的地环境恶化。从技术层面看，对旅游产业的废水、废气、固定废弃物排放量等指标还没有进行过统计计算。因此，考虑到旅游产业具有综合性，与各个产业都具有紧密的关联，所以使用相应省(区、市)的废水、废气、固定废弃物排放量与旅游收入占该省(区、市)GDP 的比值之积来衡量旅游产业的废水、废气、固定废弃物排放量，这三个指标都是负向指标。

(6)社会贡献增加

旅游产业升级的一个条件是扩展旅游产业的功能，从经济功能向综合功能转变。促进旅游产业升级的动力和目标是增加其对旅游产业发展的贡献，按照这个思路，本书用旅游产业升级的区域发展贡献表现度量其经济功能，还可以从社会就业和教育等方面对其进行表征。

旅游业的产业结构链比较复杂，它是一种将餐饮、酒店、交通、娱乐等多种因素融合在一起的综合产业，还与农业、制造业及其他服务业有着很强的联系，旅游产业的发展可以促进其他产业的发展，从而对当地的经济发展起到一定的促进作用。一方面，由于旅游消费是一种终端消费，其增长能够直接带动区域 GDP 的增长；另一方面，旅游消费水平的不断增长对旅游业的发展起到了积极的推动作用，并对相关行业产生了积极的影响。旅游产业对区域经济的贡献度,可以从创收和第三产业发展两个角度来衡量。 旅游产业收入与该地区 GDP 的比重,可以衡量旅游产业对该区域创造收入的作用;旅游产业收入与第三产业 GDP 的比重,可以衡量旅游产业对第三产业发展的贡献大小,这两个指标可以综合反映出旅游产业的经济贡献度。

旅游产业属于劳动密集型产业,其发展需要劳动力作支撑,而专业人才会表现出更高的生产效率和更强的创新能力。 大量研究表明,专业的旅游劳动力是旅游产业获取竞争优势的先决条件(Stauvermann et al.,2017;Andrades et al.,2017)。 因此在社会环境方面,本书着重考虑为旅游产业培养所需专业人才的情况,并选择旅游学院学生数作为社会环境的评价指标。 旅游业的快速发展、旅游学科的运作不仅能培养出大量的旅游专业人才,还能为地方教育界的发展作出巨大的贡献。 旅游专业的发展,给社会带来了更多的旅游专业人才,为教育开拓了一个新的发展方向,也给学生们带来了一个新的学习机遇。 旅游产业在教育方面的贡献用旅游相关专业学生数与该省(区、市)学生总数之比表征。

旅游业是一个综合的行业,它为旅游者提供他们在旅游中所需的所有服务与产品。 旅游业的多元化,使其能够提供多种就业岗位,包括基本就业岗位和高层次就业岗位,各种类型的岗位可以吸引各类劳动力,为广大劳动力提供更多的就业机会。 在考虑到其他行业对区域就业贡献的基础上,本书选取了旅游产业在该区域所有就业中所起到的作用大小和提供就业岗位的能力大小作为衡量指标(董锁成 等,2009)。

在对中国旅游产业转型升级进行界定的基础上,结合指标体系的构建原则与数据的可得性,设计了如表 6-1 所示的旅游产业转型升级指标体系。 该指标体系由 6 个子指标系统和 24 个具体指标构成,从品质升级、效率提升、结构优化、设施健全、环境协调和贡献增加 6 个维度对我国旅游产业转型升级水平进行全面测度。

表 6-1 旅游产业转型升级评价指标体系

一级指标	二级指标	指标具体含义	方向
品质升级	高端景区密度	4A 级及以上景区密度	＋
	高星级酒店密度	4 星及以上星级酒店密度	＋
	游客平均停留天数	旅游者过夜情况	＋
	游客人均旅游消费	平均每人次的旅游消费额	＋
效率提升	劳动效率	平均每个从业人员创造的旅游收入	＋
	资本效率	平均每单位固定资产投资创造的旅游收入	＋
	全要素生产率	科技进步所引起的经济增长率	＋
	资源利用率	星级酒店入住率	＋
结构优化	旅游供求协调度	游客总量变动百分比与旅游固定资产投资变动百分比之差的绝对值	－
	高需求弹性部门收入占比	"游、购、娱"旅游消费与旅游总消费之比	＋
	游客来源结构高级化	入境旅游人次与旅游总人次之比	＋
	景区收入合理性	景区门票收入占比	－
设施健全	铁路密度	各省(区、市)铁路长度与面积之比	＋
	等级公路密度	各省(区、市)等级公路里程数与面积之比	＋
	公厕密度	每万人拥有的公共厕所数	＋
	互联网覆盖率	人均互联网宽带接入端口数	＋
环境协调	人均公园绿地面积	城镇公园绿地面积的人均占有量	＋
	旅游产业废气排放量	省(区、市)废气排放量与旅游收入占比之积	－
	旅游产业废水排放量	省(区、市)废水排放量与旅游收入占比之积	－
	旅游产业固定废弃物排放量	省(区、市)固定废弃物排放量与旅游收入占比之积	－

续表

一级指标	二级指标	指标具体含义	方向
贡献增加	创收贡献	旅游收入占 GDP 比重	+
	产业贡献	旅游收入占第三产业 GDP 比重	+
	教育贡献	旅游相关专业学生数/学生总数	+
	就业贡献	旅游业就业人数/社会就业总人数	+

注：表中指标数据均来源于《中国统计年鉴》《中国旅游统计年鉴》《中国城市统计年鉴》《中国交通年鉴》《中国教育统计年鉴》《中国人口与就业统计年鉴》《中国区域经济统计年鉴》以及各省(区、市)统计年鉴。

6.2 中国旅游产业转型升级水平测度分析

6.2.1 测度方法与数据来源

本书采用了建立指标体系的方法，对 2004—2021 年中国 31 个省级行政区域的旅游产业转型升级水平进行了综合测度(未包括香港特别行政区、澳门特别行政区和台湾地区)。

首先，考虑到本书所建立的旅游产业转型升级指标体系中，各个指标在规模和维度上并不一致，且样本规模之间存在较大差别，因此拟通过对原始数据的规范化处理，消除样本规模上的差别和维度上的差别。其次，在建立了旅游产业转型升级评估系统的基础上，提出一种基于熵权的客观赋权方法，以减少评估过程中的主观性。最后，利用信息熵权重法，对所有的指标进行了赋权和求和，最终得出了我国 31 个省(区、市)在 2004—2021 年的旅游产业转型升级指数，以此来对我国的旅游产业转型升级状况进行评估。具体处理步骤如下。

(1)对指标体系中的正向指标和负向指标分别进行标准化处理，标准化处理公式如下：

$$正向指标：X_{ij} = \frac{x_{ij} - \min(x_{1j},\ x_{2j},\ x_{3j},\ \cdots,\ x_{nj})}{\max(x_{1j},\ x_{2j},\ x_{3j},\ \cdots,\ x_{nj}) - \min(x_{1j},\ x_{2j},\ x_{3j},\ \cdots,\ x_{nj})}$$

(6-1)

$$负向指标：X_{ij} = \frac{\max(x_{1j},\ x_{2j},\ x_{3j},\ \cdots,\ x_{nj}) - x_{ij}}{\max(x_{1j},\ x_{2j},\ x_{3j},\ \cdots,\ x_{nj}) - \min(x_{1j},\ x_{2j},\ x_{3j},\ \cdots,\ x_{nj})}$$

(6-2)

式中，x_{ij} 和 X_{ij} 分别代表第 i 个省(区、市)的第 j 个旅游产业转型升级评价指标的原始数据和标准化处理之后的数据。n 代表省(区、市)的个数，m 代表评价指标的个数。原始数据标准化之后，数据统一分布在 $[0, 1]$。

(2)基于数据标准化处理之后的各评价指标数值 X_{ij}，计算每一指标的信息熵 E_j，计算方式如下：

$$E_j = \ln \frac{1}{n} \sum_{i=1}^{n} \left(\frac{x_{ij}}{\sum_{i=1}^{n} x_{ij}} \ln \frac{x_{ij}}{\sum_{i=1}^{n} x_{ij}} \right)$$

(6-3)

(3)在信息熵 E_j 的基础上，进一步计算旅游产业转型升级各指标的权重 W_j，具体计算公式如下：

$$W_j = \frac{1 - E_j}{\sum_{j=1}^{m} (1 - E_j)}$$

(6-4)

(4)根据以上(6-1)~(6-3)步骤计算的标准化的旅游产业转型升级评价指标数据 X_{ij} 以及信息熵法计算的各指标所占权重 W_j，采用信息熵加权法计算各省(区、市)各年份的中国旅游产业转型升级指数，计算方法如下：

$$I_i = \sum_{j=1}^{m} 100 W_j X_{ij}$$

(6-5)

基于上述公式计算就能获得各地区各年份的旅游产业转型升级指数 I_i，I_i 的取值范围为 $[0, 100]$，I_i 值越大表示第 i 个省(区、市)旅游产业转型升级水平越高，值越小代表该地旅游产业转型升级的水平越低。

本书对旅游业转型升级的测算包含了 2004—2021 年 31 个省(区、市)的面板数据，因为缺少对港澳台地区的统计资料，因此别除了港澳台地区的测算（下文同）。测量指标的具体数据来源如下：在计算高端景区密度和高星级酒店密度时，4A级及以上景区的数量与4星及以上星级酒店的数量来自《中国旅游统计年鉴》与各省（区、市）旅游统计年鉴，各省（区、市）面积来自《中国区域经济统计年鉴》；旅游平均逗留天数、平均每人次的旅游消费额、旅游从业人员数、旅游固定资产投资、旅游总收入、平均客房出租率、国内旅游数量、入境旅游数量、入境旅游"游、购、娱"旅游消费、入境旅游总消费、景区门票收入、旅游相关专业学生数、旅游就业人数等均来源于《中国旅游统计年鉴》；铁路总长度、等级公路里程数来自《中国交通年鉴》；人均互联网宽带接入端口数、每万人拥有的公共厕所数、废气排放量、废水排放量、固体废弃物排放量、GDP、第三产业GDP都来自《中国统计年鉴》；人均公园绿地面积来自《中国城市统计年鉴》；普通高等学校在校学生数来自《中国教育统计年鉴》；社会总就业人数来自《中国人口与就业统计年鉴》。

6.2.2 旅游产业转型升级测度各子系统分析

在上文基础上，本部分首先对2004—2021年中国31个省（区、市）的旅游产业转型升级（品质升级、效率提升、结构优化、设施健全、环境协调、贡献增加）进行了测度，并对其进行了实证分析。

（1）旅游产品品质升级

根据公式(6-1)～(6-5)，可以计算出旅游产品品质升级的结果，进而可以分析其时序动态演进趋势，如图6-2、图6-3和表6-2所示。

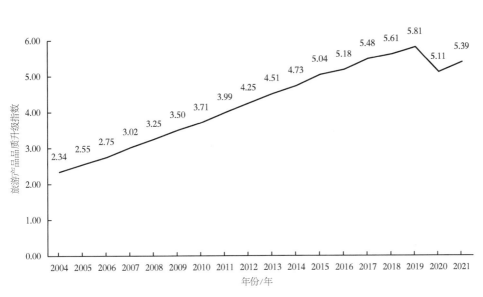

图 6-2 2004—2021 年全国年平均旅游产品品质升级水平动态演进趋势

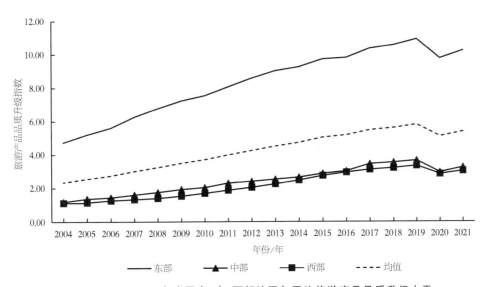

图 6-3 2004—2021 年全国东、中、西部地区年平均旅游产品品质升级水平

表 6-2　2004—2021 年中国 31 个省（区、市）的旅游产品品质升级水平指数

省（区、市）	2004年	2005年	2006年	2007年	2008年	2009年	2010年	2011年	2012年	2013年	2014年	2015年	2016年	2017年	2018年	2019年	2020年	2021年	均值
上海	14.14	15.24	15.72	17.65	19.79	21.22	22.32	24.04	26.83	27.56	28.34	30.05	30.33	31.05	33.27	34.55	30.19	31.57	25.21
北京	9.94	11.32	12.08	14.26	16.68	16.66	17.02	17.33	17.84	17.94	18.55	18.73	18.52	18.75	18.98	19.13	18.63	18.88	16.74
天津	4.68	5.00	5.47	5.81	6.47	7.34	7.67	8.19	8.88	10.37	11.33	12.14	12.27	12.04	12.05	12.77	12.21	12.56	9.29
江苏	3.76	4.17	4.62	5.17	5.62	6.15	6.39	6.77	6.98	6.89	7.45	7.60	7.74	7.90	8.05	8.19	7.67	7.86	6.61
浙江	2.83	3.40	3.51	3.93	4.19	4.76	4.81	5.61	5.66	5.97	6.01	6.72	6.85	7.21	7.42	7.66	6.79	7.11	5.58
福建	3.22	3.36	3.45	3.96	3.83	4.09	4.39	4.52	4.67	5.15	4.01	4.26	4.97	5.92	5.61	5.86	4.62	5.21	4.51
广东	3.38	3.42	3.82	3.99	2.64	2.87	3.28	3.58	3.77	4.18	4.67	4.87	4.50	6.86	6.57	7.09	4.69	5.76	4.44
山东	1.83	2.04	2.33	2.51	2.83	3.26	3.70	4.00	4.21	4.56	4.77	5.08	5.15	5.20	5.26	5.32	5.12	5.19	4.02
海南	2.38	2.68	3.47	3.62	3.88	4.05	3.87	4.06	4.23	4.28	3.89	3.95	4.12	4.68	4.35	4.40	4.04	4.26	3.90
内蒙古	1.36	1.45	1.71	2.07	2.25	2.59	2.98	2.90	3.27	3.86	4.33	4.80	4.97	5.38	5.51	5.63	4.89	5.20	3.62
重庆	1.64	1.77	2.07	2.16	2.32	2.49	2.69	2.78	2.98	3.02	3.09	3.95	4.75	4.58	4.65	4.71	4.35	4.50	3.25
安徽	0.99	1.18	1.33	1.61	1.86	2.21	2.53	3.29	3.47	3.63	3.60	4.00	4.04	4.51	4.69	4.95	4.02	4.37	3.13
辽宁	2.23	2.44	2.54	2.59	2.79	3.06	3.07	3.25	3.45	3.38	3.48	3.05	3.22	3.51	3.43	3.46	3.14	3.30	3.08
新疆	1.46	1.48	1.66	1.71	1.62	1.48	1.65	2.99	3.37	3.44	4.13	4.46	3.84	4.21	4.31	4.39	4.15	4.23	3.03
河北	1.20	1.40	1.58	1.72	1.77	1.92	1.95	2.53	2.73	3.31	3.51	3.83	3.66	4.00	4.12	4.27	3.75	4.02	2.85
吉林	1.13	1.34	1.50	1.63	1.76	1.95	2.68	2.32	2.55	3.12	3.09	3.39	3.57	3.61	3.73	3.86	3.48	3.61	2.68
河南	1.62	1.79	1.95	2.06	1.99	2.23	2.23	2.46	2.54	2.79	2.92	2.98	3.18	3.26	3.39	3.51	3.08	3.23	2.62

续表

省 （区、市）	2004 年	2005 年	2006 年	2007 年	2008 年	2009 年	2010 年	2011 年	2012 年	2013 年	2014 年	2015 年	2016 年	2017 年	2018 年	2019 年	2020 年	2021 年	均值
湖北	1.05	1.12	1.21	1.27	1.41	1.60	1.91	2.15	2.42	2.45	2.54	2.76	2.86	4.69	4.50	4.61	2.81	3.71	2.50
西藏	2.22	1.95	1.94	2.02	1.84	1.98	2.07	2.13	2.28	2.58	2.66	2.68	2.84	2.75	2.86	2.91	2.76	2.80	2.40
江西	1.10	1.23	1.26	1.35	1.69	1.71	1.75	1.82	1.81	2.23	2.37	2.73	2.97	3.31	3.55	3.63	2.85	3.17	2.25
陕西	1.10	1.38	1.50	1.55	1.65	1.83	1.76	1.89	1.94	2.15	2.28	2.52	3.10	3.13	3.19	3.37	2.81	3.02	2.23
山西	0.51	0.87	1.05	1.36	1.67	1.86	1.98	2.14	2.33	2.38	2.66	2.84	2.93	2.97	3.11	3.21	2.89	2.99	2.21
宁夏	0.63	0.61	0.80	0.79	0.93	1.18	1.45	1.62	1.67	2.41	2.45	2.68	2.85	3.12	3.25	3.43	2.77	3.02	1.98
湖南	1.84	2.00	1.85	1.99	1.92	1.97	1.84	1.96	1.90	1.74	1.85	1.98	2.21	1.98	2.03	2.05	2.10	2.06	1.96
广西	0.53	0.59	0.71	0.88	1.03	1.24	1.48	1.63	1.79	2.03	2.25	2.46	2.74	3.03	3.25	3.50	2.60	2.93	1.93
青海	0.87	0.89	0.83	0.88	1.15	1.29	1.62	1.74	1.94	1.76	2.25	2.44	2.56	2.45	2.61	2.68	2.50	2.54	1.83
四川	1.04	0.84	0.86	1.01	1.10	1.21	1.31	1.43	1.52	1.66	1.90	2.20	2.48	2.77	2.76	2.94	2.34	2.58	1.77
贵州	1.19	1.41	1.47	1.30	1.23	1.16	1.26	1.31	1.42	1.61	1.76	1.93	2.19	2.56	2.57	2.75	2.06	2.34	1.75
云南	0.92	0.99	1.06	1.02	1.08	1.27	1.31	1.48	1.61	1.70	1.79	1.93	2.07	2.33	2.39	2.53	2.00	2.21	1.65
黑龙江	1.16	1.17	1.32	1.27	1.19	1.15	1.12	1.14	1.07	0.87	1.87	2.10	2.19	1.15	1.31	1.47	2.15	1.73	1.41
甘肃	0.49	0.42	0.56	0.58	0.59	0.68	0.78	0.65	0.75	0.78	0.84	0.98	1.05	1.11	1.21	1.30	1.02	1.11	0.83
均值	2.34	2.55	2.75	3.02	3.25	3.50	3.71	3.99	4.25	4.51	4.73	5.04	5.18	5.48	5.61	5.81	5.11	5.39	4.16

中国旅游产业转型升级动态演进研究

从时间上来看，2004—2021年各省之间旅游产品的升级水平增速差异比较大。但是总体来看，旅游产品的升级水平是在逐年稳步提升的，从2004年的2.34提升到2021年的5.39，增速较快且很稳定，除2020年受新冠疫情影响增长率下降至−12.05%以外，每年的增长率平均维持在6%的水平。出现上述旅游产品品质升级的特征主要得益于近年来我国经济总体上高速发展，经济实力和科技实力都在稳步提升，因此旅游产品品质升级虽呈现区域间不平衡现象，但是在该时间段内，总体发展趋势还是呈现平稳上升的特征。

从区域层面来看，旅游产品品质升级水平最高的是上海，其18年间的品质升级水平均值为25.21，远远超过位于第二位的北京(16.74)。上海和北京是全国仅有的旅游产品品质升级水平超过10的城市，天津的品质升级指数为9.29，仅为上海的1/3左右。各省(区、市)间的旅游产品品质升级水平差异较大，唯一一个旅游产品品质升级水平低于1的省(区、市)是甘肃，其均值仅为0.83。旅游产品品质升级水平方面存在明显的区域不平衡现象，上海和北京的旅游产品品质遥遥领先于其他地区。

从地理区位来看，东、中、西部地区的旅游产品品质升级水平差异也比较显著。排名前9的省(区、市)分别是上海、北京、天津、江苏、浙江、福建、广东、山东和海南，均属于东部地区。东、中、西部的旅游产品品质升级的平均水平分别为8.31、2.44和2.07，自东向西呈递减趋势。2004年各省(区、市)产品升级水平的极差为13.65，经过18年的发展，极差扩大到30.46，区域间的差距呈现扩大趋势。这是因为旅游产品的升级受旅游投资、科技进步等因素的推动，东、中、西部地区的经济发展不均衡，反映到具体的旅游产品或服务上，则体现为东、中、西区域的旅游产品升级水平不均衡。上海和北京是我国经济发展最发达的两个地区，有着雄厚的资金和先进的科技，对旅游业的发展与投资非常重视，同时也有着高端的旅游产品与服务，所以两地的旅游产品品质升级获得很好的结果；而甘肃省位于我国西部地区，由于其经济相对落后，在旅游饮食、旅游住宿等领域的投入相对较少，旅游产品品质升级处于劣势。

(2)旅游产业效率提升

根据公式(6-1)～(6-5)，可以计算出旅游产业效率提升的结果，进而可以分析其时序动态演进趋势。 如图 6-4、图 6-5 和表 6-3 所示。

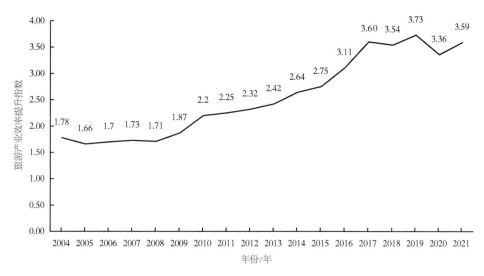

图 6-4　2004—2021 年全国年平均旅游产业效率提升动态演进趋势

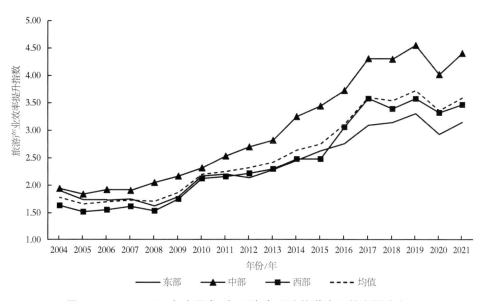

图 6-5　2004—2021 年全国东、中、西部年平均旅游产业效率提升水平

表 6-3　2004—2021 年中国 31 个省(区、市)的旅游产业效率提升水平指数

省(区、市)	2004年	2005年	2006年	2007年	2008年	2009年	2010年	2011年	2012年	2013年	2014年	2015年	2016年	2017年	2018年	2019年	2020年	2021年	均值
贵州	2.25	2.26	2.48	2.43	2.44	2.54	3.51	3.36	3.35	3.86	4.57	4.84	6.00	8.37	7.54	8.16	7.19	7.78	4.61
江西	1.85	1.62	1.67	1.84	2.12	2.12	2.45	2.20	2.45	2.61	3.36	4.07	4.96	5.98	5.87	6.40	5.47	5.97	3.50
天津	2.18	2.02	2.00	2.24	2.27	2.43	2.93	2.79	3.02	3.71	3.96	4.47	4.25	4.66	4.87	5.09	4.46	4.77	3.45
吉林	1.78	1.52	1.57	1.71	1.95	2.04	2.04	1.99	2.48	2.58	3.20	3.93	4.21	5.58	5.78	6.38	4.90	5.70	3.30
河南	2.72	1.92	2.20	2.00	2.45	2.75	2.40	3.15	2.93	3.27	4.46	4.31	3.33	4.29	4.43	4.62	3.81	4.45	3.30
山西	1.92	2.14	2.08	1.98	2.20	2.09	2.26	1.90	2.44	2.84	3.17	3.74	3.58	4.51	4.58	4.91	4.05	4.60	3.05
四川	1.73	1.69	1.88	1.90	1.55	2.14	2.49	2.63	2.76	2.47	3.49	3.52	4.23	4.08	4.45	4.70	4.16	4.68	3.03
广西	2.36	1.27	1.33	1.52	1.73	1.90	2.34	2.56	2.52	2.65	2.86	2.96	3.69	4.70	4.43	4.75	4.20	4.68	2.91
安徽	1.86	1.75	1.88	1.87	1.78	2.02	1.92	2.83	2.79	2.74	2.83	2.82	3.62	4.26	3.99	4.20	3.94	4.20	2.85
江苏	2.06	1.96	1.96	2.04	1.92	2.04	2.47	2.51	2.62	2.59	2.90	3.02	3.00	3.53	3.48	3.63	3.27	3.64	2.70
湖北	1.58	1.52	1.45	1.69	1.69	1.72	2.71	2.70	2.93	2.58	2.81	2.77	3.66	3.79	3.64	3.79	3.73	3.78	2.70
湖南	1.72	2.08	2.24	2.05	2.06	2.30	2.15	2.42	2.66	2.88	2.87	2.94	3.22	3.02	3.28	3.39	3.12	3.44	2.66
浙江	1.88	1.86	1.80	1.76	1.72	1.85	2.51	2.48	1.96	2.41	2.63	2.74	3.11	3.57	3.73	4.01	3.34	3.73	2.62
辽宁	1.65	1.72	1.87	1.98	2.03	2.26	2.71	2.46	2.73	2.86	3.32	2.03	2.95	3.12	3.11	3.20	3.04	3.23	2.57
重庆	1.65	1.62	1.64	1.78	1.92	1.73	2.25	2.30	2.67	2.24	2.50	2.63	2.95	3.61	3.46	3.66	3.28	3.63	2.53
云南	1.14	1.37	1.31	1.41	1.79	1.96	1.82	2.07	2.50	1.59	2.85	2.39	3.32	4.04	3.87	4.17	3.68	4.02	2.52
内蒙古	1.24	1.74	1.69	1.53	1.78	2.03	1.96	2.13	2.09	2.11	2.62	2.47	3.46	3.56	3.59	3.83	3.51	3.73	2.50

续表

省（区、市）	2004年	2005年	2006年	2007年	2008年	2009年	2010年	2011年	2012年	2013年	2014年	2015年	2016年	2017年	2018年	2019年	2020年	2021年	均值
陕西	1.03	1.80	1.22	1.64	1.81	2.19	2.05	2.31	2.45	2.51	2.61	2.56	3.12	3.75	3.46	3.63	3.44	3.49	2.50
山东	1.81	1.75	1.82	1.99	1.91	1.76	2.20	2.30	2.38	2.31	2.19	2.96	2.97	3.22	3.22	3.36	3.10	3.34	2.48
河北	2.05	1.57	1.50	1.39	1.33	1.55	1.73	2.08	1.94	1.93	2.15	2.56	3.17	3.65	3.61	3.89	3.41	3.58	2.39
福建	1.85	1.88	1.61	1.85	1.49	2.00	2.09	1.99	2.03	2.02	2.23	2.47	2.74	3.25	3.31	3.55	3.00	3.25	2.37
黑龙江	1.61	1.52	1.73	1.65	2.00	1.89	2.46	2.17	2.40	2.43	1.64	2.70	2.72	3.03	2.81	2.89	2.88	2.97	2.31
广东	1.63	1.64	1.60	1.66	1.60	1.68	1.83	2.17	2.25	2.53	2.72	2.36	2.25	2.88	2.73	2.80	2.57	2.73	2.20
上海	1.98	1.75	1.82	1.78	1.41	1.62	2.43	1.85	1.86	1.97	2.13	2.10	2.18	2.39	2.41	2.50	2.29	2.41	2.05
甘肃	2.75	1.16	1.42	1.45	1.26	1.57	1.50	1.95	1.93	1.90	1.98	2.07	1.90	2.39	2.22	2.27	2.15	2.24	1.89
新疆	1.53	1.43	1.39	1.61	1.05	1.31	2.17	1.95	1.78	1.89	1.72	1.92	2.12	2.80	2.34	2.40	2.46	2.21	1.89
北京	2.22	1.61	1.94	1.36	1.28	1.43	1.70	1.90	1.72	1.76	1.80	1.89	2.15	1.81	2.09	2.16	1.98	2.02	1.82
海南	1.38	1.34	1.24	1.44	1.33	1.58	1.80	1.95	1.59	1.59	1.83	1.71	1.77	2.00	2.00	2.07	1.89	2.02	1.70
西藏	1.32	1.11	1.09	1.37	0.06	1.05	2.40	1.63	1.36	3.38	1.61	1.48	2.30	2.19	2.07	2.07	2.25	1.83	1.70
宁夏	1.62	1.48	1.88	1.57	1.90	1.13	1.99	1.43	1.48	1.42	1.52	1.33	1.82	2.02	1.72	1.74	1.92	1.77	1.65
青海	0.99	1.31	1.34	1.20	1.16	1.47	1.00	1.59	1.71	1.54	1.43	1.59	1.80	1.46	1.57	1.56	1.63	1.55	1.44
均值	1.78	1.66	1.70	1.73	1.71	1.87	2.20	2.25	2.32	2.42	2.64	2.75	3.11	3.60	3.54	3.73	3.36	3.59	2.55

从时间层次来看，2004—2021 年，旅游产业效率提升指数整体上表现出了"平稳—提高—平稳—提高"的变化趋势，2004—2008 年的旅游产业效率提升指数表现相对稳定，产业效率提升指数的变化幅度很小，只从 2004 年的 1.78 变化到 2008 年的 1.71；2009—2010 年经历了快速的增长，平均增长率超过 10%；继而，在 2011—2015 年，又进入了平稳增长的阶段，平均增长率低于 10%；2016—2017 年，旅游产业效率提升水平指数又进入了高速增长阶段，平均增长率达到 15.45%；2018—2021 年，旅游产业效率提升指数起起伏伏。同时也不难发现，受新冠疫情影响，2020 年的旅游产业效率提升水平指数跌至 3.36，但 2021 年又略有回升。从上述规律可以看出，要想实现对旅游要素的高效率使用，需要有一定的过程：初期，投资需要对旅游产业进行试探，来判断其对要素投资的适宜性；之后，旅游产业熟悉新的投资，并对投资进行熟练运用，这样才能到达效率水平的又一个上升阶段。因此，旅游产业效率提升呈现出时而稳定、时而波动、时而上升的特点。

在地区水平上，贵州省的旅游产业效率提升指数值最高(4.61)，青海省的最低(1.44)，最大与最小的差值为 3.17，说明不同地区的旅游产业效率提升的差异不大，表现出均衡发展的态势。此外，从 2004—2021 年东、中、西部地区的年均旅游业效率提升水平(图 6-5)的分布可以看出，在旅游业的效率提升上，以东部地区为主的省(区、市)并不占有优势，东部地区的旅游业效率提升指数为 2.38，中部地区为 3.01，西部地区为 2.43，显示出中部>西部>东部的特征。

根据图 6-4、图 6-5 和表 6-3 的分析，本书认为，东、中、西部地区旅游业的效率提升指标与地区经济呈现出"倒悬"的现象，其原因在于旅游业的效率提高既与科学技术的进步密切相关，又与旅游业的投资结构的合理安排密切相关，因此在经济发达、劳动力资源丰富的东部地区，容易出现在资本和劳动力等方面对旅游产业的过度投资。这就造成了与中部地区相比，东部地区在旅游产出上具有显著优势，但是在旅游劳动力投入、旅游固定资产投资等方面，却出现了要素效率低下、资源利用率较低等问题。

（3）旅游产业结构优化

根据公式(6-1)~(6-5)，可以计算出旅游产业结构优化的结果，进而可以分析其时序动态演进趋势，如图 6-6、图 6-7 和表 6-4 所示。

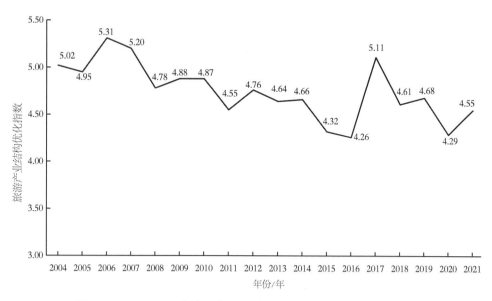

图 6-6　2004—2021 年全国年平均旅游产业结构优化动态演进趋势

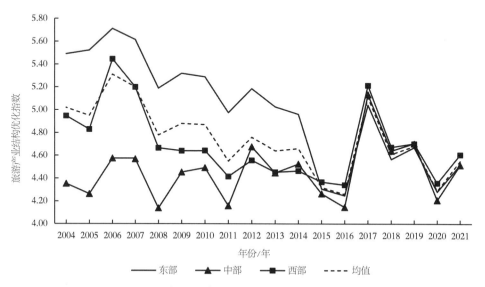

图 6-7　2004—2021 年全国东、中、西部年平均旅游产业结构优化水平

表 6-4　2004—2021 年中国 31 个省（区、市）的旅游产业结构优化水平指数

省（区、市）	2004年	2005年	2006年	2007年	2008年	2009年	2010年	2011年	2012年	2013年	2014年	2015年	2016年	2017年	2018年	2019年	2020年	2021年	均值
广东	10.87	11.37	11.61	11.84	10.90	10.90	10.60	9.98	9.54	9.65	9.23	7.90	7.77	8.44	7.51	7.78	7.84	7.87	9.53
内蒙古	7.32	7.01	8.24	7.60	7.39	6.84	7.09	6.40	6.54	6.34	5.96	5.77	5.52	6.11	5.89	5.91	5.65	5.81	6.52
西藏	7.68	7.20	7.77	7.97	4.93	5.27	5.77	5.98	5.18	5.36	4.76	4.46	4.69	5.82	4.78	4.67	4.58	4.83	5.65
新疆	6.19	6.30	7.91	6.84	6.39	6.52	5.85	4.89	4.79	4.23	4.63	4.08	3.99	5.01	4.32	4.27	4.04	4.28	5.25
江西	4.31	4.21	5.10	4.94	4.95	5.06	4.94	4.17	4.76	4.72	5.15	4.79	4.65	5.25	5.23	5.34	4.72	5.00	4.85
福建	5.24	5.20	5.30	5.40	4.37	5.05	5.28	5.18	5.58	4.70	4.81	4.09	4.18	5.15	4.40	4.52	4.14	4.41	4.83
黑龙江	5.53	4.91	5.17	5.21	5.63	5.75	5.23	4.77	4.84	4.29	4.42	4.12	4.25	5.07	4.31	4.63	4.19	4.43	4.82
吉林	4.87	4.73	4.83	5.27	5.19	4.87	5.13	4.02	4.76	4.74	4.98	4.69	4.54	5.06	4.73	4.71	4.62	4.72	4.80
云南	4.31	4.36	4.50	4.75	4.48	4.64	5.13	5.29	5.24	4.35	4.57	5.34	4.66	4.76	4.88	4.89	5.00	4.92	4.78
贵州	4.24	4.58	5.96	4.87	4.68	4.81	4.16	3.82	4.54	4.24	4.81	4.77	4.83	5.69	5.00	5.06	4.80	5.02	4.77
上海	5.74	5.92	5.69	5.68	5.04	5.54	4.88	4.19	5.09	4.63	4.73	3.68	3.97	4.33	3.98	4.30	3.83	4.01	4.74
安徽	5.11	5.40	5.30	4.68	4.94	4.92	4.91	4.56	4.57	4.41	4.52	4.32	4.24	5.30	4.54	4.71	4.28	4.56	4.74
广西	4.65	4.43	5.07	4.85	4.65	4.56	4.73	4.88	4.68	4.43	4.40	4.29	4.32	5.70	4.74	4.75	4.31	4.68	4.67
浙江	5.68	5.62	5.28	5.15	5.05	4.91	4.86	4.70	4.97	4.43	4.26	3.97	3.82	4.58	4.17	4.16	3.90	4.10	4.64
四川	5.00	4.81	4.95	4.76	4.29	4.60	4.72	3.94	4.45	4.45	4.55	4.57	4.34	5.26	4.69	4.72	4.46	4.67	4.62
江苏	5.10	4.76	5.47	4.83	4.59	4.75	4.48	4.55	4.75	4.05	4.41	4.17	4.17	4.80	4.70	4.82	4.17	4.47	4.61
北京	4.34	4.36	4.66	4.78	4.16	4.23	4.58	4.70	4.59	4.99	5.07	4.14	4.01	5.11	4.59	4.58	4.08	4.42	4.52

续表

省（区、市）	2004年	2005年	2006年	2007年	2008年	2009年	2010年	2011年	2012年	2013年	2014年	2015年	2016年	2017年	2018年	2019年	2020年	2021年	均值
辽宁	4.73	4.86	4.82	4.89	4.75	5.05	5.00	4.69	3.36	4.50	4.63	3.91	3.72	4.57	4.41	4.50	3.82	4.15	4.46
山西	3.98	4.17	4.35	4.32	4.34	4.53	4.64	4.08	4.85	4.38	4.64	4.09	4.12	5.22	4.63	4.66	4.11	4.47	4.42
海南	4.22	4.61	5.02	4.98	4.47	3.91	4.02	5.10	5.18	5.29	4.26	3.86	3.61	4.74	4.27	4.23	3.74	4.07	4.42
湖南	3.98	3.83	4.08	4.35	4.39	4.44	3.92	4.33	4.87	4.34	4.61	4.38	4.33	4.77	4.47	4.45	4.36	4.46	4.35
湖北	4.57	4.45	4.50	4.72	3.22	4.32	4.38	3.86	4.10	4.60	4.33	4.07	3.95	5.37	4.60	4.65	4.01	4.44	4.34
山东	4.58	4.46	4.41	4.63	4.42	4.63	4.83	3.78	4.20	4.11	4.52	3.80	3.73	4.63	4.00	3.95	3.77	3.98	4.25
甘肃	5.23	5.00	6.24	4.80	4.41	4.03	3.79	4.16	3.87	3.57	3.76	3.63	3.97	4.46	3.89	3.88	3.80	3.94	4.25
天津	4.83	4.87	5.54	5.06	4.93	4.98	4.86	3.66	3.87	4.18	4.09	3.39	3.34	3.91	3.62	3.88	3.37	3.58	4.22
河北	4.31	4.06	4.14	3.80	3.96	4.29	4.49	3.91	4.08	4.24	4.24	4.07	3.88	4.75	4.42	4.48	3.98	4.26	4.19
陕西	4.19	3.86	4.59	4.16	4.09	3.68	3.75	3.81	4.12	4.39	3.95	4.06	3.86	4.77	4.37	4.43	3.96	4.24	4.13
青海	3.46	3.52	3.54	4.37	3.40	3.65	3.25	3.73	3.29	4.51	4.84	4.41	4.36	5.27	4.81	4.93	4.39	4.69	4.13
河南	4.17	3.52	4.12	4.40	2.99	3.45	4.16	3.95	4.90	4.23	3.90	3.94	3.59	4.90	4.37	4.42	3.77	4.16	4.05
宁夏	4.58	4.21	3.75	4.14	4.42	4.09	4.35	2.53	3.49	3.59	3.20	2.86	3.37	4.78	4.09	4.25	3.12	3.74	3.81
重庆	2.52	2.68	2.83	3.28	2.85	2.99	3.11	3.55	4.49	3.98	4.14	4.17	4.19	4.94	4.61	4.69	4.18	4.46	3.76
均值	5.02	4.95	5.31	5.20	4.78	4.88	4.87	4.55	4.76	4.64	4.66	4.32	4.26	5.11	4.61	4.68	4.29	4.55	4.75

从时序层次上来看，2004—2021 年，旅游产业结构优化的表现不佳，旅游产业结构优化水平在 18 年中不断波动，没有显著的结构优化特征。 造成这一现象的主要原因在于，我国旅游业的各个子结构之间存在着明显的不一致性，消费结构、收入结构在不断优化，客源结构、供需结构则没有得到最大程度的优化，而国外游客所占的比例偏低，有效供给所占的比例也不太理想，因此，各地应对旅游业的结构进行关注，大力发展高端旅游，突破"低端游"的困境。

在地区层次上，旅游产业结构优化水平排名前五的省(区、市)为广东、内蒙古、西藏、新疆、江西，指数值分别为 9.53、6.52、5.65、5.25 和 4.85；排名最后的 5 个省(区、市)分别为陕西、青海、河南、宁夏和重庆，指数值分别为 4.13、4.13、4.05、3.81 和 3.76。 在本书研究的 31 个省(区、市)中，25 个省(区、市)的旅游业结构优化水平指数值都在 4～5，由于旅游业各个子结构之间的相互影响，广东以外的其他各区域整体结构水平差异并不大。 然而，在旅游产业结构优化升级的背景下，区域供需结构、消费结构、客源结构以及收入结构都有区域特点：各个地区之间的供需结构差别很小，而且基本上都是旅游供给大于旅游需求、旅游投资过热的情况；从消费结构来看，中部地区的高需求弹性的消费占总消费额的比重这一指标最高(1.69)，西部地区其次(1.56)，东部地区最低(1.42)，因此，中部地区 "游、购、娱"旅游消费占旅游总消费的比重最高，而东部地区 "餐饮""住宿"和"交通"占旅游总消费额的比重相较于其他地区更高；在客源结构的高端化上，东、中、西部的指数值分别是 1.31、0.55 和 0.54，其中东部地区具有显著的优势，东部地区的发达等也吸引了很多的国外游客；从旅游景点的收入结构来看，旅游景点收入对景点门票收入的依赖程度表现为东边最高、西边次之、中边最低的格局。

(4)旅游基础设施健全

根据公式(6-1)～(6-5)，可以计算出旅游设施健全的结果，进而可以分析其时序动态演进趋势，如图 6-8、图 6-9 和表 6-5 所示。

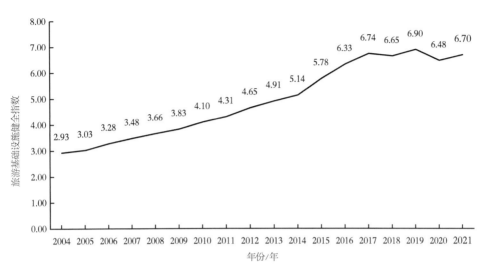

图 6-8　2004—2021 年全国年平均旅游基础设施健全水平

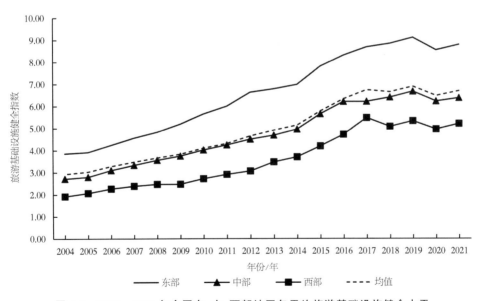

图 6-9　2004—2021 年全国东、中、西部地区年平均旅游基础设施健全水平

表6-5 2004—2021年中国31个省（区、市）的旅游产业基础设施健全水平指数

省（区、市）	2004年	2005年	2006年	2007年	2008年	2009年	2010年	2011年	2012年	2013年	2014年	2015年	2016年	2017年	2018年	2019年	2020年	2021年	均值
上海	6.10	5.90	6.33	7.55	7.21	7.91	8.80	9.18	11.01	10.71	10.81	11.03	11.32	11.76	11.69	11.85	11.53	11.71	9.58
北京	7.38	6.92	7.71	7.90	8.23	8.59	8.43	8.71	9.52	9.63	9.48	10.39	10.85	10.91	11.12	11.49	10.95	11.12	9.41
天津	6.05	6.14	6.37	5.72	6.43	6.87	6.90	7.80	8.01	8.01	8.01	8.28	9.44	9.81	9.79	10.03	9.47	9.77	7.94
江苏	4.06	4.19	4.30	4.76	5.22	5.42	5.96	6.39	6.82	7.06	7.47	8.27	8.97	9.60	9.68	9.75	9.25	9.57	7.04
浙江	3.02	3.47	3.63	4.46	4.68	5.39	5.55	5.82	6.55	6.72	7.03	8.96	8.73	9.19	9.31	9.19	9.08	9.19	6.66
河北	3.89	3.89	4.26	4.28	4.23	4.51	5.06	5.32	5.84	6.24	6.29	6.88	7.15	7.28	7.50	7.94	7.35	7.52	5.86
山东	2.15	2.24	3.99	4.17	4.53	4.72	5.00	5.31	5.63	5.89	6.40	7.10	7.47	7.90	8.00	8.35	7.76	8.00	5.81
河南	3.24	3.50	4.06	4.30	4.46	4.75	4.87	5.09	5.33	5.47	5.67	6.37	7.44	7.58	7.43	7.73	7.31	7.51	5.67
辽宁	4.45	4.36	4.29	4.27	4.41	4.34	4.41	4.46	4.90	5.35	5.90	6.81	7.46	7.14	7.31	7.47	7.24	7.29	5.66
山西	3.97	4.06	4.23	4.24	4.44	4.28	4.58	4.69	4.82	5.09	5.47	5.94	6.44	6.16	6.38	6.58	6.30	6.35	5.22
黑龙江	4.63	4.92	5.13	5.28	5.40	5.45	4.99	4.47	4.55	4.44	4.92	5.01	5.64	5.46	5.06	5.28	5.29	5.27	5.07
重庆	2.02	2.53	2.78	2.88	3.01	3.53	3.40	3.78	4.18	4.61	5.39	6.41	7.05	7.83	7.53	7.99	7.36	7.68	5.00
陕西	1.68	1.98	1.97	2.75	3.18	3.32	3.94	4.39	4.66	5.11	5.61	6.39	7.06	7.34	7.72	8.04	7.31	7.60	5.00
吉林	3.95	3.82	4.02	4.17	4.54	4.80	4.47	4.37	4.58	4.60	4.67	5.08	6.20	6.45	5.94	6.11	5.95	6.11	4.99
安徽	3.06	3.01	3.13	3.37	3.75	3.88	4.11	4.23	4.68	4.86	4.89	6.05	6.47	6.84	6.79	7.12	6.65	6.85	4.99
福建	2.24	2.70	2.27	2.38	2.74	2.89	3.77	4.13	4.84	5.09	5.34	6.43	6.29	7.30	7.70	8.02	7.15	7.54	4.93
湖北	2.26	2.28	2.99	3.22	3.28	3.51	4.20	4.38	4.61	4.83	5.16	6.00	6.43	6.36	6.62	6.80	6.44	6.56	4.77

续表

省（区、市）	2004年	2005年	2006年	2007年	2008年	2009年	2010年	2011年	2012年	2013年	2014年	2015年	2016年	2017年	2018年	2019年	2020年	2021年	均值
广东	2.17	2.40	2.43	2.79	3.31	3.63	3.96	4.14	4.49	4.75	5.06	5.61	6.47	6.42	6.76	7.11	6.47	6.69	4.70
内蒙古	3.77	3.80	3.72	3.61	3.53	3.37	3.33	3.85	4.12	4.26	4.28	4.75	5.30	7.00	5.79	6.03	5.77	6.15	4.58
海南	1.52	1.33	1.09	1.62	1.66	2.00	3.07	3.21	3.61	3.76	3.93	5.15	6.38	6.67	6.93	7.47	6.52	6.90	4.05
湖南	2.10	2.08	2.12	2.44	2.72	3.15	3.44	3.70	4.05	4.21	4.57	4.84	5.26	5.11	5.55	5.79	5.31	5.44	3.99
宁夏	2.60	2.62	2.97	3.08	3.18	2.14	3.71	3.46	3.28	3.68	3.94	4.20	4.97	5.75	5.14	5.36	5.08	5.33	3.92
江西	1.68	1.85	2.06	2.43	2.69	2.91	2.91	3.37	3.53	3.64	3.98	4.72	5.20	5.23	5.67	6.02	5.37	5.57	3.82
四川	1.79	2.14	1.60	1.77	2.02	2.44	2.70	2.82	3.11	3.43	3.33	3.92	4.35	5.11	4.92	5.20	4.70	4.98	3.35
青海	2.30	2.14	2.35	2.69	2.75	2.79	2.88	2.98	3.15	3.06	3.24	3.69	4.14	4.46	4.22	4.38	4.18	4.31	3.32
云南	1.56	1.62	1.41	1.25	1.75	1.93	2.13	2.24	2.86	3.17	3.10	3.59	4.54	5.68	5.06	5.40	4.85	5.25	3.19
贵州	1.37	1.68	1.84	1.84	2.05	2.16	2.29	2.57	2.71	2.81	3.19	3.86	4.28	5.24	4.70	4.97	4.61	4.88	3.17
新疆	2.11	1.92	2.51	2.65	2.53	1.87	2.15	2.31	2.81	2.94	3.29	3.91	4.40	4.38	4.25	4.45	4.28	4.34	3.17
广西	1.34	1.59	1.57	1.87	1.79	2.12	2.21	2.68	2.98	3.27	3.50	3.58	4.16	4.28	4.60	4.88	4.30	4.51	3.07
西藏	1.15	1.65	3.39	3.10	2.46	2.52	2.28	1.96	0.64	2.97	2.97	2.81	2.76	4.70	3.10	3.15	3.30	3.56	2.69
甘肃	1.36	1.17	1.09	1.17	1.38	1.49	1.62	1.90	2.29	2.41	2.59	3.23	3.62	3.98	3.94	4.20	3.79	3.98	2.51
均值	2.93	3.03	3.28	3.48	3.66	3.83	4.10	4.31	4.65	4.91	5.14	5.78	6.33	6.74	6.65	6.90	6.48	6.70	4.94

从区域的角度来看，旅游基础设施的建设与地区的经济发达程度有着密切的关系，由于我国区域之间的经济发展并不均衡，在不同的区域之间，旅游基础设施的健全状况也呈现出了显著的差异性。

东、中、西部地区的平均旅游基础设施的升级指数分别为 6.60、4.75 和 3.58，三大地区间旅游基础设施升级状况的差异明显。旅游基础设施健全指数排名前五的省（区、市）分别是上海（9.58）、北京（9.41）、天津（7.94）、江苏（7.04）、浙江（6.66），这些均属东部发达地区，凭借着强大的经济实力和高超的技术实力，在旅游产业基础设施这一领域的提升水平上居于全国前列。而排名后五名的省（区、市）分别为贵州（3.17）、新疆（3.17）、广西（3.07）、西藏（2.69）、甘肃（2.51），这些均属于较落后的中西部地区，且基础设施不完善。旅游基础设施健全情况还与地貌息息相关，东部地区多平原丘陵，而西部地区多山脉和高原，所以西部地区在交通设施、通信设施、卫生设施等方面的建设上存在更大的困难，这也是贵州、广西在基础设施完善程度上要比上海、北京差很多的原因。当然，中西部地区在基础设施上的投入也难以和东部地区相比。不过数据显示，近年来，西部地区基础设施的增长速度较快，因此，可以预测，在未来一段时间，西部地区在旅游产业转型升级方面还是具有一定发展潜力的。

从时间上看，2004—2021 年，伴随着我国经济和旅游业的发展，旅游基础设施的完善程度不断提高。尤其是西部地区，可能得益于国家扶持西部的战略政策支持，在 2017 年以前，西部地区的基础设施健全指数的增长速度已经超过了中部和东部地区。总的来看，随着旅游基础设施健全水平的不断提升，东、中、西部地区提升速度越来越趋于平稳，区域之间的发展也逐渐趋于均衡。

（5）旅游产业环境协调

根据公式（6-1）～（6-5），可以计算出旅游环境协调的结果，进而可以分析其时序动态演进趋势，如图 6-10、图 6-11、图 6-12 和表 6-6 所示。

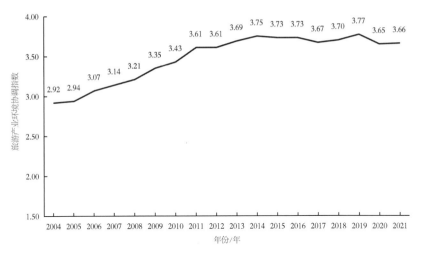

图 6-10　2004—2021 年全国年平均旅游产业环境协调水平

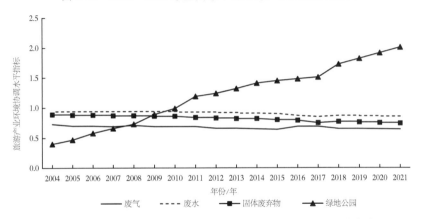

图 6-11　2004—2021 年全国年平均旅游产业环境协调水平各指标

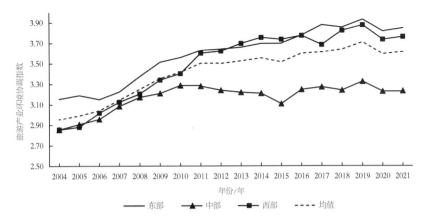

图 6-12　2004—2021 年全国东、中、西部地区年平均旅游产业环境协调水平

表 6-6 2004—2021 年中国 31 个省（区、市）的旅游产业环境协调水平指数

省 （区、市）	2004 年	2005 年	2006 年	2007 年	2008 年	2009 年	2010 年	2011 年	2012 年	2013 年	2014 年	2015 年	2016 年	2017 年	2018 年	2019 年	2020 年	2021 年	均值
宁夏	2.81	2.91	3.43	3.72	3.82	4.46	4.66	4.62	4.57	4.86	4.92	4.95	4.99	5.11	5.36	5.49	5.18	5.22	4.50
内蒙古	3.03	3.10	3.33	3.51	3.62	3.67	3.75	4.07	4.19	4.37	4.57	4.50	4.69	4.40	4.85	4.97	4.68	4.65	4.11
北京	3.49	3.50	3.54	3.21	3.23	3.78	3.65	3.66	3.75	3.89	4.41	4.43	4.44	4.52	4.54	4.79	4.54	4.53	3.99
重庆	2.47	2.62	2.84	3.02	3.34	3.58	3.91	4.67	4.67	4.67	4.49	4.50	4.49	4.50	4.43	4.46	4.39	4.40	3.97
海南	3.68	3.73	3.80	3.67	3.49	3.65	3.85	4.06	3.98	4.05	4.13	4.12	3.97	3.98	4.20	4.25	4.09	4.10	3.93
山东	2.96	2.97	3.71	3.76	3.90	3.99	4.04	3.96	3.95	4.01	4.00	3.91	4.07	4.10	4.09	4.11	4.05	4.08	3.87
福建	3.17	3.27	2.98	3.15	3.48	3.49	3.57	3.67	3.73	3.78	3.82	3.83	3.88	4.00	4.08	4.15	3.99	4.02	3.67
广东	3.05	3.23	2.99	2.97	3.38	3.49	3.59	3.71	3.84	3.60	3.47	3.62	4.01	4.10	4.06	4.14	3.99	4.05	3.63
甘肃	3.01	3.12	3.13	3.10	3.27	3.27	3.28	3.26	3.43	3.77	3.89	3.74	4.09	4.19	4.22	4.33	4.11	4.17	3.63
黑龙江	3.11	3.15	3.12	3.27	3.45	3.60	3.70	3.70	3.72	3.79	3.85	3.78	3.77	3.73	3.92	3.96	3.83	3.76	3.62
江西	3.09	3.12	3.09	3.25	3.56	3.67	3.92	3.93	3.98	3.90	3.78	3.57	3.54	3.56	3.74	3.75	3.63	3.65	3.60
吉林	2.92	3.06	3.15	3.29	3.43	3.52	3.57	3.59	3.64	3.76	3.76	3.76	3.97	3.54	3.94	4.00	3.84	3.77	3.58
青海	3.15	2.99	3.31	3.41	3.43	3.36	3.42	3.61	3.63	3.59	3.77	3.71	3.76	3.69	3.82	3.86	3.76	3.77	3.56
天津	3.22	3.26	2.98	3.09	3.22	3.32	3.30	3.60	3.61	3.68	3.46	3.52	3.64	4.21	3.90	4.00	3.85	3.99	3.55
河北	3.00	3.07	3.07	3.16	3.40	3.63	4.07	3.96	3.83	3.76	3.72	3.53	3.48	3.42	3.30	3.42	3.43	3.38	3.48
新疆	3.08	3.01	3.10	3.27	3.25	3.35	3.34	3.43	3.46	3.44	3.52	3.61	3.71	3.83	3.79	3.84	3.76	3.79	3.48
安徽	2.89	2.98	3.06	3.26	3.33	3.45	3.55	3.54	3.42	3.49	3.58	3.50	3.70	3.71	3.71	3.75	3.68	3.70	3.46

续表

省（区，市）	2004年	2005年	2006年	2007年	2008年	2009年	2010年	2011年	2012年	2013年	2014年	2015年	2016年	2017年	2018年	2019年	2020年	2021年	均值
江苏	2.91	3.04	2.91	3.39	3.52	3.50	3.47	3.43	3.44	3.51	3.54	3.54	3.64	3.73	3.65	3.67	3.56	3.65	3.45
浙江	3.09	3.14	2.74	3.02	3.17	3.31	3.32	3.39	3.46	3.43	3.46	3.47	3.56	3.55	3.62	3.65	3.57	3.58	3.36
西藏	2.87	2.87	3.56	3.18	2.98	3.30	3.00	3.81	3.59	3.52	3.81	3.94	3.32	2.99	3.49	3.50	3.31	3.45	3.36
陕西	2.61	2.62	2.74	3.08	3.21	3.30	3.50	3.55	3.55	3.54	3.61	3.52	3.58	3.55	3.63	3.65	3.58	3.59	3.36
广西	2.82	2.82	2.97	3.09	3.09	3.22	3.20	3.50	3.50	3.48	3.36	3.38	3.46	3.42	3.55	3.59	3.48	3.43	3.30
湖北	2.77	2.87	3.16	3.33	3.35	3.37	3.28	3.30	3.27	3.31	3.33	3.28	3.39	3.40	3.35	3.36	3.30	3.31	3.26
湖南	2.87	2.90	2.89	2.98	3.07	3.10	3.15	3.13	3.08	3.08	3.21	3.17	3.31	3.31	3.30	3.33	3.28	3.30	3.14
四川	2.85	2.85	2.74	2.83	3.04	3.08	3.15	3.22	3.14	3.15	3.01	3.00	3.07	3.04	2.99	3.01	2.96	3.00	3.01
上海	2.98	2.69	2.79	2.83	2.96	2.98	2.73	2.85	2.83	2.89	2.96	3.03	3.09	3.17	3.10	3.13	3.10	3.09	2.96
辽宁	2.89	2.82	2.80	2.89	2.92	2.89	2.97	2.83	2.86	2.84	2.79	3.10	3.06	3.10	3.03	3.05	3.07	3.02	2.94
河南	2.85	2.88	2.83	2.95	2.92	2.85	2.83	2.80	2.79	2.79	2.82	2.81	3.09	3.32	3.04	3.14	3.08	3.10	2.94
云南	3.03	3.11	2.83	3.00	3.03	3.20	3.23	3.16	3.13	3.10	3.10	2.92	2.81	2.59	2.68	2.72	2.60	2.62	2.94
贵州	2.54	2.54	2.25	2.30	2.38	2.29	2.39	2.32	2.60	2.88	3.01	3.07	3.32	2.91	3.07	3.09	3.02	3.06	2.72
山西	2.66	2.69	2.71	2.74	2.80	2.82	2.99	2.98	2.90	2.75	2.54	2.32	2.45	2.33	2.30	2.62	2.40	2.34	2.63
均值	2.92	2.94	3.07	3.14	3.21	3.35	3.43	3.61	3.61	3.69	3.75	3.73	3.73	3.67	3.70	3.77	3.65	3.66	3.45

根据图 6-10，总体而言，2004—2021 年全国旅游产业环境协调水平处于长期上升的趋势，其中，2014—2021 年期间略有下降。这些现象说明两个情况：一是国家和地方均可以注重旅游目的地环境的维护，比如旅游文明行为的倡议以及旅游企业的社会责任监督等；二是随着旅游产业持续保持快速发展，旅游产业环境协调的压力依然存在。

　　从时序特征来看，2004—2021 年旅游产业的环境协调指数一直保持着较低的增长趋势。但从 2014 年开始，旅游产业环境出现不协调发展，协调指数由 2014 年的 3.75 降至 2021 年的 3.66；由于旅游交通的增加，旅游景区客流量的增加，旅游酒店、餐饮的消费量增加，使得旅游行业的废气排放增加，其数值开始上升。对旅游产业环境升级方面所存在特点的深层次原因进行分析后可以发现，2004—2021 年，人均绿地公园面积指数值是以较高的速度持续增长的，而旅游产业的三废排放指数值是以较低的速度持续降低的。这说明国家的环保政策是有效果的，污染废气的排放也被有效地控制住了。

　　旅游环境协调指数最高的是宁夏，数值为 4.50；其次是内蒙古 4.11；除此之外，北京、重庆、海南、山东、福建、广东、甘肃、黑龙江、江西、吉林、青海、天津、河北、新疆、安徽各省（区、市）在旅游环境协调方面的指数值都高于全国均值，依次为 3.99、3.97、3.93、3.87、3.67、3.63、3.63、3.62、3.60、3.58、3.56、3.55、3.48、3.48、3.46。具体而言，宁夏无论是在旅游业的废弃物减排还是在城市绿地系统的建设上，都具有明显的优势；内蒙古的绿色发展，主要是因为它拥有广阔的绿色空间；海南是因为地方旅游业发展产生的废气、污水、固体垃圾等排放较低；重庆旅游主要因为废弃物的排放较少，人均绿地面积较大，从而获得较高的环境指数值；北京主要因为其对旅游活动中产生的固体垃圾的控制，从而获得较高的指数值；而山东省主要是因为公园建设。

　　在东、中、西部地区，旅游产业环境协调指数的差别并不大，三个地区的数值分别为 3.59、3.17、3.45，该数值综合反映了旅游发展既能发挥对环境的保护作用，又会对环境产生一定的破坏。在旅游业的污染程度上，也就是废气、污水和固体垃圾的污染程度上，都呈现出西高、中平、东低的特征，东、中、西地区指数值分别为 2.25、2.28 和 2.39。但是，在旅游产业发展对环境保护方面的影响，也就是人均旅游公园面积开发方面的指数值，表现出了东高、中平、西低的特征，东、中、西地区平均指数值依次是 1.12、1.03 和0.98。 综上所述，从区域角度来看，各地区之间的旅游环境协调性指数差别不大。

（6）旅游社会贡献增加

根据公式(6-1)～(6-5)，可以计算出旅游社会贡献增加的结果，进而可以分析其时序动态演进趋势，如图 6-13、图 6-14 和表 6-7 所示。

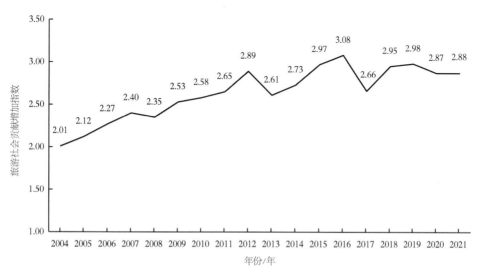

图 6-13 2004—2021 年全国年平均旅游社会贡献增加水平

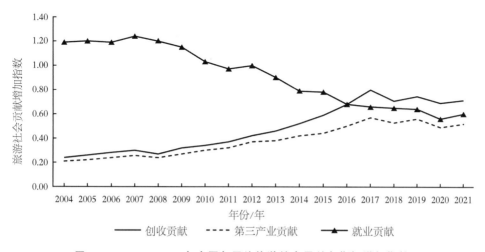

图 6-14 2004—2021 年全国年平均旅游社会贡献各指标增加指数

表6-7 2004—2021年中国31个省（区、市）的旅游区域贡献增加水平指数

省（区、市）	2004年	2005年	2006年	2007年	2008年	2009年	2010年	2011年	2012年	2013年	2014年	2015年	2016年	2017年	2018年	2019年	2020年	2021年	均值
海南	5.42	6.93	7.07	6.65	7.04	6.54	6.20	8.47	9.14	6.46	8.19	7.85	9.83	8.01	8.48	8.53	8.56	8.77	7.67
北京	8.33	8.21	6.33	7.29	7.37	6.69	6.22	6.99	7.24	6.65	6.16	6.01	5.14	4.78	5.05	4.82	4.77	4.79	6.27
上海	6.31	5.85	6.14	5.59	5.91	5.60	5.40	4.32	4.83	4.19	3.52	3.65	3.77	3.31	3.44	3.38	3.58	3.51	4.57
西藏	4.07	3.86	3.77	4.11	1.85	4.20	2.20	2.73	3.23	2.77	3.19	4.14	6.01	3.68	5.13	5.50	4.61	4.94	3.89
云南	2.25	2.18	2.54	2.58	1.99	2.10	2.87	2.50	3.99	3.69	3.71	4.68	5.12	4.65	5.16	5.15	4.82	4.98	3.61
贵州	0.73	1.04	1.32	1.61	1.89	1.74	2.26	2.64	2.95	3.63	4.31	5.02	5.21	4.98	5.43	5.65	5.07	5.21	3.37
重庆	1.86	2.05	1.80	2.33	2.25	2.91	3.16	3.65	4.02	3.44	3.63	4.53	4.44	3.31	4.13	4.21	4.09	3.96	3.32
浙江	2.37	2.62	3.05	3.16	3.35	3.68	3.09	3.52	3.93	3.42	3.77	3.52	2.87	2.60	3.04	2.98	3.00	2.84	3.16
广东	2.73	2.67	2.63	2.68	2.40	2.50	3.05	3.61	3.63	3.46	3.37	3.50	3.22	2.00	2.71	2.59	2.91	2.64	2.91
四川	1.72	1.65	3.43	3.61	3.54	3.63	3.49	3.65	3.85	2.62	2.67	2.45	3.10	2.20	2.28	2.31	2.58	2.53	2.85
广西	1.30	1.45	1.71	1.57	1.46	2.16	2.88	2.66	3.14	3.07	2.77	3.73	3.07	3.35	3.39	3.45	3.38	3.27	2.66
山西	1.13	1.49	1.85	2.00	2.11	2.38	2.44	2.62	2.72	2.79	2.86	2.96	3.18	3.07	3.26	3.36	3.07	3.17	2.58
天津	2.97	2.97	3.18	3.15	2.87	2.92	2.89	2.46	2.44	2.26	2.24	2.24	2.19	1.95	1.98	1.91	1.79	1.77	2.45
辽宁	2.42	2.27	2.70	2.82	3.06	3.15	2.88	2.45	2.40	2.28	2.26	2.16	2.41	2.01	2.08	2.03	2.19	2.17	2.43
青海	1.31	1.28	1.66	1.55	0.98	1.51	2.28	2.20	2.39	2.58	2.98	3.07	3.03	3.03	3.33	3.47	3.04	3.13	2.38
福建	1.91	1.97	1.91	1.73	1.94	1.95	1.95	2.01	2.57	2.40	2.44	2.62	2.75	2.14	2.56	2.59	2.50	2.48	2.25
安徽	0.70	0.74	0.89	1.12	1.87	1.99	2.79	3.23	3.63	2.14	2.53	2.84	2.32	2.36	2.68	2.70	2.51	2.45	2.19

续表

省（区、市）	2004年	2005年	2006年	2007年	2008年	2009年	2010年	2011年	2012年	2013年	2014年	2015年	2016年	2017年	2018年	2019年	2020年	2021年	均值
江苏	1.79	1.76	1.80	1.87	2.00	2.21	2.22	2.28	2.07	2.07	2.29	2.14	2.23	1.71	1.97	1.93	2.03	1.97	2.02
新疆	1.72	1.80	1.94	2.08	2.17	2.03	2.04	1.95	2.09	1.84	1.89	2.34	2.11	1.97	2.04	2.04	2.00	2.04	2.00
江西	0.85	1.22	1.51	1.51	1.51	1.59	1.50	1.28	1.49	1.49	1.81	2.25	2.74	2.79	2.68	2.83	2.59	2.74	1.91
陕西	1.07	1.30	1.45	1.47	1.47	1.58	1.69	1.81	1.95	1.98	2.00	2.54	2.21	2.19	2.41	2.49	2.31	2.27	1.90
内蒙古	0.71	0.84	1.06	1.19	1.17	1.66	1.75	1.71	1.67	1.63	1.82	2.22	2.07	2.37	2.29	2.37	2.22	2.24	1.72
湖北	1.42	1.45	1.54	1.54	1.40	1.57	1.58	1.54	1.81	1.75	1.77	2.05	1.92	1.47	1.70	1.68	1.81	1.70	1.65
湖南	1.01	1.09	1.23	1.51	1.72	1.84	1.99	2.03	1.82	1.62	1.62	1.96	2.05	1.45	1.66	1.63	1.82	1.72	1.65
山东	1.09	1.26	1.45	1.45	1.86	1.96	1.91	1.83	1.74	1.76	1.74	1.74	1.81	1.39	1.56	1.52	1.65	1.59	1.63
甘肃	0.53	0.55	0.72	1.63	1.59	1.70	1.80	1.09	1.19	1.43	1.58	1.88	2.26	2.12	2.47	2.50	2.09	2.28	1.63
宁夏	0.72	0.96	1.02	1.30	1.46	1.52	1.46	1.42	2.04	2.53	2.33	1.69	1.79	1.57	2.02	2.07	1.68	1.79	1.63
吉林	1.06	1.18	1.24	1.31	1.28	1.34	1.37	1.39	1.40	1.40	1.43	1.95	2.08	1.91	2.05	2.14	1.98	2.01	1.58
河南	0.88	0.84	1.03	1.08	0.87	1.40	1.57	1.48	1.52	1.31	1.51	1.90	1.66	1.45	1.75	1.80	1.67	1.62	1.41
河北	0.96	1.05	1.11	1.20	1.17	1.17	1.12	1.06	1.16	1.17	1.18	1.45	1.66	1.62	1.59	1.65	1.58	1.62	1.31
黑龙江	1.02	1.07	1.17	1.62	1.26	1.28	1.87	1.41	1.54	0.98	0.93	1.07	1.23	0.91	1.07	1.09	1.07	1.07	1.20
均值	2.01	2.12	2.27	2.40	2.35	2.53	2.58	2.65	2.89	2.61	2.73	2.97	3.08	2.66	2.95	2.98	2.87	2.88	2.64

从时序演进角度来看，图 6-13 显示，2004—2021 年旅游社会贡献指数呈现波动式上升的趋势，这是旅游产业对区域各种贡献强度此消彼长的一个过程，同时，旅游产业的贡献也受到经济周期性增长的影响。根据图 6-14，从各子指标可以看出，旅游产业的经济贡献呈不断增加的趋势，其主要表现为对地区收入创造的贡献和对第三产业发展的贡献，这种现象也表明了旅游产业发展对经济增长的反哺效应越来越显著。

然而，我们也发现，从 2004—2021 年，旅游产业发展对地区就业问题的贡献指数值是不断下降的，这表明：一方面，随着我国经济发展，旅游业的就业总量在目前的科技水平下，已达到某种程度的饱和；另一方面，旅游业已逐步从劳动密集型向资本和技术密集型转变。因此，就业贡献程度的降低(伴随旅游总收入的提高)也可以间接说明中国旅游产业正在转型升级，本书在下文也会通过分析中国旅游产业附加值提升的演进过程进一步验证。此外，对于旅游教育贡献，因为每年的数据统计口径都不一样，它只具备了横向区域间的比较价值，而不具备纵向的时序分析意义，因此此处未对教育贡献的时序特征进行分析。

从旅游社会贡献的子指标，也就是创收贡献、产业贡献、教育贡献和就业贡献这四个方面来看(见图 6-14)，中部地区在这四个方面都是比较落后的，东部地区在创收、教育、就业三个方面的表现都比较好，而西部地区在产业贡献上的数值是最高的，这说明产业欠发达的地区拥有更大的旅游产业边际产量。同时，这也表明，旅游业的发展在东西部都有显著的贡献，但在中部的贡献却不大(见图 6-15)，因此，仍需对中部的旅游业进行持续的发展，以带动当地的经济、教育和就业等。

从区域层面看，根据表 6-7，旅游产业区域贡献最高的是海南省，其均值是 7.67，除海南省外，此指标领先的省(区、市)有北京(6.27)、上海(4.57)、西藏(3.89)、云南(3.61)、贵州(3.37)、重庆(3.32)、浙江(3.16)、广东(2.91)、四川(2.85)、广西(2.66)，其数值均高于均值(2.64)；而数值较低的省(区、市)有山东(1.63)、甘肃(1.63)、宁夏(1.63)、吉林(1.58)、河南(1.41)、河北(1.31)、黑龙江(1.20)，最大值与最小值之间相差 6.47，最大值约为最小值的 6.4 倍，区域间的贡献水平差异明显。就东、中、西部三个地区而言，三

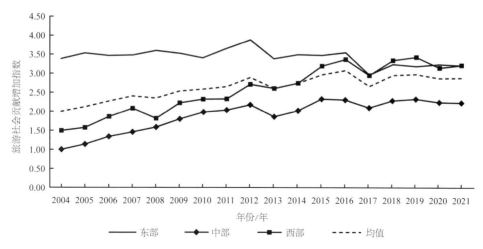

图 6-15　2004—2021 年全国东、中、西部地区年平均旅游社会贡献增加水平

个地区对旅游业的贡献率也有很大的差别，其中，东部地区的贡献率最高，西部地区居中，而中部地区的贡献率最低，分别为 3.42、2.58 和 1.90。

6.2.3 旅游产业转型升级测度综合指数分析

从 2004—2021 年的数据来看，中国 31 个省(区、市)在过去的 18 年里，旅游业发展指数变化很大，变化幅度从 11.43 到 56.02，其中，2005 年甘肃的旅游业发展指数最低，为 11.43，2019 年上海市的旅游业发展指数最高，为 57.00，其余各省(区、市)的平均值为 22.54，说明中国旅游业发展指数在过去 18 年里变化很大，总体上变化幅度从 11.43 到 56.02 不等。此外，在空间上，各个省(区、市)之间、三大地区之间的旅游产业转型升级水平存在着显著的差异。在空间和时间上，旅游产业转型升级的综合情况也呈现出了不同的特点，下面将会对这两个方面展开更深入的分析。

根据表 6-8，可以得出 2014—2021 年各省(区、市)旅游产业转型升级指数的平均值(见图 6-16)。不难看出，不同省(区、市)间的旅游产业转型升级综合水平差异较大，而且呈现出两端差异较大、中间较平均的特征。具体来看，旅游产业转型升级指数中有 5 个省(区、市)的数值集中在 18，4 个集中在 19，4 个集中在 20，集中在 21 和 22 的分别有 4 个和 3 个，而较低端上有 4 个

表 6-8　2004—2021 年中国 31 个省（区、市）的旅游产业转型升级综合水平指数

省（区、市）	2004年	2005年	2006年	2007年	2008年	2009年	2010年	2011年	2012年	2013年	2014年	2015年	2016年	2017年	2018年	2019年	2020年	2021年	均值
上海	37.25	37.36	38.49	41.09	42.32	44.88	46.55	46.42	52.45	51.95	52.50	53.54	54.67	56.02	56.23	57.00	54.59	55.80	48.84
北京	35.70	35.92	36.25	38.80	40.96	41.38	41.61	43.29	44.66	44.85	45.46	45.59	45.10	45.89	48.33	49.20	46.07	47.64	43.15
天津	23.93	24.26	25.54	25.07	26.19	27.86	28.55	28.49	29.84	32.20	33.08	34.03	35.13	36.59	36.80	37.79	35.13	36.46	30.94
广东	23.83	24.74	25.08	25.92	24.24	25.07	26.31	27.18	27.52	28.18	28.52	27.86	28.21	30.70	30.17	30.66	29.09	29.87	27.40
江苏	19.67	19.89	21.06	22.06	22.87	24.07	24.99	25.92	26.68	26.17	28.06	28.73	29.75	31.25	31.57	32.43	29.87	31.15	26.46
浙江	18.87	20.11	20.01	21.48	22.16	23.91	24.14	25.52	26.52	26.00	26.81	29.06	28.71	29.88	30.87	31.72	29.07	30.39	25.85
海南	18.60	20.62	21.70	21.98	21.87	21.73	22.81	26.85	27.73	25.44	26.25	26.64	29.67	30.09	29.64	30.17	28.46	29.31	25.53
内蒙古	17.43	17.93	19.74	19.51	19.73	20.17	20.87	21.06	21.88	22.57	23.57	24.51	26.00	28.82	27.10	27.82	26.00	26.91	22.87
福建	17.63	18.38	17.52	18.47	17.86	19.46	21.05	21.50	23.42	23.15	22.64	23.70	24.82	27.77	26.93	27.69	25.17	26.43	22.42
山东	14.41	14.72	17.70	18.52	19.45	20.31	21.69	21.17	22.12	22.63	23.63	24.58	25.20	26.45	26.71	27.43	25.31	26.37	22.13
重庆	12.16	13.26	13.95	15.45	15.69	17.23	18.51	20.73	23.02	21.95	23.24	26.19	27.86	28.78	29.98	31.34	27.21	29.27	21.99
安徽	14.62	15.06	15.59	15.91	17.52	18.47	19.81	21.67	22.57	21.27	21.94	23.53	24.39	26.98	26.31	27.09	24.63	25.86	21.29
辽宁	18.37	18.48	19.01	19.43	19.96	20.75	21.05	20.15	19.70	21.21	22.39	21.06	22.83	23.43	23.65	24.14	22.67	23.40	21.20
吉林	15.71	15.65	16.30	17.39	18.15	18.51	19.25	17.67	19.41	20.20	21.13	22.79	24.57	26.14	27.56	29.09	24.44	26.77	21.15
贵州	12.31	13.50	15.33	14.35	14.66	14.71	15.88	16.01	17.57	19.03	21.65	23.49	25.83	29.75	27.42	28.71	25.63	27.17	20.17
河南	15.48	14.46	16.19	16.79	15.67	17.43	18.06	18.93	20.00	19.85	21.29	22.31	22.29	24.80	24.99	25.91	23.14	24.53	20.12
山西	14.17	15.42	16.27	16.64	17.56	17.95	18.87	18.40	20.06	20.23	21.35	21.88	22.69	24.25	24.15	24.84	22.86	23.85	20.08

续表

省（区、市）	2004年	2005年	2006年	2007年	2008年	2009年	2010年	2011年	2012年	2013年	2014年	2015年	2016年	2017年	2018年	2019年	2020年	2021年	均值
河北	15.42	15.05	15.66	15.54	15.86	17.07	18.44	18.86	19.59	20.65	21.10	22.32	22.99	24.71	24.39	25.14	23.10	24.12	20.00
西藏	19.32	18.64	21.52	21.75	14.11	18.32	17.71	18.22	16.28	20.59	19.00	19.52	21.90	22.13	22.42	23.02	20.99	22.01	19.86
江西	12.88	13.25	14.69	15.33	16.53	17.06	17.48	16.77	18.03	18.58	20.46	22.13	24.06	26.11	25.16	26.13	23.58	24.86	19.62
湖北	13.65	13.70	14.86	15.75	14.36	16.08	18.06	17.92	19.14	19.53	19.94	20.92	22.19	25.09	24.44	25.35	22.52	23.93	19.30
陕西	11.68	12.93	13.47	14.64	15.40	15.89	16.69	17.77	18.66	19.68	20.06	21.58	22.94	24.74	24.66	25.61	22.80	24.20	19.08
新疆	16.09	15.93	18.52	18.16	17.01	16.56	17.20	17.53	18.29	17.78	19.18	20.32	20.18	22.19	20.79	21.13	20.53	20.83	18.79
云南	13.21	13.62	13.65	14.02	14.14	15.09	16.49	16.74	19.33	17.60	19.11	20.85	22.52	24.05	23.80	24.72	22.07	23.39	18.58
四川	14.14	13.97	15.47	15.89	15.54	17.10	17.87	17.69	18.84	17.78	18.97	19.66	21.55	22.47	22.03	22.62	20.94	21.78	18.57
广西	13.01	12.15	13.35	13.79	13.75	15.19	16.85	17.92	18.61	18.94	19.14	20.40	21.43	24.46	23.95	24.90	21.88	23.39	18.51
黑龙江	17.05	16.74	17.65	18.31	18.93	19.12	19.38	17.66	18.11	16.81	17.63	18.78	19.82	19.34	18.83	18.89	18.88	18.89	18.38
湖南	13.51	13.97	14.41	15.32	15.88	16.80	16.48	17.56	18.39	17.87	18.71	19.27	20.38	19.64	20.49	20.91	19.70	20.30	17.75
宁夏	12.95	12.79	13.87	14.61	15.71	14.52	17.63	15.07	16.53	18.48	18.35	17.72	19.78	22.35	21.08	21.69	19.86	20.77	17.43
青海	12.07	12.13	13.03	14.10	12.88	14.08	14.46	15.84	16.11	17.06	18.52	18.91	19.64	20.35	20.86	21.57	19.66	20.61	16.77
甘肃	13.36	11.43	13.15	12.73	12.50	12.74	12.77	13.01	13.46	13.85	14.64	15.53	16.90	18.25	17.04	17.48	16.47	16.98	14.57
均值	17.05	17.29	18.36	18.99	19.02	19.98	20.89	21.28	22.40	22.65	23.49	24.43	25.61	27.21	27.04	27.81	25.56	26.69	22.54

低于 18，较高端上有 7 个高于 24。 其中数值最高的地区是上海，数值为 48.84，其次是北京，数值为 43.15，这是我国仅有的 2 个旅游产业转型升级指数在 40 以上的地区，也是仅有的两个得分在 30 以上的地区，上海和北京在我国旅游产业转型升级的演进过程中表现最好，遥遥领先于其余 29 个地区。

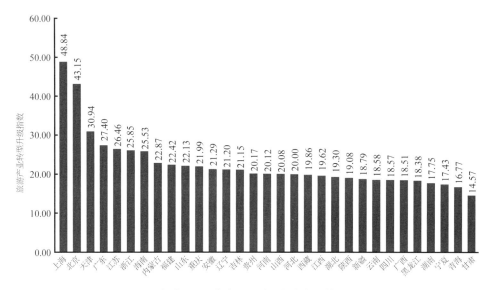

图 6-16　2004—2021 年中国 31 个省(区、市)旅游产业转型升级指数平均水平

除上海和北京以外，旅游产业转型升级指数值在 20 以上的省(区、市)还有天津、广东、江苏、浙江、海南、内蒙古、福建、山东、重庆、安徽、辽宁、吉林、贵州、河南、山西和河北，依次为 30.94、27.40、26.46、25.85、25.53、22.87、22.42、22.13、21.99、21.29、21.20、21.15、20.17、20.12、20.08 和 20.00，这些省(区、市)的旅游产业升级表现较好，且基本位于我国的东部和中部地区，仅有内蒙古和贵州属于我国西部地区。 相反，在旅游产业升级过程中也有表现不出色的地区，其中数值最低的是甘肃省，仅有 14.57，是我国唯一一个数值低于 15 的地区，位于倒数第二位和第三位的省(区、市)是青海和宁夏，数值分别为 16.77 和 17.43，这三个处于劣势地位的都位于我国的西部地区。 此外，上海与北京的旅游产业转型升级成果之所以更好，源于它们在产品优化、基础设施完善与游客贡献率提升三个方面都取得了更好的成效；

甘肃省的旅游产业结构优化成果最差,是因为它们在旅游产品优化与基础设施健全方面表现较差。

通过对上述资料的分析,我们可以看出,我国旅游业的发展呈现出一种地域不均衡的状态,而且东、中、西部之间的差距也很大,旅游业的发展水平总体上呈现出东部高、中西部低的特征,东部地区 18 年间的平均指数值为29.16、中部地区为 19.69、西部地区为 18.93,该结果是在六个子指标体系的相互作用下产生的。 如图 6-17 所示,六个子指标在旅游产业转型升级水平的贡献上存在着显著差异,其中,旅游基础设施健全和旅游结构优化两个子指标的贡献最大,旅游产品品质升级和旅游产业环境协调两个子指标的作用中等,而旅游效率提升和旅游区域贡献增加两个子指标对综合指数的作用最弱。 由此可以看出,与其他四个方面相比,我国旅游产业在旅游效率提升方面和旅游区域贡献方面有较大的提升空间,仍需进一步重视。

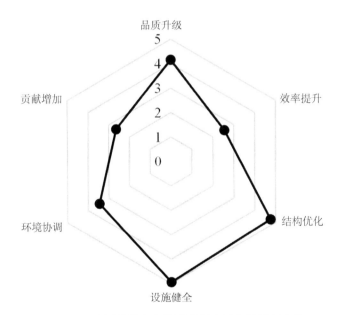

图 6-17 中国旅游产业转型升级水平各子指标占比

从时间特征上来看,旅游产业转型升级指数整体上呈现稳步上升的趋势,增长率保持在 2.73% 左右,可以看出我国旅游产业整体上在 2004—2021 年的升级表现良好。 将我国 31 个省(区、市)划分为东、中、西三个地区分析其时间规律，也可以看出三地的旅游产业转型升级整体表现都是呈稳步上升趋势（见图6-18）。并且，东、中、西部地区的旅游产业转型升级指数18年间的平均增长率分别为2.51%、3.14%、3.11%，指数增长速度上表现为中部最高、西部地区中等、东部地区最低，说明旅游产业起步较晚的区域正在借助后发优势，旅游产业升级水平差距在以一定的速度缩小。

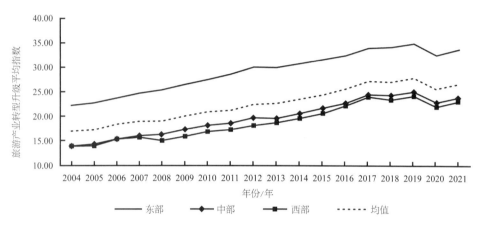

图6-18　2004—2021年我国东、中、西部地区旅游产业转型升级平均水平

6.3　中国旅游产业演进绩效评价

根据前文所述旅游产业转型升级水平测度分析，我们可以大致了解2004—2021年中国各省(区、市)以及东、中、西部三大区域的旅游产业转型升级水平的年度演进趋势。考虑到旅游产业转型升级水平测度的指标体系在指标完备性方面仍存在一定的局限，本部分内容从中国旅游产业发展绩效的演进角度进行验证，也作为旅游产业转型升级水平测度指标体系的补充。旅游产业的发展演进过程除了依赖于外部环境或资源之外，另一发展动力源自旅游产业内部，平衡内部各要素之间的关系才能充分利用产业潜力、创造力，推动旅游产业发展。本书中的旅游产业演进绩效可用于衡量旅游产业利用内外部因素发掘产业潜力、促进创新发展、提升产业发展质量的程度。旅游产业演进

实质是旅游产业发展的过程，它表现为转型和升级两个方面，产业转型在生产过程中表现为生产要素、资源向高结构、高层次产品流动，在结果中表现为高质量产品所占比重逐渐增强，与消费者需求更契合；产业升级在生产过程中表现为生产方式更有效，生产灵活性增强，在结果上表现为更高质量和更高附加值的产品。基于"内部—外部"分析框架构建旅游产业演进绩效测度模型，支撑旅游产业运行的因素称之为外部因素，比如交通；直接参与的因素称之为内部因素，比如酒店。由于旅游产业演进绩效涉及的指标体系更为复杂，本书只收集到 2012—2017 年的 6 年数据。

6.3.1 外部因素

外部因素是指旅游产业发展所依赖的大环境，根据宏微观环境的特征又可将外部环境细分为软环境和硬环境，软环境是旅游产业发展所处的宏观环境，如政策环境；硬环境是支撑旅游产业运作的微观环境，如基础设施覆盖情况。

(1)软环境

基于 PEST 分析[①]模型，旅游产业所处的宏观环境包括政策、经济、社会和技术环境，结合旅游产业依托于自然资源的特性，将生态环境也纳入宏观环境范畴。政策环境是指国家针对旅游产业推出的相关政策，它在旅游产业发展过程中扮演重要角色(Tang，2017)，有利政策将推动旅游产业发展，不利政策则限制旅游产业发展。通常政府越重视，投入的资金越多，越有助于旅游产业的发展。

本书将选用两个指标评价国家对旅游产业发展的重视程度，一是国家投资额增长率，反映国家对旅游产业投资力度的绝对变化；二是互补性指标，旅游产业投资占第三产业投资总额比重，反映国家对旅游产业投资力度的相

---

① PEST 分析是指宏观环境的分析,宏观环境又称一般环境,是指一切影响行业和企业的宏观因素。影响企业的主要外部环境因素包括政治(political)、经济(economic)、社会(social)和技术(technological)这四大类。

对变化。 旅游产业发展受经济环境影响（Payne et al.，2010；Amin et al.，2020），经济增长说明能够提供更多的旅游设施，同时人们消费能力较高，在供给和需求双方作用下推动旅游产业发展。 本书选取人均 GDP 衡量一定时期内的经济发展水平，同时选取旅游社会贡献率测量旅游产业对经济的贡献程度。

社会环境包括某一地区的居民文化水平、人口结构比例、人均收入等多项内容，结合旅游产业属于劳动密集型产业的特性，其发展需要劳动力作支撑，而专业人才会表现出更高的生产效率和创新能力。 在新的时代条件下，必须严格遵守旅游教育人才培养逻辑，积极开展旅游教育的实践工作，不断推动旅游教育的改革创新，才能更好地培养出高素质的旅游教育人才，推动我国旅游产业转型升级进程。 大量研究表明，专业的旅游劳动力是旅游产业获取竞争优势的先决条件。 Stauvermann 和 Kumar（2017）、Andrades 和 Dimanche（2017）在研究俄罗斯旅游产业发展时提出，旅游从业人员的训练和旅游教育不足制约了旅游产业的发展，因此在社会环境方面，本书着重考虑为旅游产业培养所需专业人才的情况，并选择旅游院校学生数作为社会环境的评价指标。

信息技术对旅游产业的影响毋庸置疑，比如信息技术变革了旅游产品购买方式，线上购买是一种更快捷、更高效的交易方式（Lee et al.，2011），技术作为旅游产业发展的主要驱动力，其发展水平直接影响旅游产业结构优化。 传统旅游资源的开发和利用因其生产和消费难衔接、储存难等特征难以形成规模经济效应而受到限制。 随着数字技术在旅游业中的应用更深更广，数字经济对于提升旅游资源开发和利用的效率及其赋能效应也越来越明显。 数字经济在旅游资源开发、经营、交易和消费等方面的广泛应用，具有巨大的规模经济效益；另一方面，数字经济让消费者的旅游需求与旅游资源开发者提供的信息可以实现精确、有效的匹配，这不仅可以激发出旅游资源消费者的潜在需求，提高他们的消费效率，而且还可以使旅游资源的开发和利用过程趋向于柔性化、平台化、去中心化。 因此，技术环境测量不容忽视，本书将从技术现状和技术发展潜力两个维度测量技术环境，选取社会 R&D 占 GDP 比重和每万人科技人员数测量地区未来技术发展潜力，结合旅游产业关联性强的特征和数据可获性，选取专利申请数测量技术水平现状。

相较于其他环境，生态环境与旅游产业的关系更为复杂，生态环境是旅游产业的一部分，甚至可以是旅游产品，Tang(2015)在研究黑龙江旅游产业与生态环境的关系时发现两者的和谐关系对旅游产业发展有正向影响，而生态质量直接影响两者之间的关系。本书选取人均绿地面积、绿化覆盖率、城市绿地率和空气质量四个指标评价生态环境。

(2)硬环境

旅游基础设施是指为适应旅游者在旅行游览中的需要而建设的各项物质设施的总称，也是旅游产业发展的重要因素(Khadaroo et al.，2008)。本书对硬环境的测量分为两个方面，一是测量现有旅游基础设施的完善程度，二是基于发展的眼光评判基础设施未来的状态。

一方面，旅游产品的不可转移性，决定了旅游者必须离开常住地前往旅游产品所在地观赏。人们在旅游活动中的移动性，需要完善的交通网络作支撑，包括常住地与旅游目的地之间的交通网络，也包含旅游目的地内部的交通网络。选取民航吞吐量及其增长率、铁路运输周转量及其增长率、公路运输周转量及其增长率、水路运输旅客周转量及其增长率测量外部交通的通达性，利用各指标间的替代关系充分反映旅游者空间移动的效率。选取公交线网密度测量内部交通通达性。另一方面，随着智慧旅游的兴起，在线订购票务、查询景点与路线的行为越来越普遍，而网络普及率是发展智慧旅游的主要限制性因素，故选取互联网普及率作为智慧旅游基础设施完善程度的评价指标。至于未来旅游基础设施的便利程度和覆盖率，跟国家投入有直接关系，投入越多，设施越完善，基于此，选择市政基础设施投资额、市政基础设施投资额增长率两个指标分别从静态和动态两个视角对其进行测量。

6.3.2 内部因素

旅游企业为了获取利润，会去识别和满足旅游者的需求，旅游产业正是在供给与需求不断博弈的过程中获得发展(Tseng et al.，2011)，基于此，本书将影响旅游产业发展的内部因素划分为需求因素和供给因素。需求因素仅研究国内旅游市场和入境游市场，出境游不在本章节研究范围之内，本书对需求因素的测量聚焦于需求数量和需求结构两个维度。供给因素则从企业、劳动力、产品三个方面着手分析，测量同样聚焦于供给数量和供给结构两个维度。

(1)需求因素

本书对需求因素的评价包含需求数量和需求结构两个方面，两者互为补充，数量衡量旅游市场的规模，结构衡量旅游市场的品质，以此综合评价旅游需求因素。在需求数量上，中国旅游局采用旅游人次和旅游收入两个指标综合衡量旅游市场规模，顾名思义，旅游人次是按照旅游者数量计算旅游市场规模，旅游收入按照旅游产业创造的价值计算旅游市场规模，两类指标从不同维度评价了旅游市场的规模，两者互为补充，缺一不可，因此本书也从这两个方面测量旅游需求量。首先，不同的市场带来的经济贡献不同，其需求特征也不同，因此本书对旅游需求的测量既包含对两个市场(国内市场、入境市场)需求数量的测量，也包含对总市场需求数量的测量。其次，为了体现模型动态演变的特征，采用增长率而非绝对值测量旅游需求数量，以体现旅游市场的变化过程。基于此，采用旅游收入增长率、旅游人次增长率测量旅游总市场的需求量，采用入境游人次增长率和外汇收入增长率、国内旅游人次增长率和国内旅游收入增长率分别测量入境游市场需求量和国内旅游市场需求量。同时利用旅游收入增长率/旅游人次增长率指标作为补充，比较收入增长速率与人次增长速率快慢。

在需求结构上，主要从收入和消费两个方面进行测量，收入测量旅游消费升级的潜力，消费则测量旅游消费升级的意愿。本书采用人均可支配收入和基尼系数测量旅游消费升级的潜力：通常人均可支配收入越高，旅游者越有能力实现消费升级；基尼系数则是反映某一地区居民收入差异的程度，基尼系数越小，表示不平等程度越低，那么人均可支配收入能够更好地反映旅游者消费升级的问题。消费方面，结构升级体现在对个性化旅游产品的诉求增强，对高质量、高品质的旅游产品消费增多，因此选取线上旅游市场规模反映旅游者对个性化产品的需求，选取人均旅游消费增长率和星级酒店入住率反映旅游者对高品质旅游产品的要求。上述指标将反映旅游需求市场的情况，需求数量越多，越能激发旅游产业提供高附加值、高质量的旅游产品的动力，同时推动旅游产业主动提高生产效率以应对旅游市场规模的扩大和消费升级。

(2)供给因素

本书对旅游供给的测量主要是从生产主体(企业、劳动力)和生产客体(旅游产品)两个方面着手。在生产主体方面，又可细分为企业和劳动力，企业能够反映生产主体的融资能力、研发能力等，通常企业越大，提供高质量产品和主动实现产品品质升级的可能性越大，进而实现旅游产业供给结构优化，进一步拉动旅游消费升级。劳动力则反映旅游产品的生产效率，生产效率越高，生产数量越多，生产质量越好。故选取旅游上市公司数量、旅游从业人员数量和劳动生产率测量生产主体的生产能力。在生产客体方面，本书主要选取两类旅游产品(旅游景区、酒店)的供给情况，选择旅游景区和酒店的原因主要有两点：一是这两项旅游产品是旅游者在旅游过程中必不可少的，能够在很大程度上体现旅游产品整体供给的特征；二是数据获取方便且有效。此外，选取企业新产品开发速度测量个性化旅游产品的生产水平。

综上所述，基于前人研究结果，本书从内外部两个维度进行旅游产业演进绩效评价体系构建，充分测量旅游产业外部宏微观环境以及内部市场供求因素对旅游产业演进绩效的影响，该指标体系由2个状态层、4个准则层和45个要素层构成，具体如表6-9所示。

表 6-9　旅游产业演进绩效指标体系

目标层	状态层	准则层	序号	要素层
旅游产业 演进绩效	外部因素	(1)软环境	1	国家投资额增长率/%
			2	旅游产业投资占第三产业投资总额比重/%
			3	人均 GDP/(元/人)
			4	旅游产业贡献率/%
			5	旅游院校学生数/万人
			6	社会 R&D 占 GDP 比重/%
			7	每万人科技人员数/人
			8	专利申请数/万件
			9	人均绿地面积/平方米
			10	绿化覆盖率/%
			11	城市绿地率/%
			12	空气质量/%
		(2)硬环境	13	民航吞吐量/亿人次
			14	民航吞吐量增长率/%
			15	铁路运输周转量/人千米
			16	铁路运输周转量增长率/%
			17	公路运输周转量/人千米
			18	公路运输周转量增长率/%
			19	水路运输周转量/人千米
			20	水路运输周转量增长率/%
			21	公交线网密度/(千米/平方千米)
			22	互联网普及率/%
			23	市政基础设施投资额/亿元
			24	市政基础设施投资额增长率/%

续表

目标层	状态层	准则层	序号	要素层
旅游产业演进绩效	内部因素	(1)需求因素	25	旅游收入增长率/%
			26	旅游人次增长率/%
			27	入境旅游人次增长率/%
			28	外汇收入增长率/%
			29	国内旅游收入增长率/%
			30	国内旅游人次增长率/%
			31	国内旅游市场占有率/%
			32	旅游收入增长率/旅游人次增长率
			33	人均可支配收入/(元/人)
			34	基尼系数
			35	人均旅游消费增长率/%
			36	星级酒店入住率/%
			37	线上旅游市场规模/亿元
		(2)供给因素	38	旅游上市公司数量/个
			39	旅游从业人员数量/人
			40	劳动生产率/%
			41	国家4A、5A景区数量/个
			42	四、五星级酒店占比/%
			43	星级酒店增长率/%
			44	高星级酒店餐饮收入增长率/%
			45	企业新产品开发速度/(项/人)

6.3.3　测量模型优化

上述测量模型全面测量了旅游产业发展的外部环境和内部环境,其中包含宏微观环境以及市场因素,分别从现状和发展趋势两个维度对其进行测量,十分全面地构建了旅游产业演进绩效的测度模型。 在实践中,虽然影响旅游产业演进绩效的因素众多,但是在特定时段并非所有因素都是关键性因素,过于求全非但不能使测量模型更精确,反而给测量操作带来了不便。 由于评价指标体系中各项指标的量纲不同，不宜直接对比，为了消除各项指标量纲不同所造成的影响，本书采用变异系数来测量各项指标取值的差异程度，据此剔除评价效果较弱的指标，从而对测量模型进行优化。

变异系数法是通过计算指标取值间的差异来衡量该指标的评价效果。在对两组或多组数据进行差异性比较时，若计量单位与平均值一致，则可直接使用标准偏差。当各单位与平均数之间存在差异时，无法使用标准偏差进行比较，只能使用标准偏差与平均偏差之比（相对偏差）进行比较。变异系数越大说明被评价单位间的差距越大，那么该指标的评价效果越好，反之，评价效果越差，即失去评价意义，通常当某指标的变异系数低于 0.2 时，应剔除该指标。各项指标的变异系数计算公式如下：

$$V_j = \frac{\sigma_j}{\overline{x_j}} \ (j = 1,2,\cdots,n) \tag{6-6}$$

式中，V_j 是第 j 项指标的变异系数；σ_j 是第 j 项指标的标准差；$\overline{x_j}$ 是第 j 项指标的平均数。

收集中国 2012—2021 年各项指标数据，并计算得出 45 个指标中有 27 个指标的变异系数小于 0.2，这 27 个指标可以划分为两类：一类是变异系数大于 0 小于 0.2；另一类是变异系数小于 0。上述 27 个指标应当全部剔除，但剔除原因有差异，第一类的剔除原因是 2012—2021 年中国在这些指标上表现差异不大，这些指标对最终旅游产业演进绩效几乎无影响，但并非它们对旅游产业发展无影响，这些影响能够通过保留的指标间接反映出来。第二类指标的变异系数为负，说明这几年指标取值基本都是负的或者是在下降的，但是这种下降并不是因为旅游产业在后退，而是有更深层次的原因。星级酒店增长率、高星级酒店餐饮收入增长率为负，是因为受国家政策"八项规定"的影响，虽然在此期间高端的旅游消费出现大幅下降，但是旅游产业正处于从政策依赖向市场依赖转变的过程，这将推动旅游产业走向更健康、更高级的发展道路。因此为了避免旅游产业内在的转型升级受到负向指标的冲抵，故剔除上述指标。采用变异系数法剔除无效指标后，形成新的指标体系，具体如表 6-10 所示。

表 6-10　旅游产业演进绩效指标体系(已剔除无效指标)

目标层	状态层	准则层	序号	要素层
旅游产业演进绩效	外部因素	(1)软环境	1	国家投资额增长率/%
			2	旅游产业投资占第三产业投资总额比重/%
			3	旅游产业贡献率/%
			4	旅游院校学生数/万人
			5	专利申请数/万件
			6	空气质量/%
		(2)硬环境	7	铁路运输周转量增长率/%
			8	公路运输周转量/人千米
			9	水路运输周转量增长率/%
			10	市政基础设施投资额增长率/%
	内部因素	(1)需求因素	11	旅游收入增长率/%
			12	入境旅游人次增长率/%
			13	外汇收入增长率/%
			14	旅游收入增长率/旅游人次增长率
			15	线上旅游市场规模/亿元
		(2)供给因素	16	旅游上市公司数量/个
			17	国家4A、5A景区数量/个
			18	企业新产品开发速度/(项/人)

6.3.4　指标权重

本书采用信息熵权 TOPSIS[①] 法(逼近理想解排序方法)对各项指标赋予权重,具体步骤如下:第一步建立评价矩阵并对其进行标准化处理。本书利用18 个具体指标根据公式(6-1)～(6-5)测量中国 2012—2021 年这 10 年的旅游产业演进绩效。经计算,各项指标的权重如表 6-11 所示。

---

① TOPSIS:technique for order preference by similarity to ideal solution。

表 6-11 中国旅游产业演进绩效指标权重

状态层	准则层	要素层	指标权重
外部因素 (0.5044)	软环境 (0.3015)	国家投资额增长率	0.0406
		旅游产业投资占第三产业投资总额比重	0.0640
		旅游产业贡献率	0.0731
		旅游院校学生数	0.0330
		专利申请数	0.0471
		空气质量	0.0437
	硬环境 (0.2029)	铁路运输周转量增长率	0.0497
		公路运输周转量	0.0556
		水路运输周转量增长率	0.0397
		市政基础设施投资额增长率	0.0580
内部因素 (0.4956)	需求因素 (0.3160)	旅游收入增长率	0.0658
		入境旅游人次增长率	0.0684
		外汇收入增长率	0.0701
		旅游收入增长率/旅游人次增长率	0.0556
		线上旅游市场规模	0.0561
	供给因素 (0.1796)	旅游上市公司数量	0.0857
		国家4A、5A景区数量	0.0559
		企业新产品开发速度	0.0381

根据信息熵权 TOPSIS 法计算的各项指标权重结果可知，每个维度的最高权重指标分别为：旅游产业投资占第三产业投资总额比重、市政基础设施投资额增长率、外汇收入增长率和旅游上市公司数量，上述四个指标为互补关系，只有四者协同发展才能获得较高的旅游产业演进绩效。

首先，分别构建正理想解向量 $\boldsymbol{X}^{+}$ 和负理想解向量 $\boldsymbol{X}^{-}$。

$$\boldsymbol{X}^{+} = (\max_{1 \leqslant i \leqslant m} x_{i1}, \max_{1 \leqslant i \leqslant m} x_{i2}, \cdots, \max_{1 \leqslant i \leqslant m} x_{in}) \tag{6-7}$$

$$\boldsymbol{X}^{-} = (\min_{1 \leqslant i \leqslant m} x_{i1}, \min_{1 \leqslant i \leqslant m} x_{i2}, \cdots, \min_{1 \leqslant i \leqslant m} x_{in}) \tag{6-8}$$

然后,采用加权欧式距离公式分别计算各评价对象与正、负理想解的距离 D_i^+ (6-9)、D_i^- (6-10),D_i^+ 越小表示评价对象与理想解越接近,越为人们所期望;D_i^- 越大表示评价对象越远离负理想解,其状况越好。

$$D_i^+ = \sqrt{\sum_{j=1}^{n} W_j (x_{ij} - x_{ij}^+)^2} \tag{6-9}$$

$$D_i^- = \sqrt{\sum_{j=1}^{n} W_j (x_{ij} - x_{ij}^-)^2} \tag{6-10}$$

再次,利用接近度 C_i 来综合描述评价对象的状态,C_i 越大,表示评价对象状态越优,若评价对象各指标均处于最优状态,则 $C_i = 1$;若评价对象各指标均处于最劣状态,则 $C_i = 0$。

$$C_i = \frac{D_i^-}{D_i^+ + D_i^-} \tag{6-11}$$

最后,根据接近度 C_i 对评价对象进行排序,综合排序越靠前的年份说明当年旅游产业演进绩效越高。

经计算得出 2012—2021 年旅游产业演进绩效结果如表 6-12 所示。

表 6-12　2012—2021 年中国旅游产业演进绩效

年份/年	中国旅游产业演进绩效
2012	0.44
2013	0.29
2014	0.35
2015	0.53
2016	0.53
2017	0.52
2018	0.57
2019	0.61
2020	0.42
2021	0.53

6.3.5 结果分析

(1)整体分析

中国旅游产业演进绩效在 2012—2021 年这 10 年间有升有降,但是整体发展方向是好的。 从图 6-19 可知,中国旅游产业演进绩效曲线可划分为两个阶段:第一阶段是 2012—2015 年,曲线呈"U"形变化,即先下降再回升。2013 年演进绩效数值下降约 34%,出现大幅度下降的原因是 2012 年年底中央颁布了"八项规定",在很大程度上限制了公款出游和公款吃喝现象,导致旅游产业受挫。 在此种情形下,旅游产业只能充分利用市场的作用,推动自身从政策依赖型向市场依赖型转变。 因此,这种下降只是暂时的,经过一段时期的调节,旅游产业发展慢慢回暖。 正如图 6-19 所示,2015 年演进绩效数值迅猛上升,并超过 2012 年水平。 这说明 2015 年旅游产业已基本消化"八项规定"带来的冲击。 短期来看,"八项规定"似乎阻碍了旅游产业的发展,但是从长远来看,却是推动旅游产业更健康、更有序的发展。第二阶段是 2016—2019 年,维持稳定,略微上涨。 第三阶段是 2020—2021年,受新冠疫情影响,中国旅游产业演进绩效下跌至近 7 年以来最低值。整体来看,近 10 年以来旅游产业经过国家政策的引导和市场的调节,正在逐步走向更健康的发展道路,但是上升的幅度较小,年均增长率仅为 5.52%。

综合上述分析,我国旅游产业转型发展仍存在很大空间。 理论上,测评结果越接近 1 说明当年各项指标的数值越高,从图 6-19 中的结果来看,仅 2019 年旅游产业演进绩效数值略超过了 0.6,说明我国旅游产业发展空间还很大,国家应当持续重视旅游产业的规划与发展。 一方面推动旅游产业转型升级,在满足人们精神文化需求的同时,提高旅游产业的经济效益;另一方面利用旅游产业关联性强的特征,带动其他产业共同发展。

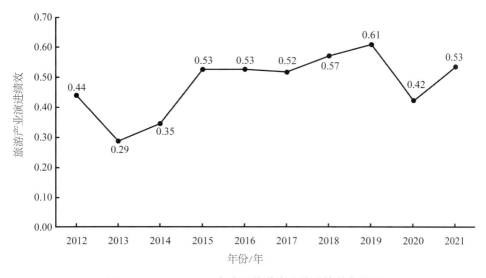

图 6-19 **2012—2021 年中国旅游产业演进绩效曲线图**

（2）外部因素

　　如图 6-20（a）外部因素测评曲线图所示，2012—2021 年旅游产业演进绩效数值呈"W"形波浪式上涨，其原因是软环境与硬环境评价存在此消彼长的变化趋势，即 2012—2021 年软环境评价数值总体上呈现上升趋势，而 2012—2021 年硬环境评价数值总体上呈现下降趋势，只有在 2016 年和 2021 年两者同步呈上升趋势，所以，呈现出 2017 年、2019 年和 2021 年外部因素测评值较高的情况。同时，根据图 6-20（b）和图 6-20（c），旅游转型升级的软环境测评曲线与硬环境测评曲线的变化呈现出较大的不同，软环境数值的上升幅度明显大于硬环境数值的上升幅度，这也说明了软环境与硬环境缺乏协同发展。软环境与硬环境是旅游产业发展必不可少的前提条件，任何一方短缺都会制约旅游产业的发展，国家在推行相关政策时应注重两者协同发展，通过二者的协调促进旅游产业转型升级。

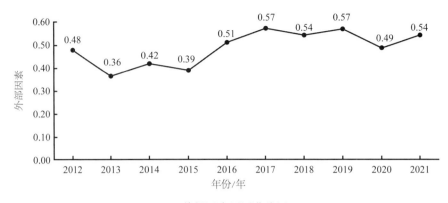

（a）外部因素测评曲线图

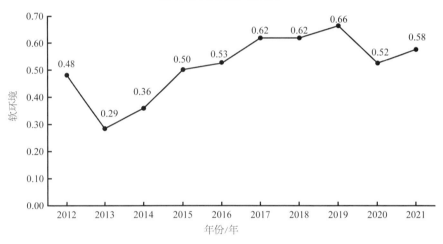

（b）软环境测评曲线图

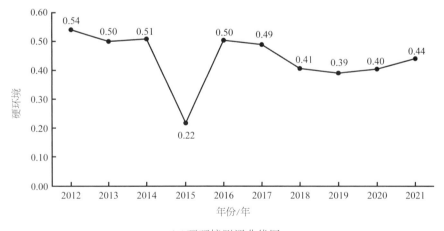

（c）硬环境测评曲线图

图 6-20　2012—2021 年外部因素及其子项测评曲线图

如图 6-20(b) 软环境测评曲线图所示，除了 2013 年和 2020 年以外，我国旅游产业转型升级的软环境数值呈现稳步提升的态势，说明在 2012—2021年，我国的国家投资额增长率、空气质量、旅游产业贡献率等是不断提升的。其中，2013 年的软环境数值出现急剧下降，这可能是受"八项规定"和"六项禁令"等政策的影响，导致公务旅游消费大幅度下降，旅游产业贡献率迅速下跌；而 2020 年出现的软环境数值下降，可能是受新冠疫情的影响，与旅游行业相关的各行各业的发展均受到较大冲击，进而导致旅游产业转型升级的软环境条件变差。

根据图 6-20(c) 硬环境测评曲线图，可以发现，2012—2021 年我国旅游产业转型升级的硬环境条件不仅没有得到进一步的优化，反而表现出停滞不前，甚至倒退的现象。这与软环境测评曲线呈现出相反的态势。而外部环境由软环境因素和硬环境因素共同组成，所以这两种环境的相反变动趋势导致了外部因素测评值围绕某一均值上下波动。根据硬环境曲线图，2012—2013 年旅游产业转型升级的硬环境数值出现了略微下降，2014—2015 年连续下降且下降速率增大，在 2015 年触底反弹，2016 年上升至与 2013 年基本持平的位置。但 2017 年以后，硬环境数值并没有呈现持续增长趋势。

从统计指标来看，旅游产业转型升级硬环境因素由 4 个指标测量，分别是铁路运输周转量增长率、公路运输周转量、水路运输周转量增长率和市政基础设施投资额增长率，其中前三者用于测量旅游者的出行效率，后者则是测量旅游地接待设施的完备程度。随着我国居民经济水平的不断提升，乘坐飞机是游客重要的出游方式之一，考虑数据可得性，本书并未将飞机运输周转量纳入硬环境因素的指标体系中，可能也是导致硬环境数值下降的原因之一。

(3) 内部因素

内部因素测评曲线 [见图 6-21(a)] 在 2013 年触底反弹，2014—2015 年出现不同幅度的上升，2016 年略微下降，但是仍高于 2012 年水平，说明在旅游产业受到"八项规定"的冲击后，市场因素对其发展所起的作用在不断增强。2017—2021 年，内部因素数值没有显著的增长趋势，并呈现出倒"U"形变化趋势，导致这一现象的原因主要是：在进入新的旅游发展阶段之后，仅仅依靠资源和人口的投入，是不足以支持我国旅游业的持续发展的，因为资源的有限性，环保国策的全面落实，以及人口的稳定，都限制了旅游业的发展。 所以，在我国旅游业发展的新阶段，虽然土地、资源和资本等传统因素仍在旅游增长中发挥着无可取代的作用，但科技进步和创新驱动将会是促进旅游业发展的主要途径。

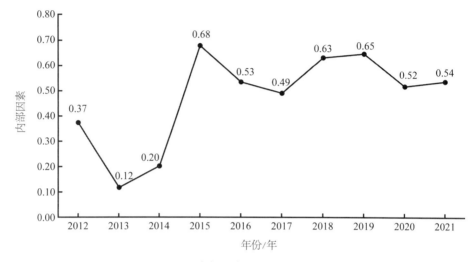

(a)内部因素测评曲线图

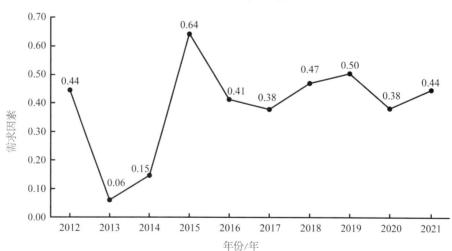

(b)需求因素测评曲线图

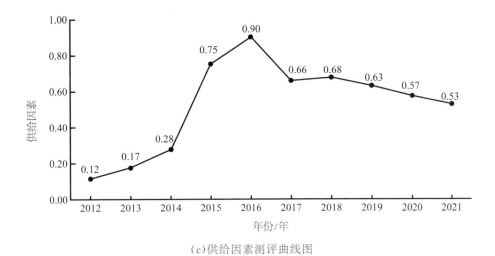

（c）供给因素测评曲线图

图 6-21 2012—2021 年内部因素及其子项测评曲线图

根据图 6-21（b）需求因素测评曲线图，我国旅游产业转型升级的需求因素数值呈现震动式上升的趋势，其中，2013 年的需求因素数值出现了大幅下降，主要是受 2012 年底"八项规定"的影响，旅游需求出现急剧下降。 2014—2015 年，旅游需求实现了强势复苏。 需求因素是由旅游收入增长率、入境旅游人次增长率、外汇收入增长率等 5 个具体指标进行测度的，在 2016 年以后，我国的旅游需求因素数值呈现出较为稳定的态势，说明旅游需求是稳定增长的。

根据图 6-21（c）供给因素测评曲线图，2012—2021 年这 10 年间供给因素数值先是大幅度上涨，趋于稳定，而后伴有小幅度下降的态势，大体可以划分为两个阶段。 第一阶段：2012—2016 年，供给因素数值呈现大幅度上涨的趋势。 一方面由于需求决定供给，旅游需求的不断增长促使旅游供给增长；另一方面，我国经济的增长带来了更多的资金投入旅游供给中。 总体来说，旅游供给在此阶段不断地上涨。 第二阶段：2017—2021 年，旅游供给因素数值趋于稳定，伴有小幅度下降的态势。 这是旅游市场发展趋于成熟的正常表现，旅游需求曲线也印证了这一点，在 2017 年以后，旅游需求数值较为稳定，因而促进了旅游供给的稳定。 而且，供给曲线这一表现也是我国推行供给侧结构性改革的结果，中国旅游市场供给侧结构性改革的最终目的是满足人民美好生活需求，也体现出旅游领域的"质的有效提升和量的合理增长"。 基于此，要在深入研究旅游需求市场后进行旅游供给决策，根据旅游需求调整旅游供给。

综合对比旅游产业转型升级的需求因素和供给因素测评曲线 ［见图 6-21 (b)、图 6-21(c)］，2012—2021 年这 10 年的发展可以划分为三个阶段。 第一阶段：2012—2013 年，供不应求。 旅游需求显著大于旅游供给，说明供给侧对旅游需求端的转型升级不敏感，更多依赖于国家政策，市场之手的作用较弱。 第二阶段：2014—2015 年，供给、需求协同发展。 在 2012 年年末推行"八项规定"之后，旅游需求显著降低，并于 2013 年跌至谷底。 在资源配置基础型作用提升的条件下，市场实现了供需高水平的新均衡。 第三阶段：2016—2021 年，供引导求。 在此期间，信息技术与旅游产业的结合越发紧密，一方面新型旅游方式出现，即智慧旅行兴起；另一方面，信息技术使得交易成本降低，因此供给侧既有能力也有动力推动旅游产业转型升级。 2015 年中国提出供给侧结构性改革，也为旅游产业的健康有序发展保驾护航。 2018 年我国文化和旅游部成立，文旅融合进程的加快进一步促进了旅游产品质量的提升。

7 粤港澳大湾区旅游产业转型升级测度研究

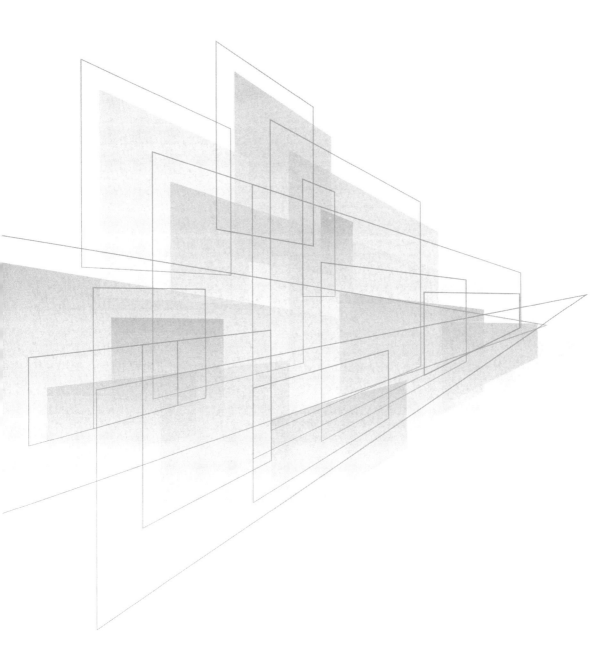

粤港澳大湾区包括香港、澳门，以及广东省广州、深圳、珠海、佛山、肇庆、惠州、东莞、中山、江门9个城市，是中国对外开放水平最高、经济活力最强、旅游产业发展最迅速的地区，在全国经济发展中起着举足轻重的作用。2019年2月18日，中共中央、国务院印发了《粤港澳大湾区发展规划纲要》（以下简称《纲要》），其中包含对粤港澳大湾区的文旅发展总体要求、重要方面和重点发展领域等。旅游产业的发展对粤港澳大湾区的建设具有重要意义，《纲要》中更是将旅游产业发展提升到粤港澳大湾区发展的五大定位之一，即将粤港澳大湾区建设定位为"宜游的优质生活圈"，粤港澳大湾区建设给湾区内各城市的旅游产业转型升级提供了新的契机。本章在第六章研究的基础上，拟解决三个问题：一是构建粤港澳大湾区中广东9市的旅游产业转型升级水平的指标体系；二是使用PROMETHEE和GAIA法这两种多标准决策方法测度旅游产业转型升级；三是分析粤港澳大湾区的旅游产业转型升级特征。

7.1 粤港澳大湾区旅游产业发展背景介绍

截至2021年12月，我国粤港澳大湾区覆盖面积5.61平方千米，常住人口达8670万人，2020年和2021年的地区GDP分别为1.71万亿美元和1.96万亿美元。由于地理位置上的优势、香港和澳门开放自由的政策，发达的经济和丰裕的文化资源使得大湾区的旅游产业发展较早，且发展规模大、发展速度快。但在这样的高速增长中，也存在着诸如旅游基础设施不完善、旅游供给与需求不匹配、旅游产业附加值较低等问题，这些都给旅游目的地和旅游资源造成了很大的压力，有可能会造成旅游产业发展态势的恶化，对旅游产业的可持续发展不利(Estêvão et al.，2019)，需要进行旅游产业的转型升级。在旅游产业发展到一定程度的时候，旅游产业的转型升级是一种必然的趋势，它也是一条实现旅游产业可持续发展的必由之路，转型升级不但可以让旅游产业获得更好的发展，而且还可以推动整体产业结构的优化，增加就业机会，帮助贫困人口脱贫，改善环境，提升人们的生活水平和幸福感(易开刚 等，2017)。旅游产业转型升级是一个复杂而综合的概念，它牵扯到旅游产业的各个方面，它既包含了旅游需求的转型升级，也包含了旅游供给的转型升级，还包括了由各个因素所共同决定的旅游产业结构的优化。因此，对旅游产业转型升级的测度，不能仅仅使用单一指标来进行评价，需要构建一个全面、综合、客观的指标体系。

粤港澳大湾区的构建促进了湾区内各城市的旅游产业发展，湾区建设可以快速地输入大量资金、管理、人才等资源，提高湾区内的基础建设水平、管理水平和服务水平等，为旅游产业发展提供了更为有利的条件，并且可以吸引大量的境内外游客，推动旅游产业转型升级的成功进行，给研究旅游产业转型升级提供了一个较好的分析案例。随后通过建立指标体系的方式定量评价其旅游产业转型升级的情况，分析粤港澳大湾区的构建是否对旅游产业的转型升级具有促进作用，以及主要对旅游转型升级的哪些方面带来明显的促进作用。下文将在建立旅游产业转型升级指标体系的基础上，基于数据可得性的考虑，以粤港澳大湾区内的广州、深圳、珠海、佛山、中山、东莞、惠州、江门和肇庆为例，采用 PROMETHEE 测度 9 市在粤港澳大湾区开始构建前后(即 2017 年和 2018 年)的旅游产业转型升级水平，分析粤港澳大湾区内各城市旅游产业转型升级特点，以期对各城市的旅游产业发展政策的制定提供依据和建议。

7.2 粤港澳大湾区旅游产业转型升级指标体系

在粤港澳大湾区旅游产业转型升级指标体系的设计中，本书既考虑旅游产业转型升级的一般属性，同时也考虑到粤港澳大湾区旅游产业转型升级的特殊性(比如，出入境旅游的比重高等)。从广义上来说，产业转型升级不仅包括了产业转型，还包括了产业升级，产业转型指的是为了产业升级，而向与当前形势相适应的产业结构进行转型，并最终达到产业升级的目的。因此，产业转型是升级的出发点，产业结构优化是产业升级的根本路径(马巧慧 等，2016)。谢春山等(2010)将旅游业的转型与升级视为一个整体，马波和徐福英(2012)表示旅游产业转型和升级是一个统一体，转型是本质，升级是表现。

旅游目的地是一个动态复杂的系统，其发展受许多相互作用的因素影响（Mai et al.，2018）。 以旅游功能系统模型为依据，我国的旅游功能系统可以归纳为支持子系统、需求子系统和供给子系统，支持子系统具体包括了硬环境支持和软环境支持（吴必虎，1998），旅游产业转型升级是通过旅游功能系统的转变来完成的，在这过程中，每一系统中因素的变化都会对其他系统产生影响。 例如，旅游者需求的变化会导致旅游供给子系统发生变化，以满足新的旅游需求，而支持子系统中的政府和教育部门等也会以新的旅游市场特征为依据，分别出台适当的政策和旅游人才教育培训方案等。 以旅游功能系统为基础，本书从软环境支持、硬环境支持、需求因素、供给因素以及由各个因素所决定的旅游产业结构优化等五个方面，对旅游产业转型升级指标评价体系进行了研究。

对于粤港澳大湾区的广东 9 市（广州、深圳、珠海、佛山、中山、东莞、惠州、江门和肇庆）旅游产业转型升级水平的指标体系，主要从旅游业的外部环境与旅游业自身两个层面来进行评价，旅游产业转型升级测度逻辑如图 7-1 所示。 其中，外部环境是旅游业转型升级的支撑要素，包括硬环境和软环境两个方面，外部环境并不会直接对旅游产业转型升级的成功与否产生影响，但是它却是旅游产业转型升级效果的潜在影响因素，也是旅游产业转型升级的基本动力支撑。 它通过对旅游产业转型升级的内部因素产生作用，从而对旅游产业的转型升级产生影响。 而旅游产业转型升级的自身因素是其转型升级在旅游产业内部的直接展现，该部分因素包括需求因素、供给因素以及由各种因素所共同决定的旅游产业结构优化，内部因素的变动会造成旅游产业转型升级水平的直接改变。 因此，旅游产业的转型升级既包括了外部环境的转型升级，又包括了旅游产业自身的转型升级。 对旅游产业转型升级的测度也应该是全面的，它不仅能反映当前旅游产业自身的产业转型升级状况，还能反映出由旅游产业外部环境所决定的未来旅游产业转型升级的潜力；既要考虑到旅游产业转型升级的消费需求拉动机制，也要考虑到旅游产业转型升级的供给推动机制；既从供给、需求和支撑三个方面对旅游业转型升级进行了研究，又把这些因素所决定的旅游业结构优化程度纳入旅游业转型升级的评价指标体系中，并根据粤港澳大湾区旅游业的特点，力求对粤港澳大湾区中广东 9 市旅游业转型升级的特点进行综合、全面的测量。

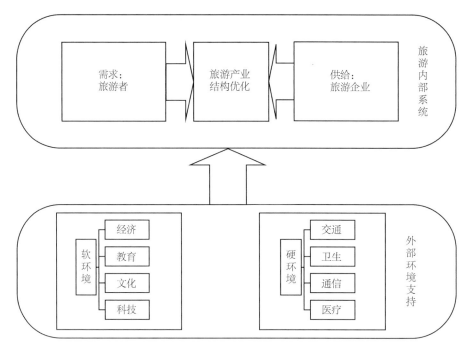

图 7-1　旅游产业转型升级测度逻辑

7.2.1 软环境

旅游产业转型升级的软环境因素，指的是能够支持旅游产业的健康发展，并且与旅游产业的顺利转型升级有密切关系的经济、文化、科技等因素。 本书特别选取了国民经济发展状况、产业发展形势、教育重视度、研发投入、创新能力和区域整体发展形势，将其列为旅游产业转型升级外部影响中的软环境影响因素。 地方经济状况是一个重要的软环境要素，它的良性发展是旅游业转型升级的前提，经济驱动旅游增长的假设已经成为旅游经济研究领域中的一个热门话题。 经济的繁荣和良好的商业环境，会对道路运输系统、移动通信设施以及其他设施带来积极的影响，进而呈现出 GDP 与旅游产业之间的因果关系(Aratuo et al.，2019)。 张晓燕和陈泽群(2018)认为科学技术、人口质量和外商投资是影响我国制造业转型升级的主要因素。 翁景德和庄海刚(2018)认为，自然环境和人力资本是决定制造业转型升级的正向因素。

国民经济的健康发展是旅游业持续、健康发展的根本，也是旅游业实现转型升级的先决条件，本书选取了各个城市的人均 GDP 来表示其经济发展情况。 旅游产业属于第三产业，而且在过去的数 10 年中，它的规模和产业地位都在不断地提高。 因此，旅游产业的持续健康发展，对各个地区的经济产生了越来越大的影响，旅游产业的转型升级问题也越来越被人们所关注，本书选取了第三产业增加值占 GDP 的比重，以此来衡量各个城市的第三产业对其经济发展的贡献以及第三产业的发展情况。 教育水平代表着潜在的高级人才和创新能力，它是旅游产业转型升级的重要推动力，本书选取了普通高校在校生数来衡量各个地区对教育的重视程度。 社会 R&D 投入在 GDP 中所占的比重，能够对各个地区在科技研发方面的投入力度进行度量，而专利授权量则能够对该地区的科技创新能力进行度量，这对于产业转型升级起到了非常重要的作用。 外商投资为当地带来充裕的资金、先进的技术与管理经验，弥补原有的短板与不足，有助于当地产业转型升级，所以本书选择外商直接投资实际使用金额作为旅游产业转型升级软环境支持因素之一，度量了外资在粤港澳大湾区(广东 9 市)旅游业发展中的作用。

7.2.2 硬环境

旅游产业转型升级的硬环境因素，指的是能保证旅游活动可以顺利进行，并对旅游产业发展质量产生重大影响的交通、医疗卫生、邮电通信和生态环境等因素。 这些因素的完善程度，会对游客的旅游体验产生直接的影响，对旅游产业的转型升级产生制约或推动作用。 在硬环境方面，基础设施是旅游业深度发展和转型升级的关键(Van Truong et al., 2017)，与旅游发展有关联的基础设施具体包括了水电、安全卫生、网络通信和公共交通四个方面，这说明了基础设施在旅游产业的高质量发展中有着举足轻重的作用，对于旅游产业的转型升级也有很大的作用(Seetanah et al., 2011)。 旅游目的地良好的环境卫生是旅游业可持续发展的先决条件(Estêvão et al., 2019)。

伴随着经济的飞速发展，人们对交通便利性的需求也在持续增长，要想实现旅游产业的转型升级，就必须要提升旅游交通便利性，本书选取了等级公路里程数和旅客周转量两个指标来衡量交通便利性。 旅游目的地的卫生和医疗设施是保护游客身体健康的最后一道防线，也是实现旅游业高质量发展的必要条件，本书选取了各个城市的医疗卫生机构的病床数量，以此来衡量当地医疗卫生设施的完善程度。 伴随着移动互联网的不断普及，通信条件已经变成了促进旅游产业发展和实现旅游产业转型升级的一个关键因素，本书选取了邮电业务量在国内生产总值中所占的比重，来衡量地方邮电通信发展状况。 旅游目的地的环境条件不仅能够成为旅游活动中吸引人的因素，同时也是开展旅游活动的基本要求。 环境的污染是导致游客止步不前的一个主要因素，环境状况的改善是旅游产业转型升级的要求之一，本书选择了城市污水处理率和城市生活垃圾无害化处理率来衡量各个城市的环境状况。

7.2.3 需求因素

在旅游产业转型升级的需求因素层面上，以旅游消费者的需求为导向，探讨其需求的特征及其变化趋势，本书将需求因素作为粤港澳大湾区(广东 9 市)旅游产业转型升级评价的重要指标之一，是因为游客需求的提高是旅游产业转型升级的根本原因。 需求要素主要表现为消费者的行为，游客消费需求的提升将会带动旅游产品与服务的提供，从而促使旅游产业的转型升级。 本书在旅游消费数量方面，选择了国内旅游人次增长率、入境旅游人次增长率和客房出租率这三个指标，分别对国内旅游、入境旅游和过夜旅游需求数量的变化情况进行了衡量。 在需求层级方面，以常住居民人均可支配收入为测量指标，人均可支配收入的提升会导致消费层级的持续提升，消费层级的提升也会反映在旅游上。 休闲度假旅游出行频次的增加、传统意义上观光游出现频次的减少，都是旅游需求和消费层级不断提高的一种表现。

7.2.4 供给因素

旅游产业的转型升级是由旅游供给的升级来实现的，旅游供给的升级是对旅游外部环境因素升级和旅游内部需求要素升级作出的响应。 在旅游供给方

面，选择与旅游产品和旅游服务供给最密切相关的旅游景区(点)、旅游酒店、
旅行社和旅游服务人员作为供给升级的表征指标，与旅游需求因素的升级特征
相对应，旅游供给的升级也包含了规模和层次两个方面。在景区(点)的数量
上，因为各个等级的景区(点)在知名度和影响力上存在着很大的差异，因此，
我们对其知名度赋予一个权重，具体的计算方法如下：

$$景区数量 = \sum_{n=1}^{5} (n \times m \text{ A 级景区数量})$$ (7-1)

其中，n 代表某等级景区的数量，m 代表 A 级水平，取值 1~5。Brotherton
等(1994)对旅游产业的雇员进行了调查，结果表明，本地雇员的人数和质量的
不足，在很大程度上制约了旅游业的可持续发展。鉴于数据的可获得性，以
及旅游产业与其他产业之间具有很强的相关性，因此，在本书中，我们选用了
第三产业就业人员的数量来代替旅游产业就业人员的数量，并以此来为旅游产
业的转型升级提供一个参考依据。

7.2.5 旅游产业结构优化

从产业结构的优化角度来看，产业的转型升级就是产业的效率和附加值的
提高。旅游产业结构是指由软环境因素、硬环境因素、旅游需求和旅游供给
共同作用下形成的当下旅游产业结构水平。旅游产业结构优化具体包含了以
下几个方面：旅游产业投资效率、旅游产业附加值、旅游客源结构高级化和旅
游开放程度。投资效率越高，旅游产业结构就会越好，本书将旅游总收入与
旅游固定资产投资的比值作为旅游固定资产投资的效率，它代表了每单位固定
资产投资所得到的旅游收入。旅游产业附加值的计算借鉴魏敏和彭倩(2019)
用旅游总收入与游客总人次的比值，估算出人均旅游业增加值，这是一项正向
的指标。在客源结构高级化方面，我们采用入境旅游人次与旅游总人次的比
值来衡量，这是由于在通常情况下，入境旅游的人均消费以及在境内的停留天
数都比境内旅游要高，因此它相对来说是更高级的游客来源。除此之外，入
境旅游还能被用来作为评估旅游竞争力的良好指标，因为它的数值大小能够反
映出一个国家(地区)的旅游目的地的吸引力和竞争力，同时它也是形成旅游目

的地经济体系的重要组成部分(Mou et al., 2020)。 与此同时，用出境旅游人次与年末常住人口数的比值来衡量旅游的开放程度，它代表了每个人一年中所拥有的出境旅游次数。 如果一个国家(地区)的出境旅游次数越多，那么就意味着它的旅游开放程度越高，旅游产业转型升级也需要更高的开放程度。 与中国其他地方的旅游业相比，粤港澳大湾区(广东9市)由于其地理位置的优势，在出境旅游发展方面具有明显的优势。

综上，基于国内外专家、学者们对旅游产业转型升级在旅游需求因素(Yang, 2012)、旅游供给因素(赵爱民 等，2017)、旅游支撑因素(Gereffi, 2009)和旅游产业结构(黄蔚艳，2009)等方面的定性分析，其中支撑因素结合指标体系构架的原则与逻辑性、旅游相关数据的可得性，以及粤港澳大湾区(广东9市)旅游产业的特征，本书构建包括旅游软环境支持、旅游硬环境支持、旅游需求因素、旅游供给因素和旅游产业结构优化等5个旅游产业转型升级维度24个测度指标的粤港澳大湾区旅游产业转型升级评价指标体系，如表7-1所示。

表 7-1 粤港澳大湾区旅游产业转型升级评价指标体系

状态层	准则层	衡量方式	简称	功效
外部因素	软环境支持	人均 GDP	A_1	+
		第三产业增加值占 GDP 比重/%	A_2	+
		普通高校在校学生数	A_3	+
		社会 R&D 投入占 GDP 比重/%	A_4	+
		专利授权量	A_5	+
		外商直接投资实际使用金额	A_6	+
	硬环境支持	等级公路里程数	B_1	+
		旅客周转量	B_2	+
		医疗卫生机构床位数	B_4	+
		邮电业务量占 GDP 比重/%	B_4	+
		城市污水处理率/%	B_5	+
		城市生活垃圾无害化处理率/%	B_6	+

续表

状态层	准则层	衡量方式	简称	功效
内部因素	需求因素	常住居民人均可支配收入	C_1	+
		国内旅游人次增长率/%	C_2	+
		入境旅游人次增长率/%	C_3	+
		客房出租率/%	C_4	+
	供给因素	景区数量	D_1	+
		星级及以上酒店数量	D_2	+
		旅行社数量	D_3	+
		第三产业从业人员数量	D_4	+
	旅游产业结构优化	旅游总收入/旅游固定资产投资	E_1	+
		旅游总收入/旅游总人次	E_2	+
		入境旅游人次/旅游总人次/%	E_3	+
		出境旅游人次/年末常住人口/%	E_4	+

7.3 粤港澳大湾区旅游产业转型升级的研究方法及结果

7.3.1 测度方法与数据来源

本书采用熵权法确定各指标的权重(熵权法的具体计算方法如 6.2.1 所述),然后用 PROMETHEE 法对粤港澳大湾区(广东 9 市)2017 年和 2018 年的旅游产业转型升级情况进行测度与对比、评价与分析。

PROMETHEE 法属于多标准评价(multicriteria decision aid)方法的一种,这种方法允许在同一个评价体系中,定量指标和定性指标同时存在,这样可以使评价指标更加全面。 除此之外，PROMETHEE 法不需要对指标进行无量纲化和标准化处理，这可以避免因为数据预处理而导致的信息丢失或偏离，使结果更真实和科学(Ranjan et al., 2016)。 PROMETHEE 法是基于方案两两比较来确定最优方案的，其主要的计算步骤：首先是确定优先函数，计算出每个方案的"正流量"和"负流量"；其次是计算出每个方案的"净流量"，得到方案间的排名。 其中，正流量(Phi＋)和负流量(Phi－)的取值范围为［0，1］，净流量(Phi)的取值范围为［－1，1］。 本书通过 Visual PROMETHEE 软件完成对粤港澳大湾区(广东 9 市)2017 年旅游产业转型升级水平的 PROMETHEE 排名和分析，该方法基本原理如下(Lopes et al., 2018)。

假设一个有 m 个方案的多重指标决策问题，方案集 $A = \{a_1, a_2, a_3, \cdots, a_m\}$，他们是根据一组有 k 个标准的标准集进行评估的，标准集 $F = \{f_1, f_2, f_3, \cdots, f_k\}$。 PROMETHEE 法基于方案的两两比较，对于其中两个方案 a, b 的评价指标 $f_j, j \in \{1, 2, 3, \cdots, k\}$，定义

$$d_j(a, b) = f_j(a) - f_j(b) \tag{7-2}$$

$d_j(a, b)$ 表示对于评价指标 f_j，方案 a 优于 b 的程度。 然后根据优先函数计算，为了便于建模和理解，本书选择非递减函数 H_j 将差值 $d_j(a, b)$ 变为单一标准偏好度，表示为 $P_j(a, b)$：

$$P_j(a, b) = H_j[d_j(a, b)], \forall a, b \in A \tag{7-3}$$

其中，$P_j(a, b) \in [0, 1]$，当 $d_j(a, b) < 0$ 时，$P_j(a, b) = 0$。 优先函数有两个阈值，P_j 为偏好阈值，q_j 为无差异阈值，当 $d_j(a, b) < q_j$，则方案 a, b 这两种方案都不是首选；当 $d_j(a, b) < P_j$，则 b 优于 a。

7.3.2 粤港澳大湾区旅游产业转型升级综合分析

根据 PROMETHEE 法的计算，测度出各地区旅游产业转型升级的水平高低，即 Phi 值，Phi 值越高代表旅游产业转型升级水平越高，从表 7-2 可以看出，在 2017—2018 年这两年间，旅游产业转型升级水平最高的城市都是广州，其 Phi 值分别为 0.439 和 0.589；旅游产业转型升级水平最低的城市也一直

是肇庆,其 Phi 值分别是-0.490 和-0.396,排名第九。 PROMETHEE 法的
优点之一是它不仅仅测算出各城市的旅游产业转型升级水平,还根据所构建的
指标体系,对各城市旅游产业转型升级的优劣势进行分析,判断其转型升级过
程中的优势因素水平及劣势因素水平,即 Phi+和 Phi-的值,Phi+值越大代
表该地区旅游产业转型升级的优势因素越大,升级水平越高,Phi-值越大代
表该地区的旅游产业转型升级劣势因素越大,升级水平越低。

表 7-2 粤港澳大湾区(广东 9 市)旅游产业转型升级的正流量、负流量、净流量及排名表

地区	地区简称	2017 年(粤港澳大湾区构建前)				2018 年(粤港澳大湾区构建后)			
		Phi+正流量	Phi-负流量	Phi净流量	排名	Phi+正流量	Phi-负流量	Phi净流量	排名
广州	GZ	0.654	0.215	0.439	1	0.721	0.132	0.589	1
深圳	SZ	0.617	0.227	0.390	2	0.635	0.200	0.435	2
珠海	ZH	0.332	0.496	-0.160	5	0.430	0.396	0.034	4
佛山	FS	0.457	0.346	0.112	3	0.558	0.266	0.292	3
中山	ZS	0.274	0.537	-0.263	7	0.318	0.483	-0.166	8
东莞	DG	0.425	0.376	0.049	4	0.429	0.391	0.038	5
惠州	HZ	0.284	0.532	-0.247	6	0.325	0.475	-0.151	6
江门	JM	0.236	0.561	-0.325	8	0.316	0.495	-0.179	7
肇庆	ZQ	0.163	0.653	-0.490	9	0.208	0.603	-0.396	9
均值		0.382	0.437	-0.055		0.438	0.382	0.055	

对比粤港澳大湾区构建前后即 2017 年和 2018 年的各城市旅游产业转型升
级水平,总体上,转型升级水平实现了质的飞跃,Phi 值均值从负值提高为正
值,即从-0.055 到 0.055,增加了 0.110,也就是说 9 市总体的旅游产业转型
升级优势因素得分即 Phi+(正流量)超过了劣势因素得分即 Phi-(负流量),
优势因素得分从 0.382 上升到 0.438,劣势因素得分从 0.437 下降到 0.382。 经
过两年的发展,粤港澳大湾区中广东 9 市旅游产业的优势指标获得支持,劣势

指标得到改进，实现了旅游产业转型升级趋势的扭转。

分地区来看，如图 7-2 所示，除东莞以外，其他 8 市的产业转型升级水平都有了或多或少的提升。表 7-2 显示，进步最快的是珠海，Phi 值增加了 0.194，2018 年赶超东莞，旅游产业转型升级排名由 2017 年的第五上升为第四，实现了旅游产业转型升级 Phi 值从负到正的跨越；佛山的旅游产业转型升级水平在 2017—2018 年的提升值排名第二，提升了 0.180；江门旅游产业在这两年间的转型升级表现优异，其 Phi 值增加了 0.146，由排名第八上升为第七。但是，东莞的旅游产业转型升级水平却产生了小幅度的后退，Phi 值下降 0.011，在 9 个市中的排名也从第四下降到第五。总之，在总体旅游产业转型升级水平实现质的飞跃的同时，各地的旅游产业转型升级水平也发生了不同性质和不同程度的变动，各地的排名也在局部范围内变动。

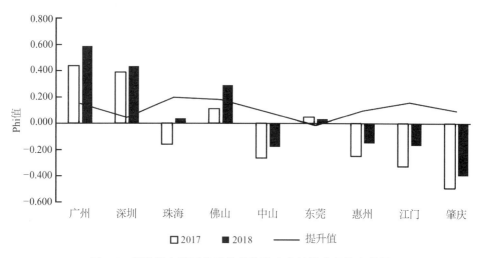

图 7-2　粤港澳大湾区构建前后旅游产业转型升级综合结果

7.3.3　粤港澳大湾区旅游产业转型升级多层次分析

根据以上分析，可知各城市的旅游产业转型升级水平都有了不同性质和不同程度的变化，为进一步分析变化的原因，从旅游产业转型升级的五大层次进行分析，分析粤港澳大湾区的构建对广东 9 市旅游产业转型升级各个方面的影响。 旅游产业转型升级的软环境、硬环境、需求因素、供给因素和旅游产业结构优化因素在2017—2018年Phi值的变动结果如表7-3所示。

表7-3 粤港澳大湾区(广东9市)旅游产业转型升级的五层次净流量值(Phi值)

城市	软环境		硬环境		需求因素		供给因素		旅游产业结构优化	
	2017年	2018年	2017年	2018年	2017年	2018年	2017年	2018年	2017年	2018年
广州	0.139	0.191	0.042	0.121	−0.001	−0.022	0.149	0.162	0.109	0.137
深圳	0.097	0.135	0.040	0.067	0.005	0.011	0.117	0.125	0.131	0.096
珠海	0.049	0.110	−0.102	−0.074	−0.076	0.000	−0.011	0.010	−0.020	−0.009
佛山	0.028	0.065	0.015	0.038	0.028	0.069	−0.008	0.050	0.049	0.070
中山	−0.113	−0.061	−0.076	−0.031	0.045	−0.002	−0.081	−0.065	−0.038	−0.020
东莞	0.025	0.092	0.016	0.008	−0.027	−0.094	0.034	0.026	0.002	0.001
惠州	−0.147	−0.080	0.004	0.040	0.050	0.010	−0.020	−0.015	−0.134	−0.105
江门	−0.151	−0.091	−0.034	0.024	0.022	0.052	−0.101	−0.081	−0.061	−0.070
肇庆	−0.156	−0.133	−0.068	−0.028	−0.052	−0.020	−0.132	−0.159	−0.083	−0.057
均值	−0.025	0.025	−0.018	0.018	−0.001	0.001	−0.006	0.006	−0.005	0.005

从旅游产业转型升级的五大方面分析粤港澳大湾区中广东9市在2017—2018年的变化。 广州在旅游产业硬环境支持方面的升级效果最好,原因在于2018年广州的城市垃圾无害化处理率达到了100%。 广州在旅游软环境支持、旅游供给因素和旅游产业结构优化三个方面的升级水平都有提升,但是在旅游需求因素方面的弱势并没有得到补充,反而是更加恶化,其Phi值从2017年的−0.001降低为−0.022,主要原因在于其旅游需求的基数较大,所以在入境旅游的需求增长速度和国内旅游的需求增长速度两方面并不占优势。

广州市和深圳市的旅游产业转型升级指标条形图分别如图 7-3 和图 7-4 所示。 总体上，深圳市在两年间的旅游产业转型升级呈上升趋势，在旅游软环境支持方面的提升幅度较大，其原因在于 2018 年外商投资额和科技创新水平获得较大提升，外商直接投资使用金额是 2017 年的 6.95 倍，专利授权量是 2017 年的 1.5 倍。 在旅游硬环境支持、旅游需求因素和旅游供给因素等方面也实现了轻微的提升，然而旅游需求的升级依然是深圳旅游产业转型升级的短板，需要继续在该方面进行努力。 深圳的旅游产业结构优化 Phi 值在 2018 年出现了一定程度的下降，原因在于 2018 年深圳在旅游固定资产方面大力投资，而固定资产的回报是长远的，并且很多固定资产投资的回报具有延迟性。

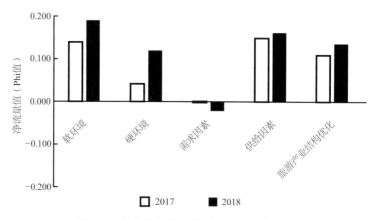

图 7-3 广州旅游产业转型升级指标条形图

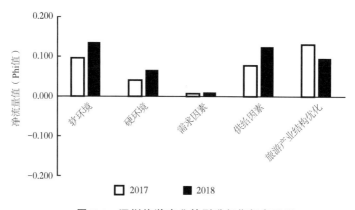

图 7-4 深圳旅游产业转型升级指标条形图

　　珠海和佛山的旅游产业转型升级指标条形图分别如图 7-5 和图 7-6 所示。珠海的旅游产业转型升级水平在 2017 年和 2018 年分别排名第五和第四，转型升级的提升速度较快，在两年间，珠海在旅游产业转型升级的五大方面均取得进步，尤其是在旅游软环境支持和旅游需求两方面的提升幅度大，硬环境方面的提升原因与深圳类似，都是在外商直接投资和科技创新进步方面有明显的提升。 但珠海在进步的同时依然存在着旅游的硬环境支持和旅游产业结构优化两个方面的劣势，其 Phi 值仍然为负，还有较大的升级空间。

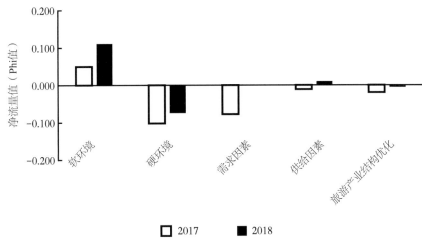

图 7-5　珠海旅游产业转型升级指标条形图

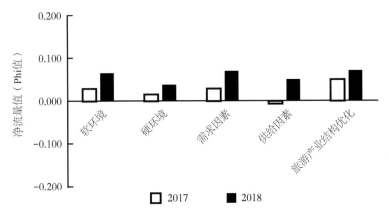

图 7-6　佛山旅游产业转型升级指标条形图

佛山的旅游产业转型升级水平虽然不是最高，但其各方面的发展尤为均衡，2018年，佛山扭转了其在旅游产业供给因素方面的劣势，使其旅游产业转型升级结构更为均衡。 在旅游产业供给方面，佛山2018年的旅行社数量激增，从2017年的86家增长到2018年的143家，旅游服务供给得到提升，弥补了之前旅游供给不足的问题。 之后的佛山需要再乘借粤港澳大湾区建设的东风，在旅游产业转型升级的各方面继续保持这样的稳步提升与进步，保持旅游产业转型升级的速度。

中山和东莞的旅游产业转型升级指标条形图分别如图7-7和图7-8所示。中山旅游产业的转型升级水平在九个城市中处于落后地位，并且在2018年的排名中还下降了一个名次，从第七降到第八，旅游产业的需求优势也消失，这主要是由于其国内旅游的需求增长速度在2018年出现了回落趋势。 但总体来说，中山旅游产业转型升级水平仍是上升的，其旅游硬环境支持、软环境支持、供给因素和旅游产业结构优化四方面在九个城市中虽然仍然处于劣势地位，但是差距在缩小，相信继续保持该升级速度，中山旅游产业将在不久的将来"转劣为优"。

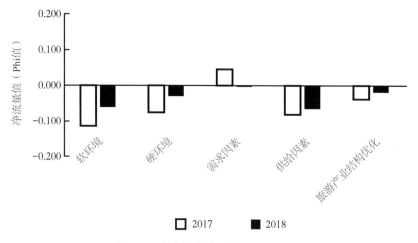

图 7-7　中山旅游产业转型升级指标条形图

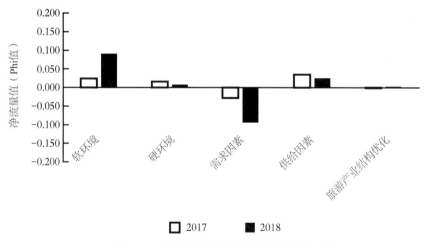

2017 ☐ 2018 ■

图 7-8 东莞旅游产业转型升级指标条形图

东莞是九个城市中唯一一个旅游产业转型升级水平没有提升反而下降的城市，其在两年间的转型升级表现较差，除了在旅游软环境支持方面取得升级之外，在旅游硬环境支持、旅游需求因素、旅游供给因素和旅游产业结构优化等方面的升级水平都出现了不同程度的下降。 出现这种结果的原因在于软环境支持因素的提升小于硬环境支持因素的下降，导致旅游产业转型升级水平出现下降；需求因素方面，入境旅游需求下降；供给因素方面，第三产业的就业人数出现下跌。 此外，旅游产业结构优化的指标方面，固定资产的回报率下降，这点也是因为 2018 年对旅游固定资产的投资开始增加，但是旅游收入的增加具有延缓性和长期性。 总之，东莞需要更加重视对旅游产业的规划，可以考虑有效利用原有的产业资源，比如，利用原有工厂开发工业观光旅游，提高产出与投入的比率，避免出现旅游产业转型升级的停滞甚至倒退的趋势。

惠州和江门的旅游产业转型升级指标条形图分别如图 7-9 和图 7-10 所示。惠州旅游产业在 2017—2018 年稳步提升，从旅游产业转型升级的五大方面考量，在旅游需求方面出现下降的趋势，但在旅游外部环境支持、旅游供给因素与旅游产业结构优化方面都有所提升。 通过指标分析，结合在粤港澳大湾区的调研情况，惠州相关转型升级指标上升的重要原因在于外商投资增加幅度较大，因其旅游资源和旅游吸引物在粤港澳大湾区并不占优势，国内旅游需求增长速度下降。 虽然惠州这两年 A 级景区数量增加，但是总体吸引力尚无法与粤港澳大湾区其他知名旅游景区(点)抗衡,第三产业的就业人数下降明显,而在旅游资产投资回报率方面明显提升。所以,在各因素的相互作用下,惠州旅游产业转型升级表现为总体小幅度提升与需求因素方面下降并存的局面。

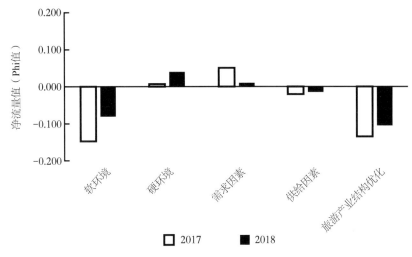

图 7-9 惠州旅游产业转型升级指标条形图

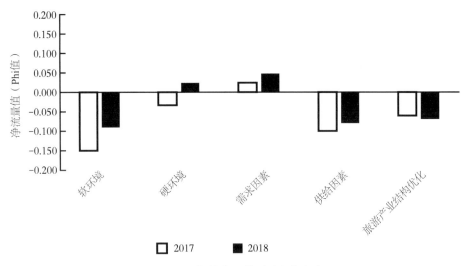

图 7-10 江门旅游产业转型升级指标条形图

　　江门的旅游产业发展水平在 2017 年排名第八，2018 年排名第七，虽然排名落后，但是其升级速度快，在九个城市中其增长幅度排名第三。 从转型升级的五大方面分析，在 2017—2018 年这两年时间，江门旅游产业转型升级的外部环境支持即软硬环境提升迅速，得益于其外商投资和科技在旅游产业中的应用，进而促进旅游产业创新，同时，江门在邮电通信等基础设施方面也存在较大的进步；在旅游供给方面的劣势也得到小幅度的弥补，其在景区数量和旅行社数量上都有小幅度的增加；在旅游产业结构优化方面，旅游的开放程度加深，江门居民的出境旅游次数提升。 因此，江门在旅游产业结构优化方面存在一定程度的退步，需要引起重视，采取措施促进结构优化。

　　肇庆的旅游产业转型指标条形图如图 7-11 所示。 肇庆旅游产业发展落后，在九个城市中，其旅游产业转型升级水平一直排名最后，相对于其他 8 市其在各个方面都是处于劣势地位，但不可否认，其旅游产业转型升级水平是在一步步提升的。 肇庆在软环境、硬环境、需求因素和旅游产业结构优化等四个方面的劣势地位在不断弱化，但在旅游供给因素方面的劣势有进一步增大的趋势。 究其原因，肇庆在 2018 年大幅减少了第三产业工作人员的数量，导致在旅游供给方面出现后退。 之后，肇庆需要继续重视并补足其在旅游软环境

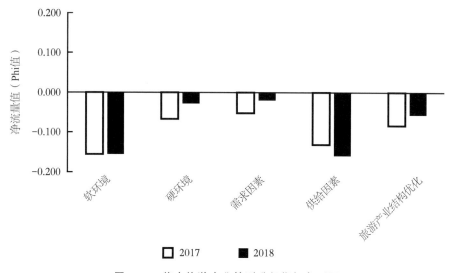

图 7-11　肇庆旅游产业转型升级指标条形图

和旅游供给方面的欠缺,通过粤港澳大湾区的建设和其他地区的招商引资等提升旅游产业转型升级水平。

PROMETHEE 图是一种对综合排名的分解视图,各个城市按照 PROMETHEE 法计算的完全排名如图 7-12 所示,从左到右依次排列,可以直观地分辨出各个区域旅游产业转型升级的优势因素和劣势因素,在 0 轴以上的指标表示对旅游产业转型升级的净流量有正面的影响,在 0 轴以下的指标则会对净流量产生负面的影响,色块越大表示影响越大,横轴是各市旅游产业转型升级情况的具体指标分析依据。 位于最左侧的广州几乎在各个评价指标方面都优于其他地区,与广州相反,肇庆几乎在各个评价指标方面都是粤港澳大湾区中最差的,大多指标位于 0 轴以下。

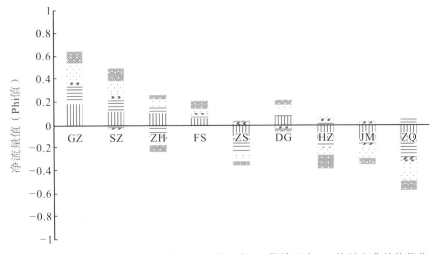

图 7-12 粤港澳大湾区(广东 9 市)的 PROMETHEE 图

注:GZ:广州 ,SZ:深圳,ZH:珠海,FS:佛山,ZS:中山,DG:东莞,HZ:惠州,JM:江门,ZQ:肇庆。

此外,通过 PROMETHEE 图,可以判断各个区域的旅游业转型升级是否平衡,例如,广州与深圳在各个领域都具有明显的领先优势,并且在各个领域中表现得尤为突出;而佛山、东莞、珠海则在各个领域中发展较为平衡。 另外,肇庆、江门、中山和惠州的很多指标都处于横坐标轴以下,且负面的属性也尤为突出。

该图可以显示出不同地区的旅游产业转型升级影响因素所处的优劣地位，可以对各地旅游产业的转型升级提供很好的借鉴意义，即优势因素继续保持，劣势因素需要引起重视并弥补。以 2018 年的广州为例，一方面，普通高校在校学生数(A_3)、人均旅游收入(E_2)、旅行社数量(D_3)等是其旅游产业转型升级过程中的优势因素，城市污水处理率(B_5)、国内旅游人次增长率(C_2)、入境旅游人次增长率(C_3)等是广州旅游产业转型升级的劣势因素，这是由于广州作为高度城市化的地区，城市污水的产生量较大，而污水的处理速度没有快速跟上；另一方面，广州的旅游产业发展已经相对成熟，所以在国内旅游和入境旅游两个方面的游客基数较大，不再具有刚开始发展旅游产业时的高速度增长优势，所以从转型升级的五大层次来看，广州旅游产业在转型升级的软环境、硬环境和供给因素方面占突出优势，但是因为广州旅游发展已经具有一定规模，所以在旅游转型升级的需求增长方面有一定困难，需求拉动力不再具有优势。

7.3.4 粤港澳大湾区旅游产业转型升级 GAIA 分析

GAIA 分析的质量由 Delta 参数判断，一般认为，Delta 值超过 70％说明 GAIA 分析的信息几乎没有丢失，本书计算结果为 77.4％，分析结果是可靠的。GAIA 分析是对 PROMETHEE 法的补充，如图 7-13 所示，方框代表粤港澳大湾区(广东 9 市)，在 GAIA 图中各地的距离越近，说明它们之间有着越类似的旅游产业转型升级特点。从中心向周围发出的每个轴都是各指标轴，各指标轴的位置越近，说明其所代表的意义是同向的，轴的长短表示在计算 Phi 值时的作用大小，其中较粗的是决策轴，决策轴越长，则表示 GAIA 分析的可靠性越高。所以，等级公路里程数(B_1)、旅客周转量(B_3)、景区数量(D_1)和第三产业从业人员数量(D_4)等在该旅游产业转型升级排序计算中具有重要作用，而社会 R&D 投入占比(A_4)由于各个省(区、市)之间具有非常强的相似性，所以其辨别性较弱。GAIA 平面图也可以精确地判断出不同城市间的相似之处，例如佛山与东莞所处位置比较接近，两者的旅游业在各方面都有相似之处，而深圳与肇庆则在各方面都有很大的不同，因此，在旅游业转型升级的同时，应该加强区域内的旅游业合作，促进旅游业的发展。

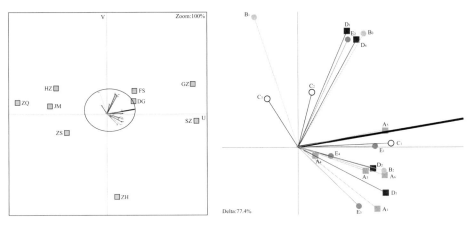

图 7-13　粤港澳大湾区(广东 9 市)旅游产业转型升级 GAIA 平面图

可对粤港澳大湾区(广东 9 市)各地的信息进行详细分析，数据显示，粤港澳大湾区(广东 9 市)整体和深圳在旅游产业转型升级测度体系中的五大方面都占据优势地位。从各指标层面分析，粤港澳大湾区(广东 9 市)在入境旅游需求增长率(C_3)方面处于劣势，并且其社会 R&D 投入占比(A_4)不足，还有很大的提升空间。而深圳等级公路里程数(B_1)和入境旅游需求增长率(C_3)都处于劣势地位，在旅游产业转型升级过程中需要对这两方面增加关注，此外，深圳在普通高校在校学生数(A_3)、邮电业务占比(B_4)和景区数量(D_1)三方面的升级空间还很大，可以通过这三处的提升而显著提高旅游产业转型升级水平。

佛山和东莞旅游产业转型升级情况虽然总体在 9 市中位于第三和第四，但是，这两个城市在各方面的表现都很一般，没有什么特别的优势。佛山必须把重心放在提高星级及以上酒店数量(D_2)上，以弥补其在酒店这一供应要素上的不足；而东莞应着力发展入境游(C_3)、出境游(E_4)、教育(A_3)、等级公路里程数(B_1)，以维持其在邮政通信(B_1)、旅游固定资产投资收益率(E_1)等方面的提升优势，以应对旅游业转型升级所带来的挑战。

珠海、惠州这两个城市在旅游业的转型升级中发展得很不平衡，它们的优势很大，但也存在着很大的缺陷，因此，它们的整体转型升级程度并不高，Phi 值在 0 附近，珠海在拥有国民经济发展支持(A_1)、第三产业发展支持

（A_2）、外商直接投资（A_6）、旅客周转量（B_2）、酒店供给（D_2）、旅行社数量（D_3）和出境游（E_4）等优势的同时，在等级公路里程数（B_1）、医疗卫生建设（B_3）、国内游需求增长（C_2）、入境旅游人次增长率（C_3）、景区数量（D_1）、第三产业从业人数（D_4）和旅游产业附加值（E_2）等多个指标上都显示出了不利于旅游产业转型升级的特征。惠州也同样是在等级公路里程数（B_1）、入境旅游人次增长率（C_3）和景区数量（D_1）等方面有助于旅游产业转型升级的优势的同时，在教育（A_3）、过夜游（C_4）、旅游固定资产投资收益率（E_1）、旅游产业附加值（E_2）和出境游（E_4）等方面制约着旅游产业的转型升级进程。

其他 3 个城市（中山、江门、肇庆）的旅游业发展在各个领域的表现都比较差，而中山在旅游业发展的软环境、硬环境、供给因素、旅游产业结构优化的四个领域均处于相对滞后的状态，因此，中山还需加大对旅游业发展的人力、物力、时间的投入。江门、肇庆的旅游业与广东其他 7 个城市相比，发展速度较慢，旅游业的转型升级任重而道远。

7.4　研究评价

本书关注旅游产业当下面临的转型升级重点任务，从粤港澳大湾区入手，从旅游产业转型升级的外部环境支持和内部环境影响两个大方向出发，构建出了旅游产业转型升级外部软环境支持、外部硬环境支持、旅游产业转型升级内部的需求拉动因素、内部的供给推动因素和各因素共同决定的旅游产业结构优化等五个方面的评价指标体系。在此基础上，以粤港澳大湾区中的 9 个城市（广州、深圳、珠海、佛山、中山、东莞、惠州、江门和肇庆）为例，就粤港澳大湾区建设对其旅游产业转型升级的影响进行实证研究。

7.4.1 研究发现

通过熵权法和 PROMETHEE 法对粤港澳大湾区（广东 9 市）2017 年和

2018 年的统计数据进行测度和分析，研究结果发现粤港澳大湾区建设给广东 9 市旅游业带来了新的发展机遇，推动了广东 9 市旅游业的转型升级，尤其是在旅游产业转型升级的外部环境方面，粤港澳大湾区的构建给各城市带来高增长，比如外商直接投资；但是，在广东 9 市整体旅游产业转型升级水平提高的趋势下，仍然有东莞这一个城市出现了升级水平的下降。 此外，研究还表明，9 个城市之间的旅游业转型升级水平存在着很大的差异，广州、深圳位居前列，肇庆旅游业发展相对滞后，旅游业转型升级成绩不佳。

通过这两年的数据，可以发现广东 9 市已经非常重视旅游产业的发展，其旅游景区、旅游酒店和旅行社的数量都有大幅增加，尤其是在旅行社方面，企业数量增长更快。 根据前文的数据分析，在粤港澳大湾区被正式提出之后，广东 9 市的旅游产业获得高速发展，各界人士都看到了经济发展的契机，外商直接投资数额激增。

根据本书的实证结果，广东 9 市还需要继续乘借粤港澳大湾区的建设补足其旅游产业转型升级的劣势，发挥其旅游产业转型升级的优势，不断促进其旅游产业的转型升级和持续健康发展。 由于香港和澳门相关数据统计口径的差异，并没有将香港和澳门的旅游产业转型升级测度涵盖其中，而只是将广东 9 市的旅游产业转型升级水平进行对比分析，更好地了解和认识广东 9 市即珠三角城市群的旅游产业转型升级优势与劣势，以乘借粤港澳大湾区建设的东风，促进粤港澳大湾区内各个城市旅游产业的高速发展。

7.4.2 研究启示

(1)发挥政府引导作用，落实旅游发展规划

在大湾区旅游产业合作发展的过程中，需要充分发挥政府的顶层设计与引导作用。 粤港澳大湾区的行政体系结构如图 7-14 所示。 根据前文分析，粤港澳大湾区(广东 9 市)各城市旅游产业转型升级的程度具有较大的差异，部分城市，比如东莞，其旅游产业转型升级的程度还出现下降的情况，因此，有必要发挥政府主管部门的引导作用，制定并落实旅游发展总体规划，以便实现大湾

区旅游产业整体转型升级。 根据国内外的旅游产业经济发展经验来看,"增长极"旅游城市的回波效应较强,也就是香港、澳门、广州等旅游发达城市的吸引力较强,这些城市可以吸附周围较落后地区的资源实现自身的迅速发展,然而其扩散效应是较弱的,因此就造成"增长极"城市与周围地区发展差距不断加大,无法达到区域内旅游产业协同发展的目标。 所以,在大湾区内进行旅游合作发展的过程中,政府应积极发挥引导作用,充分刺激"增长极"城市旅游扩散效应的发挥,释放香港、澳门、广州等核心旅游地区的龙头作用。 根据粤港澳大湾区的行政体系结构,中央政府在大湾区建设具有顶层指导的权力,香港和澳门作为两个经济特区,其发展的自由度相对较高,并且发展较先进,可在中央的相关部门协调下,由广东省相关部门牵头,充分将珠三角城市群内各地区与香港、澳门的发展差异进行优势互补。

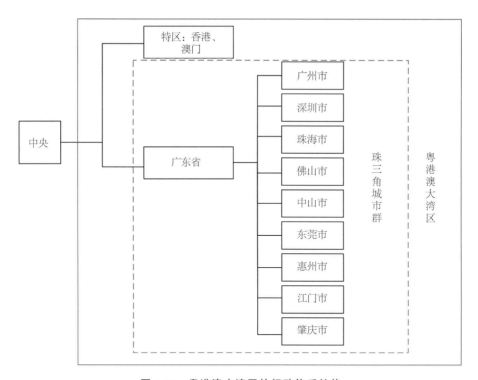

图 7-14 粤港澳大湾区的行政体系结构

粤港澳大湾区的构建,就是政府积极构建合作互助的平台,实现广州、深圳、香港、澳门资源向邻近区域的溢出效应,为富足地区资金、技术、人才的扩散提供便利和优惠刺激，引导区域间协同发展，弥补大湾区内各地区经济及旅游发展的差距。 进而，以粤港澳大湾区作为旅游产业转型升级的中心，促进中南、西南区域整体发展，向南亚、东南亚等其他主要的经济圈扩散。

（2）抓住湾区建设机遇，实现区域旅游合作

通过前文的研究，得出深圳与肇庆两市在各项指标上存在着互补的关系，能够实现旅游业的转型升级。 因此，粤港澳大湾区范围内的区域旅游合作更加重要。 根据目前国际上较为成功的案例，美国的纽约湾区、旧金山湾区和日本的东京湾区是当今世界上的三大著名湾区，粤港澳大湾区的建设需学习这三大湾区各城市的合作模式，打造自己的优势产业。 粤港澳大湾区要将旅游业发展为优势产业，还要树立"全域旅游"的观念，粤港澳大湾区各城市地理位置靠近，这也为"全域旅游"的打造提供了便利。 还应充分利用自由贸易区的政策优势，积极开拓旅游产业合作的新路线。 保税区是连接香港和内地的一座桥梁，也是粤、港、澳在这一领域开展合作的试验之地。 要充分发挥自贸试验区的先行者作用，在粤、港、澳之间进行积极的合作，在合作模式上进行大胆的尝试，并不断总结经验，这将有助于促进两地旅游业的共同发展。就拿珠海和澳门的合作来说，我们应该利用自贸区的政策优势，把两个市场和两地资源都结合起来，利用澳门的旅游资源，来带动内地的旅游产业，推进两个地区在特色小镇、旅游娱乐等方面的多元化合作，创造出一批有特色的先进示范性项目，为湾区的旅游合作做好铺垫。

此外，根据前文分析，各地的旅游资源各具特色，明确各地旅游发展的定位，继续深入挖掘和开发优势资源。 随着粤港澳大湾区的建设，各地外商直接投资等迅猛增加，湾区内旅游产业发展的软环境支持和硬环境支持不断改善，旅游供给的数量和质量都在提升。 粤港澳大湾区旅游产业的发展还要利用好我国东南沿海的地理位置优势，大力发展入境旅游，采取联合开发的方式，在旅游人才方面进行教育和培训以及互相学习与合作，在旅游吸引物方面打造各自的吸引点与连接点，打造包括"历史文化""购物娱乐""滨海旅游"等多样化的旅游线路，让海内外游客得以体验丰富的旅游产品与服务。 还应拓展关键节点城市的辐射面，形成"多中心"的城市网络化模式。 中心城市

对周边区域有很强的辐射带动能力，在空间结构上起着举足轻重的作用。 以广州、深圳、香港为代表的中心城市，通过对周围地区的辐射，促进了整个地区的发展。 为此，必须加强核心城市间的旅游经济合作，使其在旅游资源开发和基础设施建设方面产生合力，进而增强其对旅游流量的空间引导作用。与此同时，为了推动区域旅游经济的协调发展，核心城市更要强化自己与周边城市的关系，帮助那些在旅游发展中处于被动和弱势地位的边缘城市提升与外界的旅游关联程度。 在旅游合作过程中，也要增加对周边地区的支持，比如，要加强在旅游产品及旅游线路方面的合作，以及对周边地区的市场营销等。

（3）统筹优势旅游资源，实现产业转型升级

根据前文分析，广州旅游具有浓重的政治、文化、经济色彩；深圳、珠海、佛山的经济实力雄厚，旅游产业发展也较快；中山、东莞、惠州、江门和肇庆的旅游发展相对落后，具有很强的旅游资源开发潜力。 同时，香港被誉为"东方之珠""购物天堂"，是先进的旅游城市，旅游景点众多，拥有香港迪士尼乐园、海洋公园、维多利亚港等著名景点；澳门以博彩业作为旅游最强有力的吸引因素，每年都吸引全国各地的游客前来观光或者体验。 粤港澳大湾区内的旅游发展差距大，旅游资源非常丰富，各地的旅游资源优劣势不同，各具特色，应该在大湾区构建的同时，基于各自的旅游发展优劣势，进行资源整合与互补，开展湾区内的旅游合作，整合旅游资源，构建满足多种需求的旅游吸引物群。

粤港澳大湾区内已经形成以香港、澳门和广州为中心的三个"增长极"，三地在旅游产业发展规模和管理经验等方面都远远领先于其他湾区内的城市，根据"增长极"的回波效应和扩散效应充分发挥三地的带动和辐射作用。 在发展合作的初期发挥回波效应，从边缘地区的旅游产业落后城市吸引劳动力以及其他资源投资，比如香港、澳门和广州等地吸引粤港澳大湾区内的肇庆、江门和中山等城市的劳动力等资源；在发展合作的中后期发挥扩散效应，将"增长极"城市即香港、澳门和广州的旅游发展技能、人才、资金等资源不断地向周围区域传输，辐射和带动周边地区旅游产业的发展，从而实现大湾区整体旅游产业的转型升级。

8 中国旅游产业转型升级动态演进的政策建议

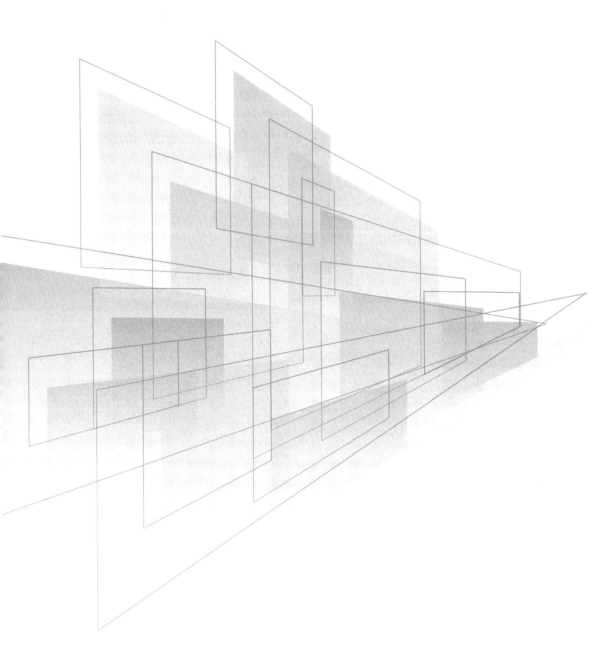

　　根据本书第四章和第五章的定性分析以及第六章和第七章的定量分析,可以发现:第一,我国旅游产业总体上呈现出转型升级的趋势,2004—2021 年全国年平均旅游产品品质升级指数从 2004 年的 2.34 提升至 2021 年的 5.39,对区域经济增长具有明显的促进作用,全国整体以及大部分省(区、市)的旅游对经济的贡献度都在提高。 但是,东、中、西部地区各省(区、市)之间以及粤港澳大湾区中广东 9 市之间不同城市旅游产业转型升级的演进趋势不同。 第二,各地旅游产业处于不同的发展时期,并且在每个时期,旅游产业的转型升级表现出了较大的差别,所以,根据对旅游产业转型升级动力机制的分析,与旅游产业发展的实际情况相结合,探讨影响其转型升级的因素的差异性,所采取的政策亦有差异性。 第三,基于旅游产业内外部因素分析,发现在旅游产业转型升级的动态演进过程中,两大因素的影响既随时间的变化而变化,也因不同区域的特征而存在差异性,因此旅游产业发展的政策需要因地制宜、因时制宜。

　　基于此,本书在前文定性与定量分析的基础上,分别从宏观和微观两个层面进一步探讨旅游产业转型升级的政策建议,为相关部门制定有关政策提供理论依据和可行建议,以期更好地实现旅游产业转型升级,带动区域经济的可持续发展。 四项政策建议如下:一是优化顶层设计,为旅游产业转型升级注入活力;二是促进产业融合,为旅游产业转型升级增强实力;三是完善基础设施,为旅游产业转型升级提供动力;四是构建发展平台,为旅游产业转型升级创造智力(见图 8-1)。

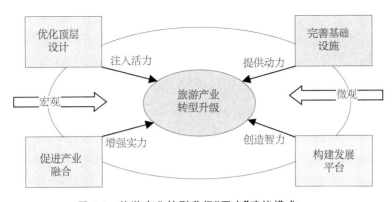

图 8-1　旅游产业转型升级"四力"建议模式

8.1 优化顶层设计，为旅游产业转型升级注入活力

根据第五章的旅游产业转型升级动力机制的定性分析，结合第七章通过熵权法和 PROMETHEE 法对粤港澳大湾区(广东 9 市)2017 年和 2018 年的统计数据进行的定量分析，发现在粤港澳大湾区建设中，通过有效政策供给，给区域旅游产业发展带来新的契机，比如，外商直接投资(FDI)促进了广东 9 市的旅游产业转型升级，FDI 作为旅游产业转型升级的外部环境因素，可以推动粤港澳大湾区各城市旅游经济的高增长。

优化顶层设计，促进旅游产业政策有效供给，需要着力构建旅游产业高质量发展路径，实现旅游资源高效利用、旅游产品提质增效、旅游经济优势互补、综合管理规范有序的旅游产业发展模式。因此，应对旅游资源开发和产品建设的规划提供有效政策供给，统筹区域旅游产品空间开发和分布格局，对不同地区、不同特色、不同资源禀赋的旅游产业进行分类指导。本章拟对旅游产业发展的服务政策、支持政策和监管政策进行分析。

8.1.1 旅游产业发展的服务政策

一般而言，实现旅游产业的发展从粗放型向集约型发展的转变(转型升级)，增强供给与需求之间的高效配置，促进可持续旅游的发展，是实现旅游产业转型升级的重要标志。根据经济增长的实践，就旅游产业经济体的长期增长而言，生产因素(供给侧)的作用将逐渐高于需求因素。因此，当前不能过于强调"需求侧管理"，在"供给侧结构性改革"的大背景下，需要进一步优化顶层设计，从长远来看，我国旅游业的发展应该以旅游产业的转型升级为优先选择。

中国旅游产业转型升级在很大程度上离不开政府的政策供给，为了克服市场机制的盲目性、自发性和滞后性，政府在旅游产业转型升级的政策制定中不

可避免地扮演了重要角色。中国政府一直高度重视旅游产业的战略性地位和作用。改革开放以来，旅游业在国民经济中的地位已经从重点第三产业，发展成为国民经济的先导产业、重点产业或国民经济新的增长点，再发展成为国民经济的支柱产业以及战略性支柱产业，产业地位持续提高。近年来，我们颁布了《中华人民共和国旅游法》，出台了《国民旅游休闲纲要（2013—2020年）》《国务院关于促进旅游业改革发展的若干意见》《"十四五"旅游业发展规划》等文件，推出了一系列促进旅游业改革发展的政策措施，加强旅游交通设施建设、景区（点）服务优化等，从而增强旅游发展动力，推动区域旅游一体化、促进旅游产业转型升级。因此，中国的旅游产业转型升级旨在将旅游产业建设成为国民经济的战略支柱产业，成为人们更为满意的现代服务业，为即将到来的"大众旅游"时代做准备。

在我国整体经济从高速增长阶段过渡到高质量发展阶段的大背景下，旅游业作为国民经济的战略性支柱产业，不管是从国家宏观发展要求，还是从自身发展需求，都已经到了从高速增长转向高质量发展，从粗放型发展转向集约型发展，从要素驱动转向创新驱动的新发展阶段。在新的发展时期，旅游业的需求将呈现出更加丰富、多样和高质量的特点，技术更新速度将会加快，资金将会更加多元化，行业的融合将会更深更广，新的业态和业务模式将会出现更多的变化，对旅游体制改革的要求也会更加强烈。在很长一段时间里，我国旅游制度创新都是以国家为主导，更多的是通过法律、法规、政策文件等手段来实现。近几年来，伴随着旅游市场实力的增强，以及行政权的下放，地方政府、企业以及相关的社会团体在旅游制度创新方面的积极性和主动性都有所提高，旅游形式和内容的创新也越来越丰富。因此，政府有必要为旅游产业发展提供基于制度创新及环境创新的外部创新平台（黄茂兴 等，2009），才能更准确和全面地把握旅游产业转型升级的创新活动。基于制度创新的服务工作主要表现为：一是理顺旅游产业发展管理体制，实现政府职能从管理型向服务型转变；二是完善旅游运输、通信（网络）及其他基础服务设施的建设，例如，当前旅游产业转型升级的瓶颈之一——如何理顺旅游景区（点）多头管理问题？如何减少对旅游企业化运作过多的不必要干预？如何为旅游企业产品设计提供更好的服务？本书前文关于旅游产品品质升级的定量分析，发现旅游产品升级水平具有上升趋势，但是上升幅度有限，如何通过政府的服务职能更为有效地提高旅游产品升级速度？ 这需要激发旅游企业微观主体活力，进而影响整个旅游产业的经营绩效。 从本书调研的情况看，目前全国一些地区正在尝试以现代企业制度为手段，对旅游景区(点)的经营管理模式与机制进行创新。 由政府有关部门带头，对于那些因为多头管理而导致交易成本很高的旅游景区(点)，尝试通过组建股份公司的方式统一经营管理(何德旭 等，2008)，力图降低旅游企业交易成本；同时，对于缺乏活力的旅游企业，通过逐步让渡其经营权的方式，以资本为纽带，引入外部多元投资主体，并积极吸引社会资本参与到开发、投资与经营活动中来。

针对政府主导型的旅游企业而言，其转型升级动态演进模式基于一定服务平台，该平台由公共部门搭建，同样依赖于产业政策规制和基础设施建设，该服务平台不仅可以为国有旅游企业提供良好的外部环境(周琳 等，2019)(例如，国有酒店的会议室是由政府购买的)，同时也促进了一些创新和创造性的活动。 但是，政府的作用是一柄"双刃剑"，一方面可以促进旅游企业的创新，另一方面也可以通过制度约束来抑制旅游企业的创新。 因此，政府应不断调整自身行为模式，通过完善旅游企业(无论是国有还是非国有)创新创意的外部基础设施，协调旅游企业与相关企业的融合发展(比如文旅融合)，提供创新服务保障和监管，为旅游企业转型升级提供良好的软件和硬件服务。

8.1.2 旅游产业发展的支持政策

从第六章的旅游产业演进绩效指标体系的供给因素来看，2012—2021 年这 10 年的发展可以划分为两个阶段，第一阶段：2012—2016 年供给速度快速增长；第二阶段：2017—2021 年供给水平呈现缓慢下降的趋势。 产生这一现象的原因主要在于旅游产品同质化严重，质量水平还存在提升空间。 地方旅游商品的生产企业实力薄弱、产业规模小、生产加工成本高，造成地方旅游商品的价格偏高、市场竞争力不强、品牌知名度不高，从而使地方旅游商品的开发陷入了"浅表化"和"低端化"的困境，资金的有效利用率不高。 此外，由于国内旅游商品经营者对市场的认识不足，加之对风险的规避和跟风的心理，使其在经营过程中不可避免地落入"模仿型""一刀切"等的同质化经营模式。

由此可见,中国旅游市场在不断发生改变,从需求导向型向供给引导型转变。 由于旅游市场的不断扩大,过量的、重复的低端旅游产品(服务)供给已经无法满足人们高质量的出游需求,因此,将供给侧结构性改革放到旅游产业转型升级中,则必将推动旅游产业发展获得新机遇、发挥新作用、担当新使命。 此时,政府的产业支持对旅游产业转型升级所起的作用更为重要。

虽然根据前文分析,随着旅游产业转型升级的演进,其对就业的贡献度逐渐减小。 然而,当前旅游产业由于其产业链长、涉及的行业多,依然还是一个吸纳较多就业人数的产业。 如何提高管理效率、提升管理精准度,是关系到旅游产业转型升级的重要问题。 现实中,科技创新以其智慧化方式为这个问题提供了有效的解决方法。 近年来新建、改扩建十万多座旅游厕所,且利用大数据技术开发了全国旅游厕所管理系统,部分城市推动旅游厕所电子地图上线,有效地实现了精准定位和动态监控。 此外,在数字经济蓬勃发展的背景下,数据已经变成了一个重要的生产要素,数字技术已经深入旅游生产和消费的每一个过程,它将会彻底改变传统旅游资源的投入、组合和利用模式,以最低的人力、资本和土地等要素的投入,得到最大的收益,从而大大提高旅游生产要素的组合效率,为促进旅游业的转型升级提供新的要素动力。

同时,在旅游主管部门的推动下,"互联网+监管"在旅游产业转型升级中发挥着越来越大的作用,建立和完善全国旅游监管服务平台,实现三位一体的互通模式,即事前行政审批、事中监督管理、事后反馈信息。 该互通模式可以及时对旅游市场监管数据进行分析,进而及时掌握旅游经济运行状况,及时发现旅游重大事件的发生并采取预案。 利用大数据的收集和分析,对旅游安全的监控进行强化,提高旅游领域的突发事件预警和应急处置能力。 推广北斗等导航定位技术、可穿戴设备、电子栅栏、遥感卫星等在自助旅游和特殊旅游中的应用。 对全国旅游监管服务平台进行完善,对中央—地方旅游监管服务平台体系进行完善,构建出旅游市场信息化、智能化监管服务的格局。在此基础上,通过构建大数据环境下的旅游市场运行监控系统,对区域内的旅游消费进行实时监控,并构建以数据为导向的调控机制。 此外,该支持平台还上线了旅游合同网签功能，旅游企业和个人投资者可以随时随地轻松实现旅游经济活动的可追踪、可核查、可预测和可处理。旅游信息服务平台也可以协助旅游监管部门，为各方平台使用者提供第三方担保，大大提高网络平台的安全性和信息交互服务质量。监管部门在面对旅游供给者时，可以通过平台将各种规章制度和法律法规进行推送，在面对游客时，可以进行客户信息的真实性验证，开通评价反馈系统，加强对旅游供给企业和平台运行的监管。在"互联网＋全域旅游"的大背景下，政府监管还要将互联网思维和共享经济的理念融入其中，通过对旅游网络经营平台进行重点监管，实现对涉旅企业的全监管，鼓励平台与政府进行信息共享，尽可能地避免信息不对称，将以往直接管企业、管人转变为管平台、管数据、管信用，强化信息监管，将政务放在线上，实施网络理政，构建以信用监管为核心的新型市场监管体系。政府应积极利用信息技术手段，进行监督管理体制和机制的创新，推动监督管理信息化。

8.1.3 旅游产业发展的监管政策

服务型政府不等同于缺乏对旅游业发展的监督，政府部门需要规范旅游市场，因此，加强旅游市场的监管力度，为旅游市场利益主体提供公平竞争环境以及政策制度保障，也是服务型政府的责任。

(1)加强旅游综合执法

旅游业包含了"食、住、行、游、购、娱"等多种经营项目，它的跨度很大，覆盖面很广，涉及的行业主管部门也很多。因此，要提高行业治理的综合协调能力，对景区(点)、市场监管、文旅、卫健、物价、消防等机构进行统一协调，对其进行监督和管理，防止各种经营乱象的发生，持续优化营商环境。近年来，全域旅游的提出要求深化推进旅游领域的新型管理模式，通过旅游警察、旅游工商行政管理和旅游法庭，真正将机构、人员和措施落实到旅游产业转型升级上来。政府部门联合相关旅游执法力量，建立执法交流合作平台和旅游投诉处理机制，制定旅游企业规范标准，完善"退出机制"，对于服务质量低、管理混乱的旅游企业，按照相关的国家标准进行"降星降级""摘星摘牌"，进而健全和完善旅游企业的等级评定。同时，还要加强旅游执法领域中的行政执法与刑事执法等执法衔接，进一步促进旅游部门与有关监管部门的协调配合，形成工作上的无缝对接。

（2）优化旅游协调机制

在旅游行政主管部门的统一领导下，充分发挥旅游行业协会的行业自律作用，考虑到政府部门的监管不可能面面俱到，需要进一步发挥行业协会的作用。比如，旅游产业高质量发展战略需要具体细化到旅游产业的各个方面，不同类型的旅游行业协会根据自身行业特点，制定本行业的行业规范、旅游服务标准等。以满足综合工业发展和综合执法两个综合性需要为核心，推动旅游管理体制的改革，强化旅游业发展的统筹协调和部门的联动，强化旅游投诉举报的处理。加强旅游业的综合执法，完善旅游业和其他有关部门的联合执法。要对旅游业的合作和参与机制进行积极的创新，完善旅游联席会议制度、旅游投资制度和旅游标准化制度。同时，还要发挥行业协会的监督作用，多管齐下，切实消除旅游产业转型升级过程中各类"隐性门槛"，持续优化旅游市场竞争环境。旅游行业协会需要出台解决眼前旅游行业、旅游企业在产品升级中出现突出矛盾的"问题导向"型的措施，与着眼于未来长远蓝图的旅游产业转型升级"规划引领"型战略相匹配。因此，旅游行政主管部门（政府）统一领导、旅游行业协会具体运作，二者相辅相成，共同从宏观和微观推动旅游产业转型升级。

（3）健全旅游投诉咨询

旅游主管部门需要建立统一受理旅游投诉举报机制，除了传统的"12345"政府服务热线以及网站互动交流平台以外，我们还要推出新的投诉服务平台，比如手机 App、微信公众号、旅游线下咨询服务中心等多种手段，进而实现全年每天 24 小时受理旅游投诉、咨询，并且能够线上线下有效联动，形成高效便捷畅通的旅游投诉的举报受理、处理、反馈机制，为旅游者提供热情周到的旅游服务，提高游客的满意度。各级文化和旅游管理部门要重视并加强对旅游投诉的处理，提高旅游投诉的结案率，用法律手段来维护游客的合法权益。

（4）推进文明旅游建设

旅游产业高质量发展与文明旅游方式息息相关，因此，旅游管理部门要加大对文明旅游的宣传和引导力度，使其在游客中得到广泛的实施。 一方面，树立文明旅游典型进行宣传；另一方面，建立旅游不文明行为记录制度和部门间信息通报机制，将不文明行为纳入诚信系统。 通过文明旅游建设，可以促进文明旅游工作制度化、常态化和规范化。 确保旅游产业发展的生态化、文明化和绿色化，以此为保障，全面提升旅游产业发展水平。 此外，标准化是促进我国经济社会发展的重要手段，对促进我国经济社会发展具有重要意义。 在新时代推进高质量发展，全面建设社会主义现代化，对标准化提出了更高的要求。 以此为基础，提高"文明旅游"工作的覆盖面和影响力，以促进"文明旅游"工作的深入发展。

8.2 完善基础设施，为旅游产业转型升级提供动力

旅游基础设施是涉及旅游者在旅行游览中的需要而建设的各项物质设施的总称。 旅游产业转型升级离不开旅游基础设施的健全与完善。 具体而言，包括旅游活动中所涉及的所有地上和地下开发建设的设施，如旅游交通、通信网络、供水系统、排污系统、供气系统、供电系统、排水系统以及许多与旅游体验、购物和娱乐等相关的商业设施。 根据本书第六章的数据分析显示，从区域的角度来看，旅游基础设施的建设与地区的经济发达程度有着密切的关系，而我国区域之间的经济发展并不均衡，因此在不同的区域之间，旅游基础设施的健全状况也呈现出了显著的差异性。 具体来看，东部旅游基础设施发展水平较高，中西部较低，三大区域旅游基础设施发展水平有显著差异，基础设施对旅游产业效率产生一定的影响。 目前，国内许多旅游相关行业都出现了

"大而不优""大而不强"的现象：从产出数据看，发展非常强大，但是结合投入数据，发展效率低下，依然表现出粗放式发展方式。

因此，应重视旅游产业当下存在的效率低下问题（即产出与投入的比值较低），要实现旅游产业转型升级，就必须避免旅游产业陷入低效率的境地。旅游产业效率低的原因有两个方面：一是投入过多，实际上是旅游产业无效投资过多。由于基础设施不完善，旅游企业不愿意或无力进行基础设施投入，而过度倾向于眼前"短、平、快"的投资，这一投资可能会造成低端旅游企业的就业人数较多，但是劳动效率较低，低端旅游企业的资本投入较多，使得资本效率较低。二是旅游行业技术水平低，旅游企业数量过多导致企业规模小，在技术研究与开发上资本不足，技术人员配置上存在着较大的不足，从而造成了企业的整体效率偏低。因此，要从源头上控制旅游投入，要坚持执行旅游产业的供给侧结构性改革，以旅游需求为导向，开展旅游投资与供给，减少低质量的资源要素，避免粗放型的旅游发展，实现有效的供给。

8.2.1　增加旅游公共服务投入

旅游基础支撑力是旅游产业效益得到充分释放的前提保障，也是旅游经济活动顺利进行的关键。首先，依托交通、市政、科技研发等配套条件，实现旅游资源和要素的高效流动，缩短旅游目的地和发达地区、落后地区之间的时空距离。特别是对于交通基础支撑力来说，以节省旅行时间、缩短距离为代价，改善资源要素在空间上的分布模式，不但可以利用地方特色优势提高旅游资源的经济附加值，还可以优化生产要素在空间上的分配效率，使落后地区的经济效率得到有力的提高。基础支撑力对旅游产业效率还存在着空间溢出的外部效应。其次，随着旅游业的发展，旅游业的公共基础设施和相关辅助服务不断完善，这将极大地降低旅游业的营销企业和消费者在旅游业中的整体成本，从而使旅游业的附加值得到进一步的提高。再次，在不断完善的地区基础条件支撑下，还会引发各种生产要素的广泛集聚，从而在旅游产业中形成资源共享、技术外溢、专业分工、功能协同、文化厚植、合作共赢的良好格局，可以有效地提高旅游资源的转化和使用效率，为旅游产业运营系统之间的协调耦合和技术创新提供必要的支持条件，对当地旅游产业经济的整体升级起到积极作用。

因此，构建便捷化、智能化、高质量、全覆盖的全域旅游公共服务体系，可以有效地为旅游产业转型升级奠定物质基础。旅游产业的转型升级，需要信息网络的覆盖、旅游交通的可达、配套设施的便利、旅游安全的保障、行政服务的联动，这些都与旅游公共服务投入相关。因此，加强旅游公共服务的投入，可以建立高品质的旅游活动环境，包括公共休憩环境、旅游景区景点环境、基础设施环境、商业娱乐环境等，确保旅游六大要素得到全程服务和保障。发挥科技优势，强化旅游集散中心（枢纽）的旅游公共服务功能，构建外来游客与本地市民共享的高品质社会生活公共服务环境。因此，为满足游客对旅游公共服务的多样化、智能化和个性化需求，客观上要求加强当前我国旅游公共服务体系建设的投入，以政府为协调者，有效建立多元化的旅游公共服务供给机制，政府在重点以信息技术推动旅游公共信息体系和旅游监管评估体系建设的基础上，适当引入社会资本投资。比如政府提供免费的公园游览，游客可以感受整洁的公园环境，同时引入社会经营者参与公园的部分娱乐设施的经营管理，即实现供给主体多元化的格局，满足游客的增值服务（收费项目）需求。

当前，为提高旅游公共服务的质量，政府需要将有限的资金和人力集中到具有一定资质的旅游企业中，充分发挥这些企业在人力资源、资金流动和科学技术方面的比较优势，有效重视科学技术的创新和旅游产品（服务）设计的创意，发挥科技进步提高员工劳动效率、资本运营效率和旅游资源使用效率的作用。2019年底，中国社会科学院财经战略研究院和美团点评联合课题组发布了《中国景区旅游消费便利度指数报告》（以下简称《报告》），该《报告》从信息获取便利度、预约购票便利度、交通便利度以及游玩便利度四方面提出衡量旅游消费便利度的量化评估指标，使得智慧旅游首次有了可衡量的量化指标。《报告》显示，我国5A和4A级景区（点）的信息获取最便利，而在景区信息获取和入园购票这两个重要环节中，以"互联网＋"实现景区信息及票务在线化成为提升旅游消费便利度的关键因素，应充分发挥市场化企业的力量，完善预约旅游的软硬件支撑。政府及政府所属的景区和博物馆可通过公开招标的方式，发挥在线旅行社（OTA）及其他市场化企业在门票预约落地中的优势和作用。因此，该《报告》也为旅游产业转型升级丰富了评价指标体系。

旅游产业是国民经济重要的战略性支柱产业，由于旅游资源具有不可移动性，旅游流量在空间上的转移严重依赖于区域运输体系，交通运输是旅游产业发展的基础支撑条件。一般情况下，交通服务设施是解决旅客出行需求，为当地旅游业带来收入的主要方式，主要包括服务区、公路驿站、慢行驿站和观景区等。伴随着旅游休闲、文化传播、商品展销、高端食宿等功能的不断渗透，交通服务设施也不再只是一个满足观景、停车、加油、餐饮、卫生间等基本功能需要的地方，它变成了不同的小规模交旅融合综合体，为游客们带来了全面的旅游体验。因此，以深化供给侧结构性改革为背景，要实现旅游产业转型升级，就必须完善旅游交通网络设施。实践中，交通服务结构更为合理、功能更为完善、特色更为突出、服务更为优良是创新旅游交通服务方式、提升旅游交通服务品质、建立智能化的旅游交通运输体系的要求。首先，应该建立一个完善的旅游运输系统，加快构建地区间主干交通网络，配合县乡道路改造，提升农村道路等级，推进支线机场"支支互联"，加强城区与城区的快速联系。其次，应实施"风景名胜通达"项目，详细规划旅游环线交通游览体系，全面提升通往各景区（点）的道路质量，减少断头路，加强集散中心与重点旅游景区之间、景区与景区之间的联系，并鼓励和指导公路客运企业开通前往景区的旅游专线。在此基础上，应加大对旅客运输市场的管理力度，并积极引入境外资本和具有一定实力的旅客运输公司。"交通＋旅游"战略的实施，有力地促进了交通和旅游的高质量发展。以寻找适当的产业结合点为起点，通过对高铁旅游、服务区旅游、房车旅游、游艇旅游、邮轮旅游等已有的交旅融合发展业态的提质升级，开发出兼具二者特色的新业态，打通上下游产业链，通过交通旅游与制造、物流、文化、体育、农业、康养等相关产业的融合，形成新的业态，实现一、二、三产业的融合。旅游产业还需要将观景台、景区（点）标志标牌等设施与交通基础设施统一规划设计，打造出更为规范的旅游交通标志，便于游客快速识别。同时，旅游产业还要依托高速铁路、城际铁路、民航、高等级公路等构建快速便捷的交通网络，提高旅游目的地和景区（点）的可达性和便捷性，让游客能远距离快速到达和离开（中转）旅游目的地。

积极建设集"食、住、行、游、购、娱"六大要素于一体的体验式的交通网络。因地制宜建设旅游观光风景大道,改善和优化公路通达条件,提高景区可进入性。继续推进城市绿道旅游、健身骑行专线、体验登山步道、休闲慢行系统、旅游交通驿站等点线交互方式,打造具有休闲、餐饮、游憩、体验、运动、健身、文化以及研学等复合功能的主题旅游线路。随着基础设施(旅游公共服务)的完善,可以有效推动旅游企业投资获利。

8.2.2 促进旅游企业营业收入增长

2019 年世界经济论坛(WEF)发布的报告显示,中国在全球旅游业竞争力榜单中由上一年的排名第 15 位,提升到第 12 位。另据联合国世界旅游组织(UNWTO)测算,旅游收入与相关行业的带动系数为 1∶4.3;同时,在社会就业方面,旅游产业每增加 1 人直接就业,其他产业就能增加 5~7 人就业。由此可见,旅游产业对经济的拉动能力和社会贡献度较大。从实际情况来看,我国旅游业的就业门槛有高有低,需要不同层次的人才。尤其在旅游交通、旅游餐饮、旅游商品、旅游住宿等领域,多数工作对学历要求不高,对年龄也不作限制。"门槛低"的旅游业为文化程度低、下岗工人、农民等群体提供了大量的就业机会。同时也为中小企业和散户提供了更多的市场,进而促进中小规模旅游企业的发展,充分促进了经济欠发达地区的就业。此外,发展乡村旅游业使得农民在当地获得更多的就业机会,使农村富余劳动力得到充分利用,从而间接缓解城镇居民的就业压力。

(1)发挥旅游产业经济带动作用

中国旅游产业要实现高质量、高效益和高附加值的"三高"发展模式,迫切需要政府加强基础设施建设,形成旅游产业转型升级动力。基础设施既包括交通、通信等硬件(前文已经论证),同时也包括制度、政策等软件,其中,创新驱动也可以为旅游产业转型升级提供动力,因此,政府鼓励旅游企业技术创新,加强旅游产品创新、推动旅游目的地品牌创新。通过政策鼓励旅游企业通过科技创新推动模式创新,提升旅游产业附加值及其经济带动作用。政府还需要大力推进旅游领域"大众创业、万众创新"活动，促进旅游领域高附加值的创业和就业。此外，政府还要鼓励各类市场主体通过旅游资源整合、企业改革重组、行业收购兼并、线上线下融合发展等投资旅游产业，促进旅游投资主体多元化和有效延伸旅游产业链。政府通过培育和引进有竞争力的旅游骨干企业和大型旅游集团，加速形成旅游产业规模化、品牌化、网络化经营，实现旅游产业规模经济。政府需要落实小微旅游企业扶持政策，尤其是扶持具有潜力和技术含量的旅游企业创业活动，引导其向专业化、精品化、创新化、特色化方向发展，形成以区域旅游骨干企业为龙头，大、中、小、微旅游企业齐头并进、协调发展的格局，并通过旅游产业的转型升级带动区域经济的发展。

(2)加大旅游新业态建设力度

政府需要出台相关政策，加大旅游新业态支持力度，着力支持文旅融合的发展模式，政策倾向于文化体验游、乡村民宿游、工业展览游、休闲度假游、生态和谐游、城市购物游、精品铁路游、精品公路游、研学知识游、红色教育游、康养体育游(包括体育赛事观赏)以及浪漫房车游等高附加值旅游产品，推出亲子游、自驾游和徒步游等新型旅游方式，有条件的地方可以尝试开发航空运动旅游产品、邮轮游艇旅游产品、海洋科考(潜水)旅游产品以及极限挑战旅游产品，强化旅游产品的有效供给，加快区域旅游产业转型升级。要达到提高旅游产品质量的目的，就要求旅游企业把游客满意度当作是旅游产品质量高低的最终衡量标准，为游客提供定制化、针对化、新颖化的优质旅游产品和服务，以更好地满足新时代游客多样化、个性化、精神化和参与化的旅游需求。当前，旅游产品的供给已步入新的高质量发展时期。要实现高质量的旅游产品供给，就必须从人类发展的角度出发，从满足游客多样化的旅游需求入手，对旅游产品进行精准化设计、精心化开发和精细化管理，防止同质化、单一化和粗放化，从而形成一批高质量的旅游业新产品、新业态和新模式。

(3)加快旅游产品升级改造

高质量是未来旅游业发展的主要方向。中国将在今后的5～10年内，步入高质量消费的时代。 因此，以政策（软件因素）作为动力，可推进旅游产业转型升级。 政府需要出台政策，加大旅游产业融合开放力度，为游客提供精细化、差异化的旅游产品，以实现更加舒心、贴心和愉悦的旅游产品（服务）的有效供给。 出台政策鼓励旅游企业积极利用新能源、新材料和新科技装备，提高旅游产品科技含量，推动旅游产业跨越发展。 政府需要加大政策鼓励力度，引导旅游企业采用资源循环利用、生态修复等方式，重视旅游产业与环境保护、文化传播和消费者权益保护在发展过程中的协同关系。 旅游产品升级改造的制度与政策，正持续提高旅游产业附加值，推动我国旅游产业高质量发展，能更好地满足人民群众日益增长的旅游美好生活需要。 同时，加强旅游和文化的融合，把观念、制度、机制和产品的创新贯穿到旅游发展的始终。打破现有的体制和产业的传统束缚，在新的发展模式下，构建新的竞争力，运用各种政策和机制，鼓励创新，从而更好地促进旅游产业的高质量发展。 在数字经济时代，还应促进旅游和数字经济的深度融合，把旅游业和数字经济联系起来，促进互联网、大数据、人工智能和旅游业的深度融合，用数字技术赋能旅游业，加速旅游业的转型，提高旅游业的效益，推动旅游产业结构的升级，推动旅游业商业模式的创新，从而推动旅游业的高质量发展。

8.2.3 实现区域旅游协调发展

长期以来，我国各地区的旅游业一直处于不均衡状态，总体上呈现出"东部强西部弱，南部强北部弱"的态势。 在接待能力、产品多样性、服务质量等方面，东部地区的旅游目的地要比中西部好得多。 我国中西部，特别是西部，多具有良好的生态资源，这是发展旅游的天然基础。 但是，由于受到交通基础设施、区域经济水平等方面的限制，旅游业的发展还是比较粗放的，市场化程度也比较低。 伴随着制造业向中西部地区的转移，中西部地区的经济和旅游业也得到了发展。 从总体上来看，我国的地区旅游发展仍然呈现出很大的不平衡，在基础条件、经济发展水平和资金支持等方面的情况各不相同，要想进一步地缓解，还面临着很多的挑战。

目前，我国应高度关注旅游业地区发展差异所造成的消极影响，合理配置旅游业资源，促进各地区之间的协调和平衡发展。根据本书第六章的分析，旅游产业发展存在区域差异的原因之一是经济欠发达地区的基础设施薄弱，应通过基础设施的完善，引领全国各地旅游产业升级均衡发展。在旅游产品品质升级、旅游基础设施健全、旅游区域贡献增加等三个方面呈现东、中、西部区域不平衡特点。促进东部地区对西部地区的旅游投资，将东部地区的富余资源转移到资源缺乏的西部地区，这既可以解决西部地区旅游基础设施不健全、旅游产品低级的问题，也可以解决东部地区投资过剩的问题，从而提升东部地区的旅游效率。

此外，西部地区拥有得天独厚的自然风景、丰富的民族风光，政府一方面改善交通等硬件基础设施，增加可达性；另一方面，通过政策制度，鼓励旅游企业进行深度开发。在软硬件集成设施完善的前提下，大力发展入境旅游业，这不但可以提高西部地区的旅游收入，而且可以从根本上解决中国旅游业发展的不平衡性。将西部地区旅游资源的独特文化价值和经济价值充分发挥出来，利用旅游产业的发展，促进西部地区的经济、教育、就业和文化交流等方面的发展，将旅游产业的社会价值和经济价值充分发挥出来，利用西部地区旅游产业的转型升级，推动西部地区经济的发展，从而实现我国经济的区域协调发展。应该以政府为主导，以旅游市场为导向，加大对西部地区旅游基础设施、信息设施和服务设施的投入力度，扩大西部地区旅游市场，增加旅游供给，为优化西部地区旅游产业结构奠定基础。此外，还可以在"一带一路"和中欧班列开通的背景下，加快区域内的资源共享和交流合作，为区域内的旅游业发展提供良好的经济基础。开放程度是影响西部旅游业发展的关键因素，因此，应抓住自贸区的机遇，积极推动陕西、四川、重庆等自贸区的建设，并逐渐形成具有较强辐射效应的西部对外开放新高地。

8.3　促进产业融合，为旅游产业转型升级增强实力

本书第一章对旅游产业附加值的概念进行界定，并利用公式对旅游产业附

加值进行简单估算：旅游产业附加值＝旅游收入增长率/旅游人次增长率，数据显示，2006—2021年的16年间旅游市场发生了改变，入境旅游市场得到了发展，虽然在数量上有上升，但是结构仍待优化。第六章构建指标体系，详细分析2012—2021年"投入—产出"框架，解释了旅游产业附加值的概念与内涵，从旅游收入增长率这一旅游人次增长率这一指标来看，虽然比值均大于1，即收入增长的速度快于人次增长速度，但是比值是在下降的，说明每增加1%的旅游者所引起的旅游收入增长是在下降的，表明旅游产品在附加值提升上还存在很大空间。因此，通过产业融合发展，可以有效提高单位人次的旅游消费，进而促进观光业的转型与升级。

旅游产业具有较强的综合性，可以与多个产业进行融合发展，形成"旅游＋"的发展模式。比如，文化是一个旅游目的地的精髓和灵魂，是激发区域旅游产业发展潜力的重要源泉之一。挖掘旅游目的地文化因素，并将文化资源有效渗透到旅游产业的发展中，实现旅游目的地"载体形态"、旅游产品"文化神态"和旅游者"体验心态"的有机结合，这种"旅游＋"的发展模式是旅游产业转型升级的最佳途径之一。目前较为成功的文旅产业融合的案例有：借助于《上新了故宫》、《诗意中国》和《我在故宫修文物》等文化综艺节目的形象宣传将故宫等旅游景区(点)以新的角度、内容呈现在人们的面前，并在此基础上设计开发故宫仙鹤系列口红等文化旅游衍生产品。此举更是将以故宫文创为代表的全国范围内的博物馆系列文创产业链有效叠加到旅游产业之中，增强旅游产业的发展实力，促进旅游产业转型升级。此外，还应该促进业态融合创新发展。在旅游和文化产业链方面，推动文化和旅游产业链的深度融合，实现产业和创意链的双向融合发展；在文旅融合业态方面，推动旅游演艺、主题公园、红色旅游、文化节庆、会展旅游等已有的融合业态进行转型和升级，并重点培育出能够进行融合发展的新业态。"文旅＋"业态方面，将文化和旅游相关产业结合起来，根据当地的实际情况，发展工业、乡村、康养、体育、水利、生态、游船、自驾游等旅游项目；在"文旅＋城乡发展"的层次上，充分发挥文化在城市更新、乡村振兴中的重要作用，将美术元素、艺术元素广泛运用到城乡规划建设中，扩大文化空间和旅游载体，提升城乡的审美魅力、文化品位。旅游产业融合及其转型升级演进如图8-2所示。

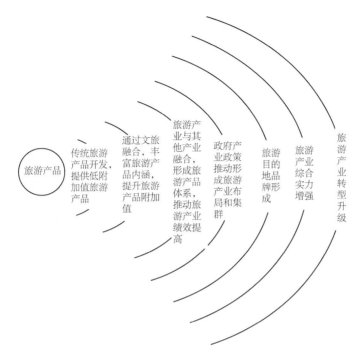

图 8-2　旅游产业融合及其转型升级演进

近几年来，"非遗＋旅游"越来越多地成为地方文化和旅游开发的一种新模式。景区是旅游生态系统的重要组成部分，它的好坏直接关系到自身吸引力。特别是观光型旅游，其以参观、欣赏自然景观、民俗风情为主要目标，并以此为旅游内容，往往以旅游景区为核心观光活动区。但与此同时，相邻地区、同类型的景区之间的竞争日益激烈。游客在旅游地的选择上，同样重视旅游地的资源禀赋，同样重视旅游地的消费体验，这两个因素共同影响着旅游地的吸引度与回头率；同时，游客的消费行为也越来越理性，不再是"扎堆"前往热门旅游地，而是更多地关注旅游地的体验，对旅游地的游览内容、服务质量等都有了更高的要求。随着旅游行业的发展，越来越多的旅游景区将当地非物质文化遗产纳入特色资源目录，纳入主干景点线路，并将其作为增加感官享受、提升互动乐趣、加深文化体验、扩大求知收获的重要措施。例如，各地都有具有地域代表性的民乐民歌、舞蹈杂技、曲艺戏曲等传统表演艺术，这些大多都属于非物质文化遗产，是外来人口感受风土人情、欣赏多元文化的生动载体，也是旅游演艺及景区景点演出项目的核心。 非遗展示体验项目的入驻，既丰富了人文资源，又提升了无形服务质量，使游客由单纯的观光旅游向多元的休闲体验游转变。

8.3.1 立足产业融合，开发旅游衍生产品

近年来提出全域旅游的本质是旅游产业发展模式的转型升级，即从孤立的旅游景区(点)建设到区域旅游产业复合型空间的构造(产业融合发展)。 打破旅游景区(点)的行政区划，实现区域内的旅游资源、经济社会资源等其他资源所涉及的相关产业进行全方位的资源整合和统筹发展。 旅游产业融合是指旅游业与其他产业之间，或者旅游产业内的不同行业之间，相互渗透、相互交叉，最终融合在一起，并逐步形成新产业的一个动态发展过程。 旅游市场需求的改变，提高了消费者用户体验，进而使各产业间产生了替代与互补，在此基础上，即形成了产品融合。 同时，产品融合是产业融合的一个重要标志，在产业融合的不断发展下，一系列的融合型产品进入了旅游市场，满足了大量游客的个性化、多元化需求，因此旅游产业融合发展是未来行业发展的趋势。

立足于产业融合，要构建并完善旅游产业的产品融合发展体系、产业融合治理体系、产业综合营销体系、产业公共服务体系、区域政策保障体系，从而减轻传统观光旅游的接待压力，促进旅游产品深度开发产品和丰富旅游衍生产品的供给，提高旅游产业附加值。 此外，还要实现旅游产业与信息技术产业的融合，实现旅游产业技术创新、业态创意、内容丰富和管理科学的新面貌，实现旅游产品多样化、丰富化、特色化、个性化以及差异化的集约式发展模式。 从旅游产业与其他产业相结合的角度来看，技术革新是推动旅游产业与其他产业融合发展的重要因素，而信息技术则是促进知识创新与迅速传播的关键因素。 在共享经济的大环境下，随着信息的传播，旅游市场的交流变得越来越广泛，这也为新的旅游市场业态和产品的出现提供了条件。 与此同时，科技创新的不断发展，也使旅游业的资讯资源得到了更深层次的开发与利用，并促使旅游业与其他行业的广泛融合。 旅游产业融合("旅游＋")，可以深

度挖掘"食、住、行、游、购、娱"等旅游产业链的各个环节和阶段的服务内涵，提高游客的旅游体验满意度，进而打造区域旅游品牌和游客忠诚度，增加旅游品牌的重游率。

在旅游产业竞争激烈的形势下，通过产业融合开发旅游衍生产品，可以有效贯彻落实降低景区门票价格的政策，打破旅游产业高质量发展的路径依赖（门票经济）。我国所谓的"门票价偏高"，实际上就是在景点中出现"二次收费"现象。究其原因，主要是这类景区通常都是准公共物品（共享资源或者自然垄断），带有某种公益性质，而以市场为导向的价格不被社会各界认可。同时，由于未实现企业的经营，导致了旅游资源市场的竞争不足，旅游资源的开发利用效率较低。事实上，这些旅游景点都是由地方政府、国企（或国企）来管理的。从理论上说，这样的产权制度安排，应当使旅游景区能够更好地发挥其公益属性，更好地承担起相应的社会责任。在当前"分灶吃饭"的情况下，地方政府更多是依靠旅游业来获取更多的资金，同时，此类景区一般都是距离市区较远、产业基础较弱的地区，被地方政府视为旅游资源并加以培育，从而形成地方经济的支柱产业。究其根本原因，是地方政府对旅游资源的开发初衷和公众（外来游客）对旅游资源的公益性认识之间的错位，在国家发改委多次下发文件后，各地政府多次整改仍不到位。根据调研，我国部分竞争性旅游产业近年来的整体盈利能力有下滑趋势，传统旅游景区（点）转型升级工作已迫在眉睫。通过产业融合深度开发旅游产品需要面对市场需求，具有活力的旅游景区（点），享受了旅游产业融合和新业态创新创意带来的旅游高附加值红利。因此，对于传统旅游景区（点）而言，就要根据市场需求借鉴其他产业优势实现旅游产品多层次定位、差异化服务、科学化运营的全方位升级。在此产业融合中注重旅游产品个性化的精准定位，开发体验式新型旅游产品（服务），打造智能化、个性化和体验化的旅游产品（服务），并以市场需求为导向，衍生出高附加值的旅游产品（服务）。

具体而言，对于传统的景区（点）来说，需要逐渐摆脱对门票经济的依赖，通过与其他产业的融合发展，可以提炼文化素材，利用 IP 品牌价值，推出具有创新创意的旅游衍生品（游乐体验项目和旅游节庆演出活动等）。最近几年，很多景区、游乐园都在利用网络的影响力，打造自己的 IP 形象，比如北京环球影城的"擎天柱"形象，上海迪士尼的"玲娜贝儿"形象，这些都是可以借鉴的，通过自己的 IP 形象提高自己的竞争力。 贵州娄山关作为红色旅游景区，门票免费，但是在实景演出中推出体验服务，在满足游客体验红色文化需求的同时，优化了旅游产业结构。 实现旅游景区类型结构的调整，即要改变当前旅游景区类型以观光型为主，研修型、城镇型和乡村型旅游有所发展，度假型与娱乐景区、融合景区相对缺乏的现状。 结合当前的形势，引导部分观光型旅游景区向其他类型旅游景区适度转型，逐步增加并培育一批以温泉、滑雪、演艺、主题公园、疗养地、工业旅游点等为主要内容，以研修型、娱乐型、度假型和融合型等多种类型旅游景区，最终达到旅游景区类型结构优化的目的。 在文旅产业融合的推动下，目前国内一些大型上市旅游景区企业逐渐开始进行转型升级以顺应整个行业的发展，将互联网、大数据、人工智能等新型技术与旅游业进行更深层次的融合，运用数字技术来对旅游业进行赋能，从而加快旅游业的转型步伐，提升旅游业的工作效率，推动旅游业的结构升级，推动旅游业的商业模式创新，从而推动旅游业的高质量发展。 随着旅游产业与信息技术产业的融合发展，借助于 VR(虚拟现实)、AR(增强现实)技术，新生代虚拟景区逐渐成为实体旅游景区、购物中心、博物馆、主题公园的辅助配置和完美补充，例如，2020 年初的新冠疫情，飞猪向足不出户的游客提供了"云旅游"和"宅家玩转博物馆"的旅游在线体验。 在后疫情时期，发展线上旅游变得更为迫切，需要与大数据技术、虚拟仿真技术、人工智能技术、5G通信技术实现无缝对接，从而促进智慧旅游的新发展。 北京市园林管理处对此给予了高度重视，其开启的"5G＋北斗导航的园林景区游艇智能管理平台"项目以我国拥有自主知识产权的"5G＋北斗"为核心，为北京陶然亭公园提供自助扫码购票、统一云端排队、船舶智能调度、快速精准救援等服务，实现了智慧化的游客服务、智慧化的园区管理、可视化的指挥调度。

8.3.2 丰富产品类型，提高旅游产品质量

伴随着我国居民收入水平的不断提升，人们对(旅游)产品的消费也出现了迅速升级的趋势，旅游收入(旅游消费支出)在全年总消费所占比重由 2005 年

的 11.31％提高到 2019 年的 16.09％（见图 8-3），2020—2022 年受新冠疫情影响，比重下降。

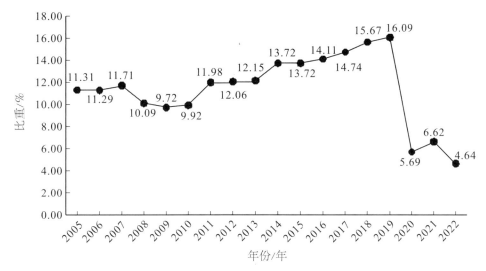

图 8-3　2005—2022 年旅游收入占全年总消费的比重

　　旅游消费支出所占的比重增加主要由以下力量推动：一方面，旅游人次增加和旅游产品（服务）消费数量的增加；另一方面，则是人们对旅游产品（服务）品质的偏好提升，这是旅游产业集约式发展的结果。

　　在大众消费升级和竞争日益激烈的背景下，不管是传统的酒店、旅行社、景区，还是新兴的非标住宿、OTA、泛景区体系，都在关注并重视旅游内容、产品和服务的创新。旅游者对旅游产品（服务）的需求发生了变化，高品质、个性化、定制化的体验式旅游产品（服务）更加受到人们的青睐，因此，多样化、高品质的旅游产品（服务）是旅游产业转型升级的工作重点。丰富旅游产品的种类，为游客提供多元化、个性化、分众化的旅游产品与服务，以满足不同收入阶层、不同文化层次以及不同地区游客的旅游消费需求（刘凤，2020）。所以，旅游产品的提供者必须以旅游消费群体的人口统计特征、地理分布特征、消费心理和行为特征为基础，对其进行市场细分，并针对不同年龄、性别、受教育程度、居住区域等细分群体，开发出更加符合他们需求的旅游产品（服务）。同时，要顺应数字产业化和产业数字化的发展趋势，加速发展新的文化业态，对传统的文化业态进行改造，使其在质量、效益和核心竞争力方面得到提升。 紧紧抓住国家的重大地区发展战略,抓住文化产业发展的特征规律,抓住资源要素的优势,推动文化产业发展新格局的形成。 文化产业与旅游业是紧密相连的,要坚持以文塑旅、以旅明文,促进文化与旅游业的融合,使人们在欣赏大自然之美的同时,也能感受到文化之美、陶冶心灵之美。

在重视旅游产业规模扩张的同时,更要通过旅游产业与其他产业的融合发展,实现旅游产业结构的优化,在保证旅游产业结构合理性的基础上,在满足市场需求的情况下,适当优化旅游产业结构,促进旅游产业的高端化。 可见,产业结构合理化是产业高端化发展的基础前提。 首先,国家和地方政府应出台相关的政策和法规,明确旅游业的转型和发展的方向。 其次,应削弱政府在旅游业中的作用,通过市场对旅游业进行调整,将一些不具备发展潜力的旅游产业和企业从市场中淘汰。 此外,还应从供给结构、游客结构、消费结构、出入境结构等多个方面加以考虑。 推动旅游产业的供给侧结构性改革,持续提高旅游有效供给的比重。 随着人均可支配收入的增加,人们的需求层次也会随之增加,相应地,旅游供给的层次也会随之增加,减少低端的观光游,发展多样化和深度化的体验性旅游,如疗养旅游(瑜伽)、挑战极限旅游、文化体验旅游(印象系列和千古情系列)、科技旅游等;培育并吸引高端游客,从根源上治理"低端游"现象。 旅游产业转型升级不是通过旅游人次的增加实现旅游收入的增加,而是通过旅游资源的深度开发以及创新创意活动,创造更多的旅游产品(服务)附加值。 中高端旅游者因其自身的经济实力、文化素养等优势,对旅游业的发展具有较大的促进作用。 所以,要对旅游产品(服务)的质量进行提高,持续提高高弹性消费额在总消费中的占比,引导游客进行理性的体验消费,并让游客消费得更开心、更满意。 随着出境旅游业的蓬勃发展,入境旅游业也得到了大力发展,但当前我国出入境旅游业的发展并不均衡,因此,我们的旅游业必须充分发挥自身的优势,以吸引欧美国家的高消费群体为重点。

8.3.3 提炼城市文化,打造夜间旅游经济

夜间旅游经济是对传统日间旅游经济的补充,也是实现旅游产业高附加值

发展的内在要求。"夜间旅游"将城市旅游关注的焦点由过去的"空间"延伸到"时间",是一种新的思考模式。发展夜间旅游,可以促进文化与旅游的融合,推动旅游供给侧结构性改革,推动地方旅游产业的转型升级,这也一定会带来旅游产业的高质量发展。此前,许多城市都已经推出了夜间旅游产品,而当前所提的"夜间旅游经济"则是一种系统性和创新性的文化和旅游开发模式。在此基础上,大力发展夜间旅游,不仅可以使传统的旅游资源获得新生,而且可以产生新的吸引力,产生新的文化旅游产品;既可以提高一个城市或景区的旅游资源和非传统旅游资源的使用价值和利用效率,也可以提高游客的时间利用率和游客的旅游体验度。

近年来,我国很多城市都在大力发展夜间旅游,上海更是在全国范围内掀起了一股热潮,尤其是黄浦江和外滩的夜游给上海带来了巨大的商机。为破解"留客难"问题,丰富夜间旅游产品,可延长旅客停留时间,打破时空静止,促进文化和旅游产业结构优化,促进新的消费经济增长点的迅速形成。夜游产品的开发,可以让白天工作的群体在夜间的休闲中缓解压力,可以让外地的游客在目的地享受夜游的乐趣,创造留宿目的地的机会,也可以丰富旅游目的地的形象。夜间旅游市场发展潜力巨大,呈现出多元化、高质量、广受众和高消费的特征。此外,历史文化名城的旅游景区,也可以通过夜间旅游产品(服务)的开发提升,丰富旅游产品内涵,延长游客停留时间,缓解高峰时段客流,增加旅游消费,形成旅游产业的发展动力,最终推动旅游产业转型升级。

创建有特色的风景景观。夜景是夜间旅游的基本元素,所以,要根据当地的自然条件、文化特点等,进行有差异的规划和布局。在某些旅游资源相对缺乏的城市,也可以用创新的方式,将城市夜景的打造作为其旅游发展的突破口(比如中国台湾高雄的六合夜市),从而有效增加城市旅游的亮点。在对旅游景点的景观设计进行创新、对城市旅游地的资源价值进行挖掘的基础上,政府及有关的旅游部门可以积极开发能够增强感官刺激和肢体互动的夜间旅游产品,从而提升游客的满意度和参与感。另外,对于天然资源型旅游地,人们对它的关注程度不高,可以借鉴"苏州金鸡湖之夜""广州珠江之夜"等成功经验,并结合当地的资源特点,在保证游客安全的基础上,对已有的夜间旅游产品进行改进和充实,从而提升天然资源型旅游地的吸引力。

挖掘城市文化。 政府组织实施"文化＋旅游"工程，将艺术馆、博物馆和城市特色民俗风情等各类文化因素打造成夜间消费项目，比如，西安打造大唐西市，根据盛唐时期西市(商品交易)的历史风貌，结合当地餐饮特色，打造出西安夜间的餐饮及市民和游客购物的亮点。 丰富夜间旅游经济的文化内涵，延长旅游产业链。 通过对城市文化符号的挖掘，打造出一张城市的旅游名片。 伴随着人们精神文化需求的不断提升，各大城市一方面应该以游客的兴趣爱好和城市独特的文化内涵为基础，开发出将动态表演和静态文化展示两种形式相结合的旅游产品，并将其与具有互动参与性的旅游产品进行融合，从而创新设计出城市特色文化夜游线路，让游客在有限的时间成本和精力成本下，想要获得多种旅游体验的需要得到满足，从而推动城市夜游名片的打造。同时，借鉴全国各地成功的创新案例，以具有创意的形式，对城市饮食文化、传统文化、建筑文化等进行展示与推介，既可以满足旅游者文化消费与体验的需要，也可以提高旅游者对城市夜游文化的认知，打造一张美丽的城市夜游名片。

完善空间布局。 政府需要统一规划、合理布局，引导旅游产业和相关产业融合并实现要素向特定区域集中，以科学的空间布局带动形成完善的产业链，拉长消费链(张玉英，2020)。 可见，通过旅游产业与其他相关产业的融合发展，可以有效地增强旅游产业转型升级的综合实力。 在此基础上，通过发挥核心集聚区的规模效应，突破核心周边节点之间的链接制约，增强城市夜间旅游的联动吸引力。 在这当中，要将夜间旅游的通道打通，利用开通夜间旅游公交专线实现对旅游流的点对点投放，从而培养出核心旅游节点对边缘旅游节点的联动运作能力，从而使整个夜间旅游产品的市场供给得到激活。 以"片区联动"为核心，充分挖掘城市核心区域内各旅游节点之间的联系，形成区域夜间旅游消费集聚区。 需要对区域周边旅游节点的运营方式进行创新，将旅游功能延伸到夜间，以满足游客在夜间旅游消费区内的全要素旅游需求。同时，通过联动营销，将游客从一个区域内引向相邻区域，在区域内形成整体连接的规模优势，并产生联动效应。

未来，文化消费将成为旅游过程消费的重要组成。 中国旅游研究院(数据中心)对 2022 年上半年全国文化消费数据报告结果显示，81.8％的受访者表示未来会增加文化消费频率，93.6％的受访者表示未来会增加文化消费支出。文化消费市场需求旺盛，文化消费供给侧也对市场前景整体持乐观态度。 这充分表明，人们对未来文化休闲的体验和消费依然充满热情，文化消费将是旅游产业发展空间扩展的巨大机会。 因此，必须对其历史文化、民间文化等进行更深层次的挖掘，并在此基础上实施"中国传统手工艺"复兴计划，以提高其产品质量，提高其旅游产品的文化内涵。 从文化出发的"文化＋旅游"，可以实现文化的价值；而从旅游出发的"旅游＋文化"，则可以拓展旅游的内涵。 因此，二者融合发展将带来庞大的市场需求。 要有创造性的思考，在将旅游和文化相结合的进程中，要不断探索新的途径，将不同形式和不同性质的文化与旅游业相结合，开发出新的旅游产品，既要提高旅游业的文化内涵，又要满足消费者的多样化需要。

此外，要建立多元化的投资机制，以打破文化和旅游业发展的"瓶颈"。在文化旅游业的发展过程中，地方政府起着举足轻重的作用，但是，在发展过程中，也不能过分依靠政府，而是要通过市场来配置资源。 在我国目前的文化旅游业发展实践中，资金不足是制约"文旅融合"发展的主要原因，多元化投资主体的构建是实现文化旅游业市场化运营的关键。 首先，要统筹各方面的力量，鼓励各种形式的资金投入，推动文化和旅游业的融合；其次，为促进文化和旅游业的发展，搭建一个有效的融资平台，以缓解行业的融资困境。例如，地方政府可以通过重组、并购等方式，引导企业组建文化旅游类投资公司，以具体项目为载体，进行资源整合，进而降低融资难度，引领市场发展。同时，还应进一步降低准入门槛，鼓励中小微企业进入文化旅游业，重点建设文化旅游业示范区。 我们目前所看到的博物馆、艺术馆、文化馆、科技馆、影剧院、文创园区等场景"文化＋旅游"的融合方式，以及景区(点)、住宿、餐饮、交通、娱乐、购物和游憩带旅游空间与文创等"旅游＋文化"的主动融入，为旅游品质提升带来巨大机会。 此外，文旅融合后，可以继续拓展其外延，实现旅游产业与科技、教育、医疗和工业等产业或部门融合，开发研学旅游、探险旅游、体育旅游、素质拓展旅游、科技旅游、影视旅游、康养旅游、艺术旅游等多种形态，实现旅游产业转型升级。

由此可见，通过产业融合，旅游产业的实力增强，可以有效推动其转型升级。 结合本书第六章探讨旅游产业转型和升级程度的两个方面，分析得出旅游产业转型和升级均表现为动态和静态两种特征。 动态对应过程，即旅游产业在哪些要素的驱动下实现产业转型或升级；而静态对应结果，即在一定时期内旅游产业发展所处的水平，以及其他相关产业在同一时间层面和旅游产业的关联性。 因此，采用动静相结合的方式可以更好地描述旅游产业转型升级的演进过程。 若以产业结构优化程度(转型)和产业附加值水平(升级)分别为横纵轴，便可划分为四个象限，图8-4中的第一、二、四象限表示旅游产业通过结构优化与附加值提升等动力获得产业转型升级的动态演进过程。

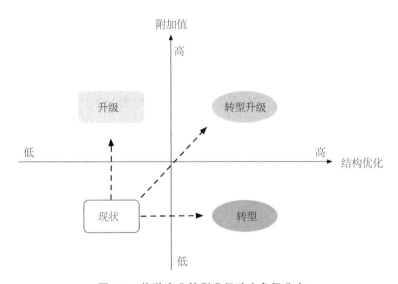

图 8-4　旅游产业转型升级动力象限分布

8.4　构建发展平台，为旅游产业转型升级创造智力

随着信息技术的发展，旅游者信息收集效率更高、满意度更高，使得智慧旅游逐渐盛行，它是相较于传统旅游的更高级形态。 由此可见，信息技术和智慧旅游对旅游产业转型升级起到一定的促进作用。 根据第七章粤港澳大湾

区旅游产业转型升级的五大方面分析，广州和深圳 2017—2018 年的旅游产业转型升级综合水平变化显著，其主要原因是包括人才和创新在内的软环境在广东 9 市中占有优势。 因此，关于旅游产业转型升级的发展平台建设，除了前文探讨的政策供给和基础设施等间接平台以外，本章重点探讨网络信息平台和旅游人才平台两大直接平台。

8.4.1 网络信息平台

随着 21 世纪信息时代的到来，智慧因素不断渗透到旅游产业，旅游物联网管理体系对旅游产业转型升级起着重要的作用，未来旅游产业转型升级体现在产品服务升级、经营管理升级和营业收益升级等方面，均离不开旅游物联网管理体系。 为适应"大众旅游"和"散客旅游"的新形势，我国制定了"全域旅游"的发展战略。 智慧旅游是云计算、大数据、物联网、移动互联网等新技术与旅游业相结合的必然结果，可为游客提供信息化、个性化、便捷、泛在的旅游服务。"互联网＋旅游"给传统旅游业带来了新一轮的变革，促使企业实现了联网、数据在线、交互智能化，旅游产业链中的各个环节都可以通过网络进行更好的联系，对资源进行更好的优化与分配，提供更多的服务，同时还可以进一步降低交易成本，让企业能够更轻松地以更低的价格采购到所需的产品与服务，同时也可以把注意力集中在提升自身的核心竞争力上。 在其价值链中，企业与其供应商、分销商和顾客之间建立起更为广泛的联系，进而形成具有高度协同性的价值网络和产业生态系统，进而推动旅游产业的转型升级。旅游物联网管理体系涉及旅游场域的 Wi-Fi、通信信号(包括 4G 和 5G 信号)、视频监控以及旅游突发事件应急预警等，根据第四章关于旅游产业转型升级内在机理的定性分析发现，游客在旅游场域的体验程度对旅游产业转型升级有着重要的影响，而旅游物联网管理体系往往能给游客带来满意的旅游体验。 此外，旅游物联网管理体系还可以为游客提供在线预订与支付、旅游咨询与互动、智能导游与讲解和实时信息推送服务。 旅游物联网管理体系对旅游产业转型升级的作用还表现在实现旅游活动过程中游客的游览(观光、休闲和体验等)、餐饮住宿、购物、交通、娱乐演艺等需求。 此外，随着 3D(三维)技术和

VR 技术的普及，旅游目的地实现运营和管理过程的信息化、网络化、可感应性，可以给游客提供虚拟旅游体验，比如，2020 年初，新冠疫情蔓延影响游客的出行，上海的几家博物馆就推出 3D 展览模式，游客足不出户即可实现旅游体验。 由于旅游活动涉及多个环节，旅游物联网管理体系可以构建旅游大数据生态体系，通过"互联网＋"模式，全面提升旅游活动过程各环节的服务品质。 同时，依托市场力量，丰富旅游物联网管理体系，比如，开发特色交通旅游增值服务产品，弥补政府公共产品供给不足，创新运用北斗导航、大数据分析等技术，为游客提供精准的旅游服务。 旅游物联网管理体系还可以对重点景区(点)和周边道路交通动态进行数据监测，进而有效加强重点时段、重点景区(点)路段的客流预测与疏导，开展重点景区(点)周边交通道路的客流监测预警，还可以为多部门联合开展应急救援服务提供技术支撑。

因此，在旅游产业转型升级的契机下，旅游物联网管理体系对旅游产业之间以及旅游产业与相关产业之间的互联网平台的作用力正在明显增强。 多年前，我们购买机票等旅游产品需要通过电话、旅行社门市部在线下进行交易；今天，只要一部手机、几个 App，这些旅游产品的预订和购买活动都可以在线上快速进行，而且，还不受时间和空间的约束，旅游消费体验得到大幅度提升。 智慧旅游赋能旅游业也能够增加和创新旅游公共服务内容。 如通过微博、微信公众号、小程序、手机 App 等各种方式来提供旅游公共服务，提供的主体可以是个人、企业和组织，或是通过众筹、众包等方式来满足多样化的公共服务需要，还可以利用大数据进行监控，从而最大限度地利用有限的公共资源。 此外，旅游物联网管理体系有助于建立旅游业的现代化管理制度。 通过全过程监控，实时采集数据，为旅游业的监管提供切实可行的依据；通过对各个方面的数据进行收集，对大数据进行整合和分析，可以为旅游管理部门在政策制定、决策优化、公共服务、事务办理、信用管理、市场监管、安全监管等方面提供强有力的技术支持，从而提高旅游治理的针对性、科学性和时效性。旅游物联网管理体系的发展和成熟将重构旅游企业的资产结构和旅游产品的价值体系。 因此，网络信息平台在很大程度上推动旅游产业转型升级。

8.4.2 旅游人才平台

旅游产业转型升级意味着以往的产业发展模式需要更新和优化，为了更好地适应市场需求，不能仅依靠旅游产业资金的支持，还必然需要大量能够满足产业变革要求的旅游人才的加入。 同时，游客的多元化也给旅游业的发展带来了新的挑战。 旅游市场越分越细，产品越来越多，人们的需求也在发生着变化。 从景区、餐饮、酒店的场景需求，到度假区、休闲街区、博物馆、图书馆、商场、书店等，对旅游场景边界的模糊，为旅游从业人员提供了更开阔的就业思路，也为旅游人才培育拓宽了知识边界。 而新的文旅融合模式等旅游新业态，也要求有一大批具有丰富文化素养和旅游专业技术的高水平复合型人才，他们是推动文旅融合新业态发展的强大动力。 四十多年来，我国旅游专业本科教育形成了一套相对稳定的培养模式，但其专业设置、课程体系和培养模式已无法适应新时期旅游业的发展需求。 因此，旅游人才平台建设对旅游产业转型升级具有创造智力的推动作用。 旅游产业转型升级的人才智力主要有旅游产业应用人才培养、旅游基础研究人才培育以及旅游领域的产学研有机结合，这三种模式构成旅游产业转型升级的智力因素（见图 8-5）。

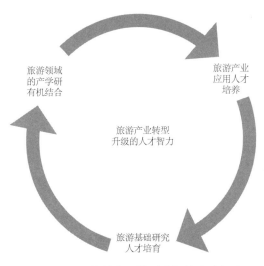

图 8-5 旅游产业转型升级的人才智力

（1）旅游产业应用人才培养

坚持实施"人才强旅、科教兴旅"的旅游人才培养战略，把旅游人才队伍的建设列入重点人才支持计划，鼓励高等院校（含职业院校）、政府与社会机构以及旅游企业等实施多种旅游人才培养计划。有效地对旅游专业人才培养进行指导，提高旅游人才培养的有效性。

在旅游业发展的新形势下，大力推进旅游教育与旅游产业的紧密结合。旅游专业人才的培养，必须与旅游业的发展，与国家、地区的经济和社会发展紧密结合，把人才培训阵地更多地放在国家和地方旅游产业和经济社会发展的实践中，培训实践应用型人才。在国家层面上，建立一批培养旅游复合型人才以及相关政府机构需要的实验性大学，并给予一定的政策支持，鼓励这些大学在旅游人才的培养上进行大胆的探索，走出一条新的道路。企业要积极地参与到高校旅游人才培养的整个过程中，积极地与人才培养单位进行对接，为学校提供人才需求标准、经费和实践条件等方面的支持，并积极地参与旅游人才专业、职业能力及职业精神的培养、培训。

旅游人才培训机构积极实施"强旅报国"战略，加快推进旅游人才教育体系改革，进一步深化校企合作，优化调整旅游人才现场教学模式，在高等教育、职业教育体系和继续教育中推广建立跨学科、问题导向的旅游人才培养体系，强化了旅游产业、行业在高等学校旅游人才培养、人才评价等环节的作用，并加强校企长期、稳定的合作关系，支持旅游行业、企业、科研院所共建集教学、科研和社会服务于一体的旅游实验实训教学平台。引导旅游企业深度参与旅游人才培养全过程，多方商讨共定旅游管理培养方案，共建旅游人才实习基地，共享旅游管理师资，共编旅游管理教材，共开旅游管理课程，共评旅游人才质量的培养合作模式。

具体而言，有条件的地区应积极推进旅游行业（相关行业）全员培训。鼓励规划、建筑、设计、艺术等各类专业人才通过到旅游产业职能部门（政府行政主管部门和旅游企业等）挂职。在旅游企业层面推动用人单位为旅游骨干人才的继续教育提供必要的支持，用数字化理念和知识化技能武装旅游系统员工，更大限度地挖掘旅游人才的创造力。要增加政府在旅游人才开发方面的投资，对旅游发展专项资金中旅游行业培训资金的使用比例进行明确，并将其中的一部分固定用于旅游业的人才开发工作，并对旅游人才的培养和旅游院校的建设给予支持。

（2）旅游基础研究人才培育

旅游人才队伍建设是实现旅游产业大发展的关键，而旅游基础研究人才培育对旅游产业转型升级起到基础性作用。旅游基础研究人才的培育需要适应新时代旅游产业发展需求，因此，该类人才需要具备国际旅游发展视野和旅游专业水平，并且，旅游基础研究人才也需要具备创新型、科技型和复合型的特征，旅游基础研究人才未来还能造就一大批旅游领军人才、青年人才，实现基础理论研究和实践应用研究的有机融合。

根据国家文旅部的演进报告，旅游基础研究人才培育有如下举措：一是要继续组织实施"万名旅游英才计划"（学界和业界旅游基础研究人才）和"旅游青年专家培养计划"（高等院校和旅游职业技术学院）培养项目，中国旅游研究院每年通过招标课题的方式启动旅游基础理论研究和旅游统计与数据分析人才发展支持计划，开展旅游专业人才培训专家库建设和讲座培训。二是向联合国世界旅游组织（UNWTO）和世界旅游联盟（WTA）等国际组织推荐优秀旅游基础研究人才，让他们拓宽旅游基础研究和实践管理的国际视野。三是开展旅游专业研究人才援藏、援疆工程，加强高校、科研机构与政府、企业的交流合作，中央组织部、教育部等组织的博士服务团计划，也是对基础研究人才（包括旅游管理）的培养与锻炼。四是加强国家和地方层面的旅游人才培训基地建设、旅游管理专业的校企合作示范基地建设等，加速旅游人才的孵化。此外，还可通过中国国际旅游人才论坛、中国旅游科学年会（论坛）、旅游研究成果评奖、国家（地方）组织机构和企业的旅游数据中心建设、中国旅游智库建设等培育旅游基础研究人才。

系统深入开展和拓宽对旅游产业的基础性研究，可以有效总结国内优秀高校、科研机构和企业的研究成果，提出与旅游大国地位相匹配的旅游产业发展理念，在旅游基础研究人才的推动下，逐步形成具有中国特色、中国文化、符合中国发展阶段和国情的旅游产业转型升级体系，进而增强科学技术对旅游产业转型升级的支撑作用，加快推进旅游产业现代化建设。

(3)旅游领域的产学研有机结合

旅游领域产学研有机结合是有机集成优势旅游资源、完善技术创新体系、实现旅游产业转型升级的重要动力。通过旅游领域产学研合作，可以增强旅游产业相关的科研、教育、经营等不同社会分工环节的资源互补和协同发展，促进技术创新在旅游产业中各个部门、环节的对接和融合，将旅游产业发展和技术创新结合起来，提升旅游企业技术创新、产品创意能力，进而完善以旅游企业为主体的技术创新体系。因此，旅游领域产学研有机结合为旅游产业转型升级奠定了微观基础。具体而言，应加强人才培养，打造高素质的旅游人才；应构建政府、院校和企业"三位一体"的人才培育体系。在此基础上，政府应加强对旅游人才的领导，整合各方面的资源，为旅游人才提供一个良好的培训平台，并在此基础上建立起一支旅游人才队伍。企业应增加对人力资源开发的投资，并加强与高校的合作，使其成为人力资源开发的主体。要把培育旅游业的各类领军人才作为工作重心，针对旅游行业中涌现出的各种新业态，加快对专业人才的培养，建立起一支可以支持旅游业高质量快速发展的高水平旅游人才队伍。

旅游领域产学研有机结合的具体实现，需要旅游人才培养机构在开展教学过程中，重视对学生知识应用能力的培养。众所周知，旅游人才培养机构可以与社会上的旅游企业进行长期合作，旅游企业可以为学生提供丰富的实习、实训机会，可以在学校挑选和定向培养合适的旅游人才，从而使校企双方实现旅游人才培养的共赢，客观上推动旅游产业转型升级。

9 结论

本书将我国旅游产业转型升级归结为旅游产品品质升级、旅游产业效率提高、旅游产业结构优化、旅游基础设施健全、旅游产业环境协调、旅游社会贡献增加等6个方面，并根据这6个方面的旅游产业转型升级要求构建我国旅游产业转型升级水平的测度模型，使用熵权法对我国31个省（区、市）2004—2021年的旅游产业转型升级水平进行测度，研究其空间差异和时间规律，并针对典型区域（粤港澳大湾区中广东9市）进行案例分析，力图为我国旅游产业转型升级水平的测度评估提供一个切实可行的逻辑框架，以便更直观地把握我国各区域的旅游产业转型升级状况，并提出相关政策建议。

9.1　研究总结

旅游产业转型升级是产业经济学一个复杂而庞大的课题，本书在阐述旅游产业转型升级相关概念、理论的基础上，从内在机理和动力机制方面进行定性研究，继而构建旅游产业转型升级评价模型进行定量研究，并以粤港澳大湾区的广东9市为例，综合提出相应的政策建议。

第一，从六大子系统的角度来看：旅游产品品质升级方面，上海、北京的升级水平最高，甘肃的升级水平最低，各地区之间的差距也很大，呈现出东部高、中部次之、西部低的显著特征；时间序列上，各地区呈现出平稳、快速的发展趋势，平均每年的增长率都在7%以上。从旅游产业效率的提升来看，贵州最高，青海最低，总体上还算平衡，但全国范围内的整体旅游效率较低，平均水平为2.55；从时间上看，2004—2021年，旅游产业效率呈现出一种"稳定—上升—稳定—上升"的趋势。广东、内蒙古、西藏、新疆和福建的旅游业发展水平最高，而陕西、河南、青海、宁夏和重庆的旅游业发展水平最低。旅游业的产业结构优化在时间上呈现出一种波动性衰退的趋势。旅游基础设施方面，上海、北京、天津、江苏、浙江等地的旅游业基础设施建设较为完善，而云南、贵州、新疆、广西、西藏、甘肃等地的旅游业基础设施建设较为薄弱；从时间上看，旅游基础设施不断健全，各地区之间的差异也在不断缩小。 旅游产业环境协调方面宁夏、内蒙古、海南、河南、山西、贵州各地区之间存在着"中部略微低，西部略微高"的现象，这是由于东部地区在环境建设上表现突出，而西部地区在自然条件上具有独特的优势；从时间上看，旅游产业环境协调性指标正逐步得到改善。 旅游业对各地区的贡献率不同，海南和北京的旅游业贡献值较高，河北和黑龙江的旅游业贡献较低，同时，旅游地区贡献值在时间上表现出明显的波动性。

第二，2004—2021年入境旅游市场得到了发展，虽然在数量上有上升，但是结构仍待提升。 从旅游收入增长率/旅游人次增长率指标来看，虽然比值均大于1，即收入增长的速度快于人次增长速度，但是比值是下降的，说明每增加1%的旅游者所引起的收入增长是在下降的，表明旅游产品在附加值提升上还存在很大空间。 未来中国旅游产业发展应注重旅游数量增长和旅游结构优化提升的协同发展。

第三，从旅游产业转型升级水平的综合指数方面来看，我国旅游产业的转型升级水平整体不高，其平均指数值为22.54。 2004—2021年旅游产业转型升级水平最佳的地区为上海和北京，最低的地区为宁夏、青海和甘肃。 各地区升级综合指数呈正态分布，指数值最低和最高的地区数量少，大部分地区都集中在中部平均水平。 旅游产业转型升级的区域不平衡现象明显，东部地区的升级指数遥遥领先，中部地区次之，西部地区再次之，并且西部地区与中部地区的旅游产业转型升级指数差距很小。 2004—2021年的旅游产业转型升级综合指数呈现稳步上升的规律，年均增长率保持在3.08%，并且东、中、西部的增长率表现为东部＜中部＜西部。

第四，对于特定地区的旅游产业转型升级而言，本书选择粤港澳大湾区旅游产业转型升级的案例进行研究，在粤港澳大湾区正式提出之后，广东9市的旅游产业获得高速发展。 粤港澳大湾区旅游产业转型升级是促进区域经济发展的契机，使得外商直接投资数额激增。 另外也发现，大湾区内各地的旅游产业发展水平差距巨大，香港、澳门和广州的旅游产业发展水平高、规模大，三个地区的旅游经济处于大湾区旅游经济发展的引领地位。

9.2　不足与展望

由于研究水平、资料和条件的限制等，本书还存在以下不足，后续将提出新的研究方向并逐渐完善。

第一，由于旅游产业是一个综合性产业，其指标体系总是在发展变化，在分析旅游产业转型升级动态演进的指标体系时，仍会对一些因素考虑不全。因此，在后续研究中可以进行更为全面的分析探讨，进一步完善旅游产业转型升级动态演进的指标体系。

第二，在对中国旅游产业转型升级水平进行测度与评价时，由于数据的有限性，时间跨度为 2004—2021 年；对中国旅游产业演进绩效进行测度与评价时，数据更为有限，时间跨度为 2012—2021 年；对粤港澳大湾区（广东 9 市）旅游产业转型升级水平进行测度时，仅有 2017—2018 年的数据。数据不足，在一定程度上会影响测度与评价的精确度，后续可以采用问卷和访谈作为补充，进而提高评价模型的精确度。

参考文献

安传艳,李同昇,芮旸,2019.社会空间视角下全域旅游空间正义性解读[J].人文地理,34(5):142-148.

布迪厄,华康德,1998.实践与反思:反思社会学导引[M].李猛,李廉,译.北京:中央编译出版社.

布迪厄,朱国华,2002.纯粹美学的社会条件:《区隔:趣味判断的社会批判》引言[J].民族艺术(3):16-22.

陈太政,李锋,乔家君,2013.旅游产业高级化与旅游经济增长关系研究[J].经济地理,33(5):182-187.

陈秀琼,黄福才,2006.中国旅游业发展质量的定量评价研究[J].旅游学刊,21(9):59-63.

陈羽,邝国良,2009."产业升级"的理论内核及研究思路述评[J].改革(10):85-89.

成英文,张辉,2013.旅游转型的概念及理论框架:兼对中国旅游转型的研究[J].北京第二外国语学院学报,35(5):1-6,63.

崔素莹,2019.云南旅游产品转型升级研究[J].旅游纵览(下半月)(2):181,183.

邓向荣,曹红,2016.产业升级路径选择:遵循抑或偏离比较优势:基于产品空间结构的实证分析[J].中国工业经济(2):52-67.

董锁成,李雪,张广海,等,2009.城市群旅游竞争力评价指标体系与测度方法探讨[J].旅游学刊,24(2):30-36.

方汪凡,王家宏,2019.体育旅游助力乡村振兴战略的价值及实现路径[J].体育文化导刊(4):12-17.

方叶林,黄震方,胡最,等,2016.中国大陆入境旅游产业结构时空格局演化及类型划分[J].经济地理,36(3):179-185.

高燕,2006.产业升级的测定及制约因素分析[J].统计研究,23(4):47-49.

郭克莎,2019.中国产业结构调整升级趋势与"十四五"时期政策思路[J].中国工业经济(7):24-41.

郭文,黄震方,2013.基于场域理论的文化遗产旅游地多维空间生产研究:以江南水乡周庄古镇为例[J].人文地理,28(2):117-124.

何德旭,姚战琪,2008.中国产业结构调整的效应、优化升级目标和政策措施[J].中国工业经济(5):46-56.

侯兵,杨君,余凤龙,2020.面向高质量发展的文化和旅游深度融合:内涵、动因与机制[J].商业经济与管理(10):86-96.

黄茂兴,李军军,2009.技术选择、产业结构升级与经济增长[J].经济研究,44(7):143-151.

黄群慧,贺俊,2015.中国制造业的核心能力、功能定位与发展战略:兼评《中国制造2025》[J].中国工业经济(6):5-17.

黄蔚艳,2009.我国区域旅游产业结构升级研究[J].经济地理,29(4):693-697.

姜红,2022."双碳"目标驱动下旅游产业结构升级的技术路径与动力机制[J].旅游学刊,37(5):10-12.

金鹏,周娟,2016.信息化对旅游产业增长的贡献:基于面板数据分位数回归的分析[J].旅游学刊,31(4):71-80.

阚军常,王飞,2016.冬奥战略目标下我国滑雪产业升级的驱动因子与创新路径[J].体育科学,36(6):11-20.

李程骅,2012.服务业推动城市转型的"中国路径"[J].经济学动态(4):73-79.

李锋,陈太政,辛欣,2013.旅游产业融合与旅游产业结构演化关系研究:以西安旅游产业为例[J].旅游学刊,28(1):69-76.

李太光,张文建,2009.新时期上海推动旅游业转型升级的若干思考[J].北京第二外国语学院学报,31(3):44-49.

梁流涛,杨建涛,2012.中国旅游业技术效率及其分解的时空格局:基于DEA模型的研究[J].地理研究,31(8):1422-1430.

梁楠楠,王贤梅,2018.基于DEA的中国旅游业各区域效率差异评价[J].北京航空航天大学学报(社会科学版),31(3):61-69.

林毅夫,2014.新结构经济学与中国产业政策[J].决策探索(下半月)(10):12-14.

刘春济,冯学钢,高静,2014.中国旅游产业结构变迁对旅游经济增长的影响[J].旅游学刊,29(8):37-49.

刘锋,2016.供给侧改革下的新型旅游规划智库建设思考[J].旅游学刊,31(2):8-10.

刘凤,2020.旅游产业与文化产业融合理论探析:以新型城镇化为背景[J].经营与管理(2):132-135.

刘佳,杜亚楠,2013.沿海地区旅游产业结构水平测度分析[J].商业研究(7):61-67.

刘佳,宋秋月,2018.中国旅游产业绿色创新效率的空间网络结构与形成机制[J].中国人口·资源与环境,28(8):127-137.

刘佳,赵金金,2012.旅游产业低碳化发展水平评价与测度:以青岛市为例[J].经济管理,34(6):102-110.

刘军胜,马耀峰,2017.目的地旅游供给游客感知评价与行为态度的比较研究:以西安市为例[J].经济管理,39(7):134-148.

刘少和,桂拉旦,2014.区域旅游产业集聚化转型升级发展路径及其动力机制研究[J].西藏大学学报,29(4):172-177,184.

罗光华,2016."互联网+"背景下文化创意乡村旅游产业发展及升级对策研究:以贵州省为例[J].中国农业资源与区划,37(11):231-236.

吕本勋,禤冰莹,2016.岛屿目的地网络旅游形象感知与建设研究:以广西涠洲岛为例[J].广西经济管理干部学院学报,28(4):65-74.

麻学锋,2009.区域旅游产业结构优化评价体系建构:基于张家界数据的实证研究[J].山西大同大学学报(社会科学版),23(3):63-67.

马波,徐福英,2012.中国旅游业转型升级的理论阐述与实质推进:青岛大学博士生导师马波教授访谈[J].社会科学家(6):3-7.

马洪福,郝寿义,2017.产业转型升级水平测度及其对劳动生产率的影响:以长江中游城市群26个城市为例[J].经济地理,37(10):116-125.

马建,2006.抓住机遇、应对挑战,促进四川高技术产业发展:发挥支柱作用 实现经济跨越发展[J].四川党的建设(城市版)(5):34.

马巧慧,代雷,2016.辽宁省跨界融合全域的旅游产业转型升级研究[J].理论界(12):36-43.

马耀峰,刘军胜,2014.基于供需视角的国内外旅游耦合研究审视[J].陕西师范大学学报(自然科学版),42(6):76-84.

毛伟,2011.中国经济转型升级的理论建构[J].学习与探索(5):146-148.

孟铁鑫,2015.基于SSM方法的福建省旅游产业部门结构合理性分析[J].科技和产业,15(3):14-18.

潘景胜,王淼,1998.上海国际旅游产业结构效益分析[J].旅游科学,12(3):37-39,42.

乔向杰,2022.智慧旅游赋能旅游业高质量发展[J].旅游学刊,37(2):10-12.

屈学书,矫丽会,2020.乡村振兴背景下乡村旅游产业升级路径研究[J].经济问题(12):108-113.

任保平,2018.新时代中国经济从高速增长转向高质量发展:理论阐释与实践取向[J].学术月刊,50(3):66-74,86.

任碧云,贾贺敬,2019.基于内涵重构的中国制造业产业升级测度及因子分析[J].经济问题探索(4):141-148.

任毅,刘婉琪,赵珂,等,2017.中国旅游上市公司经营效率的测度与评价:基于混合DEA模型的实证分析[J].旅游学刊,32(7):27-36.

师萍,1999.旅游产业结构评价方法初议[J].西北大学学报(哲学社会科学版),29(1):85-88.

宋红娟,2023.中国旅游产业融合的趋势和模式变化:基于非结构化数据[J].管理评论,35(1):97-107.

宋秋,杨振之,2015.场域:旅游研究新视角[J].旅游学刊,30(9):111-118.

苏振,2011.旅游产业演进与旅游公共政策研究[D].昆明:云南大学.

唐承财,孙孟瑶,万紫微,2019.京津冀城市群高等级景区分布特征及影响因素[J].经济地理,39(10):204-213.

唐书转,2017.我国旅游产业转型升级路径[J].改革与战略,33(7):74-76.

陶卓民,薛献伟,管晶晶,2010.基于数据包络分析的中国旅游业发展效率特征[J].地理学报,65(8):1004-1012.

田里,唐夕汐,王桀,2017.区域旅游发展潜力动态测度:以云南省16个市州为例[J].资源开发与市场,33(6):738-743.

涂文明,2012.我国战略性新兴产业区域集聚的发展路径与实践模式[J].现代经济探讨(9):54-59.

汪德根,陈田,2011.基于竞争力评价的区域旅游产业发展差异:以中国东部沿海三大旅游圈为例[J].地理科学进展,30(2):249-256.

汪伟,刘玉飞,彭冬冬,2015.人口老龄化的产业结构升级效应研究[J].中国工业经济(11):47-61.

王华,邹统钎,2021.文化与旅游融合的理论与实践[M].天津:南开大学出版社.

王良健,2001.旅游可持续发展评价指标体系及评价方法研究[J].旅游学刊,26(1):67-70.

王庆生,贺子轩,2020.后疫情时期我国旅游业面临的挑战与应对策略:以吉林省吉林市为例[J].中国软科学(S1):147-154.

王淑新,胡仪元,2016.旅游产业生态化:演进战略与实现路径[J].当代经济管理,38(2):63-67.

王颖,2008.基于产业融合的上海旅游业产业新范式演进研究[C]//中国区域科学协会区域旅游开发专业委员会,牡丹江市人民政府.旅游业:推动产业升级和城市转型(第13届全国区域旅游开发学术研讨会论文集).黑龙江:朝鲜民族出版社:1.

王云龙,2012.区域旅游产业结构基本研究框架构建[J].企业活力(1):5-10.

王兆峰,2007.区域旅游产业品牌竞争力评价指标体系构建研究[J].财经理论与实践,28(4):108-111.

王兆峰,2011.张家界旅游产业结构升级优化定量评价研究[J].资源开发与市场,27(5):439-441,456.

王兆峰,刘庆芳,2019.长江经济带旅游生态效率时空演变及其与旅游经济互动响应[J].自然资源学报,34(9):1945-1961.

王兆峰,杨琴,2011.技术创新与进步对区域旅游产业成长的演化路径分析

[J].科技管理研究,31(6):132-136.

王兆峰,杨卫书,2008.基于演化理论的旅游产业结构升级优化研究[J].社会科学家(10):91-95.

魏敏,彭倩,2019.从产业附加值看改革开放 40 年中国旅游业发展质量及变迁[J].旅游学刊(1):8-10.

魏遐,吴必虎,2000.峰值期国内旅游市场供需关系研究:以 1999 年国庆假日旅游潮为例[J].人文地理,15(6):29-33.

翁景德,庄海刚,2018.新常态下福建区域产业转型与升级影响因素研究[J].经济论坛(8):30.

吴必虎,1998.旅游系统:对旅游活动与旅游科学的一种解释[J].旅游学刊,13(1):21-25.

吴必虎,伍佳,2007.中国乡村旅游发展产业升级问题[J].旅游科学,21(3):11-13.

吴冰,马耀峰,毕丽芳,2013.西部旅游城市入境旅游流与饭店耦合协调度对比研究:以西安、成都为例[J].资源开发与市场,29(8):863-866.

吴文智,庄志民,2003.体验经济时代下旅游产品的设计与创新:以古村落旅游产品体验化开发为例[J].旅游学刊,18(6):66-70.

谢朝武,赖菲菲,黄锐,2022.疫情危机下旅游韧性体系建设与旅游高质量发展[J].旅游学刊,37(9):3-5.

谢春山,孟文,李琳琳,等,2010.旅游产业转型升级的理论研究[J].辽宁师范大学学报(社会科学版),33(1):37-40.

谢春山,魏巍,2009.辽宁省国际旅游产业结构及其优化对策[J].辽宁师范大学学报(自然科学版),32(3):362-366.

谢雄标,严良,2009.产业演化研究述评[J].中国地质大学学报(社会科学版),9(6):97-103.

徐德云,2008.产业结构升级形态决定、测度的一个理论解释及验证[J].财政研究(1):46-49.

徐振斌,2004.新型工业化与产业转型[J].经济研究参考(17):34-48.

杨阿莉,2011.从产业融合视角认识乡村旅游的优化升级[J].旅游学刊,26(4):

9-11.

杨晗,邱晖,2012.产业结构理论的演化和发展研究[J].商业经济(10):26-27.

杨佳利,2017.集群品牌对旅游产业结构升级优化的外部效应影响与对策研究[J].中南林业科技大学学报(社会科学版),11(1):90-94.

杨立国,刘沛林,2017.传统村落文化传承度评价体系及实证研究:以湖南省首批中国传统村落为例[J].经济地理,37(12):203-210.

杨敏,马耀峰,李天顺,等,2012.基于屏幕跟踪的大学生在线旅游信息搜索行为研究[J].旅游科学,26(3):67-77.

杨琴,王兆峰,2009.旅游产业结构升级优化技术创新模型的构建:以湖南为例[J].求索(10):86-87,71.

杨莎莎,魏旭,魏雪纯,等,2022.中国城市群"文—旅—科"产业融合发展水平攀升规律的定量模拟与验证[J].人文地理,37(5):150-161.

杨新军,马晓龙,霍云霈,2005.旅游产业部门结构合理性的SSM分析:以陕西省为例[J].人文地理,20(1):49-52.

杨主泉,2011.生态旅游产业转型升级驱动模型构建研究[J].生态经济,27(2):138-140.

易开刚,等,2017.旅游产业转型升级理论与实践研究:基于浙江省的考察与实证[M].杭州:浙江工商大学出版社.

尹宏,王苹,2019.文化、体育、旅游产业融合:理论、经验和路径[J].党政研究(2):120-128.

于洪雁,刘继生,2017.供给侧改革背景下的黑龙江省旅游需求和旅游供给耦合协调发展[J].地理科学,37(9):1374-1381.

余菲菲,胡文海,荣慧芳,2015.中小城市旅游经济与交通耦合协调发展研究:以池州市为例[J].地理科学,35(9):1116-1122.

曾博伟,2015.新时期旅游政策优化的思路和方向[J].旅游学刊,30(8):2-4.

查建平,钱醒豹,赵倩倩,等,2019.中国旅游效率与全要素生产率的测算与分解:基于三层级共同前沿SBM-DEA模型的实证分析[J].旅游导刊,3(3):1-27.

张朝枝,朱敏敏,2020.文化和旅游融合:多层次关系内涵、挑战与践行路径[J].旅游学刊,35(3):62-71.

张广海,冯英梅,2013.山东半岛蓝色经济区旅游产业结构水平与区域发展水平耦合效应分析[J].华东经济管理,27(3):1-6.

张精惠,甘巧林,2011.广州国际旅游产业结构的综合定量分析[J].贵州大学学报(自然科学版),28(6):128-135.

张其仔,2008.比较优势的演化与中国产业升级路径的选择[J].中国工业经济(9):58-68.

张文菊,杨晓霞,2007.我国旅游门票研究综述[J].人文地理,22(2):58-62.

张晓燕,陈泽群,2018.江苏产业转型升级水平测度及影响因素的实证分析[J].当代经济(17):46-48.

张新成,高楠,王琳艳,等,2023.文化和旅游产业融合质量的时空动态、驱动机制及培育路径[J].旅游科学,37(1):1-22.

张佑印,顾静,黄河清,2012.中国区域旅游产业结构变化的空间差异分析[J].经济地理,32(4):155-159,172.

张玉英,2020.新社会模式下我国旅游产业的创新发展模式分析[J].中国管理信息化,23(2):131-132.

张圆刚,张宏梅,何杨媚,等,2022.文旅融合发展的社会福祉效应研究:逻辑诠释、测度与机制框架[J].经济地理,42(5):233-240.

赵爱民,陆恒芹,吴晓伟,2017.供给侧改革下安徽省旅游产业转型升级研究[J].商业经济研究(15):170-172.

赵佩佩,丁元,2016.浙江省特色小镇创建及其规划设计特点剖析[J].规划师,32(12):57-62.

赵晓男,代茂兵,郭正权,2019.科技创新与中国产业结构升级[J].经济与管理研究,40(7):61-74.

钟漪萍,唐林仁,胡平波,2020.农旅融合促进农村产业结构优化升级的机理与实证分析:以全国休闲农业与乡村旅游示范县为例[J].中国农村经济(7):80-98.

周琳,刘懿锋,2019.旅游产业与互联网融合发展研究[J].理论探讨(6):114-117.

朱俊杰,丁登山,韩南生,2001.中国旅游业地域不平衡分析[J].人文地理,16(1):27-30.

朱伟珏,2005."资本"的一种非经济学解读:布迪厄"文化资本"概念[J].社会科学(6):117-123.

朱卫平,陈林,2011.产业升级的内涵与模式研究:以广东产业升级为例[J].经济学家,2(2):60-66.

AMIN S,AL KABIR F,NIHAD A,et al.,2020. An empirical investigation between foreign direct investment (FDI) and tourism in Bangladesh[J]. Journal of tourism management research,7(1):110-121.

ANDRADES L,DIMANCHE F,2017. Destination competitiveness and tourism development in Russia:issues and challenges[J]. Tourism management,62:360-376.

ARATUO D N,ETIENNE X L,2019.Industry level analysis of tourism-economic growth in the United States[J].Tourism management,70:333-340.

BONIN-FONT F,BURGUERA A,LISANI J L,2017. Visual discrimination and large area mapping of posidonia oceanica using a lightweight AUV [J]. IEEE access,5:24479-24494.

BOURDIEU P,1989.Social space and symbolic power[J].Sociological theory,7(1):14-25.

BOURDIEU P,WACQUANT L J D,1992. An invitation to reflexive sociology [M].Chicago:The University of Chicago Press.

BREATHNACH P,1998. Exploring the Celtic Tiger phenomenon:causes and consequences of Ireland's economic miracle[J]. European urban and regional studies,5(4):305-316.

BROTHERTON B,WOOLFENDEN G,HIMMETOĜLU B,1994. Developing human resources for Turkey's tourism industry in the 1990s [J]. Tourism management,15(2):109-116.

BUNJA D,2003.Modernizing the Croatian tourism industry[J].International journal of contemporary hospitality management,15(2):126-128.

BUTLER R W,1985.Evolution of tourism in the Scottish Highlands[J].Annals of tourism research,12(3):371-391.

ÇAKMAK E, LIE R, MCCABE S, 2018. Reframing informal tourism entrepreneurial practices: capital and field relations structuring the informal tourism economy of Chiang Mai[J]. Annals of tourism research, 72:37-47.

CÁNOVES G, VILLARINO M, PRIESTLEY G K, et al., 2004. Rural tourism in Spain: an analysis of recent evolution[J]. Geoforum, 35(6):755-769.

CHAABOUNI S, 2019. China's regional tourism efficiency: a two-stage double bootstrap data envelopment analysis[J]. Journal of destination marketing & management, 11:183-191.

CHESBROUGH H, 2007. Business model innovation: it's not just about technology anymore[J]. Strategy & leadership, 35(6):12-17.

CHOU M C, 2013. Does tourism development promote economic growth in transition countries? A panel data analysis[J]. Economic modelling, 33: 226-232.

CONNELL J, 2012. Film tourism-evolution, progress and prospects[J]. Tourism management, 33(5):1007-1029.

COOPER M L, SHAVER P R, COLLINS N L, 1998. Attachment styles, emotion regulation, and adjustment in adolescence[J]. Journal of personality and social psychology, 74(5):1380-1397.

CORNE A, 2015. Benchmarking and tourism efficiency in France[J]. Tourism management, 51:91-95.

ESTÊVÃO R S G, FERREIRA F A F, ROSA Á A, et al., 2019. A socio-technical approach to the assessment of sustainable tourism: adding value with a comprehensive process-oriented framework[J]. Journal of cleaner production, 236:117487.

FÄRE R, WHITTAKER G, 1995. An intermediate input model of dairy production using complex survey data[J]. Journal of agricultural economics, 46(2): 201-213.

GABARDA-MALLORQUÍ A, GARCIA X, RIBAS A, 2017. Mass tourism and water efficiency in the hotel industry: a case study[J]. International journal of hospitality management,61:82-93.

GEREFFI G, 1999a. A commodity chains framework for analyzing global industries[J].Institute of development studies,8(12):1-9.

GEREFFI G,1999b.International trade and industrial upgrading in the apparel commodity chain[J].Journal of international economics,48(1):37-70.

GEREFFI G,2009.Development models and industrial upgrading in China and Mexico[J].European sociological review,25(1):37-51.

GETZ D,2008.Event tourism: definition, evolution, and research[J].Tourism management,29(3):403-428.

GORT M,KLEPPER S,1982.Time paths in the diffusion of product innovations [J].The economic journal,92(367):630-653.

HABIBI F, RAHMATI M, KARIMI A, 2018.Contribution of tourism to economic growth in Iran's provinces:GDM approach[J].Future business journal,4(2):261-271.

HACKLIN F,2007.Management of convergence in innovation:strategies and capabilities for value creation beyond blurring industry boundaries[M]. Heidelberg:Springer Science & Business Media.

HORSTER E,GOTTSCHALK C,2012.Computer-assisted webnography: a new approach to online reputation management in tourism[J].Journal of vacation marketing,18(3):229-238.

HUMPHREY J,SCHMITZ H,2002.How does insertion in global value chains affect upgrading in industrial clusters? [J].Regional studies,36(9):1017-1027.

KHADAROO J,SEETANAH B,2008.The role of transport infrastructure in international tourism development:a gravity model approach[J].Tourism management,29(5):831-840.

KIM H,BORGES M C,CHON J,2006.Impacts of environmental values on tourism motivation:the case of FICA,Brazil[J].Tourism management,27 (5):957-967.

KING D A,STEWART W P,1996.Ecotourism and commodification:protecting people and places[J]. Biodiversity and conservation，5（3）：293-305．

KLEPPER S E，1999．Effects of an eight-week physical conditioning program on disease signs and symptoms in children with chronic arthritis[J].Arthritis care & research,12(1):52-60.

KLEPPER S，GRADDY E，1990．The evolution of new industries and the determinants of market structure[J].The RAND journal of economics,21 (1):27-44.

KRUGMAN P,1988.Rethinking international trade[J].Business economics,23 (2):7-12.

LARSEN J,BæRENHOLDT J O,2019.Running together：the social capitals of a tourism running event[J].Annals of tourism research,79:102788.

LEE C H,CRANAGE D A,2011.Personalisation-privacy paradox：the effects of personalisation and privacy assurance on customer responses to travel web sites[J].Tourism management,32(5):987-994.

LEIPER N,1990.Tourist attraction systems[J].Annals of tourism research,17(3)： 367-384.

LOPES A P F，MUÑOZ M M，ALARCÓN-URBISTONDO P，2018．Regional tourism competitiveness using the PROMETHEE approach[J].Annals of tourism research,73:1-13.

MAI T，SMITH C，2018．Scenario-based planning for tourism development using system dynamic modelling：a case study of Cat Ba Island，Vietnam [J].Tourism management,68:336-354.

MOU N X,YUAN R Z,YANG T F,et al.,2020.Exploring spatio-temporal changes of city inbound tourism flow：the case of Shanghai，China [J]．Tourism management,76:103955.

NAUDÉ W A，SAAYMAN A，2005.Determinants of tourist arrivals in Africa：a panel data regression analysis[J].Tourism economics,11(3):365-391.

NEGROPONTE N,1976.Soft architecture machines[M].Cambridge,MA：The MIT Press.

OH C O,2005.The contribution of tourism development to economic growth in the Korean economy[J].Tourism management,26(1):39-44.

PAPPALEPORE I,MAITLAND R,SMITH A,2014.Prosuming creative urban areas: evidence from East London[J]. Annals of tourism research, 44: 227-240.

PARK J Y,JANG S C S,2015. You got a free upgrade? What about me? The consequences of unearned preferential treatment[J]. Tourism management, 50:59-68.

PARPAIRI K,2017. Sustainability and energy use in small scale Greek hotels: energy saving strategies and environmental policies[J]. Procedia environmental sciences,38:169-177.

PAYNE J E,MERVAR A,2010.Research note:the tourism-growth nexus in Croatia[J].Tourism economics,16(4):1089-1094.

PORTER A C,2002.Measuring the content of instruction: uses in research and practice[J].Educational researcher,31(7):3-14.

PORTER M E,1985. Technology and competitive advantage[J]. Journal of business strategy,5(3):60-78.

PORTES A,1998. Social capital: its origins and applications in modern sociology[J].Annual review of sociology,24:1-24.

RANJAN R, CHATTERJEE P, CHAKRABORTY S, 2016. Performance evaluation of Indian states in tourism using an integrated PROMETHEE-GAIA approach[J].OPSEARCH,53:63-84.

ROMERO I,TEJADA P,2011. A multi-level approach to the study of production chains in the tourism sector[J]. Tourism management,32(2):297-306.

ROSENBERG N,1963. Technological change in the machine tool industry, 1840-1910[J].The journal of economic history,23(4):414-443.

SANZ-IBÁÑEZ C, CLAVÉ S A, 2016. Strategic coupling evolution and destination upgrading[J].Annals of tourism research,56:1-15.

SEETANAH B, JUWAHEER T D, LAMPORT M J, et al., 2011. Does

infrastructure matter in tourism development? [J].University of Mauritius research journal,17(1):89-108.

SONG M L,LI H,2019. Estimating the efficiency of a sustainable Chinese tourism industry using bootstrap technology rectification[J].Technological forecasting and social change,143:45-54.

STAUVERMANN P J,KUMAR R R,2017.Productivity growth and income in the tourism sector: role of tourism demand and human capital investment[J].Tourism management,61:426-433.

TAN S H, HABIBULLAH M S, TAN S K, et al., 2017. The impact of the dimensions of environmental performance on firm performance in travel and tourism industry[J].Journal of environmental management,203:603-611.

TANG C, ZHONG L, NG P, 2017. Factors that influence the tourism industry's carbon emissions: a tourism area life cycle model perspective [J]. Energy policy,109: 704-718.

TANG X, 2017. The historical evolution of China's tourism development policies (1949-2013): a quantitative research approach [J]. Tourism management,58:259-269.

TANG Z, 2015. An integrated approach to evaluating the coupling coordination between tourism and the environment[J].Tourism management,46:11-19.

TEJADA P, SANTOS F J, GUZMÁN J, 2011. Applicability of global value chains analysis to tourism: issues of governance and upgrading[J]. The service industries journal,31(10):1627-1643.

TRIBE J,2006.The truth about tourism[J].Annals of tourism research,33(2): 360-381.

TSENG M L,CHIU A S F, NGUYEN VO M P,2011.Evaluating the tourist's demand to develop Vietnamese tourism performance [J]. Procedia: social and behavioral sciences,25:311-326.

TSUI W H K,BALLI F,TAN D T W,et al.,2018.New Zealand business tourism: exploring the impact of economic policy uncertainties[J].Tourism economics,24

(4):386-417.

VAN TRUONG N,SHIMIZU T,2017. The effect of transportation on tourism promotion: literature review on application of the computable general equilibrium (CGE) model[J].Transportation research procedia,25:3096-3115.

VILA M,ENZ C,COSTA G,2012. Innovative practices in the Spanish hotel industry[J]. Cornell hospitality quarterly,53(1):75-85.

WANG F,WEI X,LIU J,et al.,2019. Impact of high-speed rail on population mobility and urbanisation: a case study on Yangtze River Delta urban agglomeration, China [J]. Transportation research part A: policy and practice,127:99-114.

WANG L,CHENG S,ZHONG L,et al.,2013. Rural tourism development in China: principles, models and the future[J]. Journal of mountain science, 10:116-129.

YAMASHITA T,KAWAMURA H,YAMAMOTO M,et al.,2001. Analysis of norms game with mutual choice [C]//Proceedings of the Joint JSAI 2001 Workshop on New Frontiers in Artificial Intelligence:174-184.

YANG Y,2012.Agglomeration density and tourism development in China: an empirical research based on dynamic panel data model [J]. Tourism management,33(6):1347-1359.

YIN H,ZHU Y,2017. The influence of big data and informatization on tourism industry [C]. International Conference on Behavioral, Economic, Sociocultural Computing (BESC). IEEE,2017:1-5.

ZHOU Y X,2018. Human capital, institutional quality and industrial upgrading: global insights from industrial data[J].Economic change and restructuring,51(1): 1-27.